영단어

수능 기출 영단어

초판 인쇄 2010년 5월 20일
초판 발행 2010년 6월 1일

지은이 롱테일북스 편집부
펴낸이 김정순
기획 유난영
책임편집 유난영 이수영 김수진
디자인 홍지숙 모희정
마케팅 정상희 한승일 임정진 이수영

펴낸곳 (주)북하우스 퍼블리셔스
출판등록 1997년 9월 23일 (제406-2003-055호)
임프린트 롱테일북스

주소 서울특별시 마포구 서교동 395-4 선진빌딩 6층
전자메일 helper@longtailbooks.co.kr
전화번호 02-3144-2708
팩스 02-3144-3121

ISBN 978-89-5605-444-5 52740

롱테일북스는 (주)북하우스 퍼블리셔스의 임프린트입니다.

이 도서의 국립중앙도서관 출판시도서목록(CIP)은 e-CIP 홈페이지(http://www.nl.go.kr/cip.php)에서 이용하실 수 있습니다.(CIP제어번호: CIP2010001817)

수능 기출 영단어는

1994년부터 올해까지 수능에 출제되었던
단어들을 수록했습니다.
뒷면에 등장하는 복습 예문 역시
100% 수능 기출 예문들로 구성했습니다.
앞면의 단어 암기 코너에서는
수능에 출제되었던 형태로 표제어를 뽑고
관련 파생어와 숙어는 의미와 함께
오른쪽에 수록했습니다.
들으면서 복습이 가능하도록 MP3 파일을
무료로 다운로드 하실 수 있습니다.

http://www.vocafactory.com

c o n t e n t s

외국어영역 수능족보
수능 기출 영단어

시간이 없다

진득하게 앉아서 영단어나 외우고 있을 시간은 더더욱 없다

그러나 단어를 모르는데 독해를 해낼 수는 없다

단어를 포기하면 영어 자체를 포기하는 거나 마찬가지다

자투리시간을 활용하자

공부하는 시간과 잠자는 시간을 제외한 나머지 시간에

짬짬이 단어를 외우자

친구를 기다리면서, 버스나 지하철 속에서, 식탁에서

그리고 화장실에서

틈만 생기면 바로 단어장을 펼치자

이제부터 단어장은 휴대폰과 동급이다

자나깨나 옆에 두고 수시로 열어본다

수능대박, 합격의 그 날까지 단어장과 함께 고고씽~

수능 대박을 기원합니다

part 1

수능에 꼭 나온다
매년 등장하는
감초 영단어

If you can dream it, you can do it.

꿈꿀 수 있는 것이라면 해낼 수 있다.

different [dífərənt]	형 다른 difference 명 차이(점); 차별 differently 부 다르게, 차이 나게 indifferent 형 무관심한; 대수롭지 않은 indifference 명 무관심, 냉담 differ 동 (의견 등이) 다르다
act [ækt]	명 행위, 행동 동 행동하다; 연기하다 action 명 행동, 활동 actor 명 배우 active 형 활동적인; 적극적인 activity 명 활동, 활약
art [ɑːrt]	명 예술, 미술 artist 명 예술가, 미술가 artistic 형 예술적인; 예술(가)의 artistry 명 예술적 수완[재능]; 예도(藝道)
try [trai]	동 시도[노력]하다, 재판[심리]하다 명 시도, 노력 trial 명 재판, 심리; 시도
sure [ʃuər]	형 확신하는, 틀림없는; 확실히 …을 할 surely 부 확실히, 꼭
own [oun]	형 자기 자신의, 고유한, 스스로 하는 동 소유하다 owner 명 주인, 임자
important [impɔ́ːrtənt]	형 중요한, 중대한, 소중한 importance 명 중요[중대]성, 의의 unimportant 형 중요하지 않은, 사소한 unimportance 명 중요하지 않음, 하찮음
produce [prədjúːs]	동 생산하다 명 생산물[품], 농작물 producer 명 생산자, 제작자; 작자, 프로듀서 product 명 생산물[품], 제품; (총)생산[산출]량 production 명 생산, 제조 productive 형 생산적인 productivity 명 생산성

1. The doctor of the future, however, needs to practice medicine in fundamentally ________ ways.
   그러나 미래의 의사는 근본적으로 다른 방식으로 의학을 시행할 필요가 있다.

2. Young children rarely think of their _____ as personal property.
   어린 아이들은 좀처럼 자신들의 예술을 개인의 자산으로 생각하지 않는다.

3. For example, a study recommends that babies be moved into their ______ room by three months of age.
   예를 들면, 어떤 연구는 아기들이 태어난 지 3개월이 되면 그들 자신의 독자적인 방으로 옮겨져야 한다고 말하고 있다.

4. It is nice to have what you want when you want it, but the ability to delay satisfaction is ________.
   당신이 그것을 원할 때, 당신이 원하는 것을 갖는 것이 좋긴 하다. 그러나 만족을 지연시키는 능력도 중요하다.

5. I could save people the trouble of going into the store by making my ________ accessible at the side of the road, and that would provide value, too.
   나는 나의 농작물을 길가에서 팔아서 사람들이 식료품 가게까지 가야 하는 수고를 덜어 줄 수 있을 것이다.

6. The focus is on the magical, expressive, and social value of the ____ of making.
   (예술의) 초점은 만드는 행위 자체의 마술적, 표현적, 사회적 가치에 있다.

7. If the habit involves your hands, as when pulling out hair, then _____ to occupy them in some other way.
   그 습관이 여러분의 손과 관련되어, 머리카락을 당기고 나면, 어떤 식으로든 그곳을 차지하려고(다른 습관이 생기려고) 애를 쓴다.

8. So, be ______ to make your budget realistic, so that you can be confident that you will be able to pay for all aspects of the trip.
   그렇게, 예산을 현실성 있게 짜는 것이 확실하다면, 여행의 모든 부분에 필요한 경비를 효과적으로 쓸 수 있는 여유가 생길 것이다.

country [kʌ́ntri]	명 지방, 토지, 땅; 해역; 나라, 국가 형 시골[지방]의(= rural) countryside 명 (국내의) 한 지방; 시골, 지방
last [læst]	형 최후의, 바로 요전의, 최근의 부 제일 끝으로 명 최후 동 계속하다, 견디다
easy [íːzi]	형 쉬운, 편안한 ease 명 쉬움, 편함 동 완화하다 easily 부 쉽게, 용이하게
believe [bilíːv]	동 믿다 belief 명 믿음, 신념(↔ disbelief) believer 명 믿는 사람, 신자
mean [miːn]	명 (~s) 수단(= method), 매개; 재력, 재산 형 (신분이) 천한; 비열한; 인색한(= stingy) 동 (meant-meant) 의미하다; 의도하다 meaning 명 의미, 뜻 meaningful 형 의미 있는
fact [fækt]	명 사실, (실제의) 일 factor 명 요소, 요인 factual 형 사실에 입각한, 사실적인
present [prézənt]	형 출석하고 있는; 현재의(= current) 명 현재; 선물 동 [prizént] 주다(= give, offer); 소개하다 presence 명 출석, 참석; 있음, 존재 presentation 명 수여; 발표; 제시 presently 부 머지않아, 곧; 지금
perform [pərfɔ́ːrm]	동 공연하다; 수행하다 performance 명 공연, 연기, 연주; 수행 (능력) performer 명 행위자, 실행자; 연기자, 연주자
information [ìnfərméiʃən]	명 정보; 소식; 지식 inform 동 알리다, 통지하다

1. Why don't you find some ____________ from the encyclopedia over there?
저기 백과사전에서 정보를 더 찾아보는 게 어때?

2. In ________, shower your conversations with his or her name.
사실상, 대화하는 내내 그 또는 그녀(통화하는 상대)의 이름을 주구장창 불러라.

3. This ________s only one of several outlooks on physics.
이것은 물리학에 대한 여러 관점들 중 하나만을 보여주고 있다.

4. Many years ago, psychologists ________ed an experiment.
오래 전에 심리학자들은 한 가지 실험을 했다.

5. Thanks to this, people can easily exchange one ________'s money with that of another.
이것 덕분에, 사람들은 쉽게 한 나라의 돈을 다른 나라의 그것과 교환할 수 있다.

6. Upon receiving your ________ letter, I rushed to look up the word 'flattering' in the dictionary.
당신의 지난번 편지를 받자마자, 나는 'flattering(아첨하는, 아부하는)'이란 단어를 사전에서 찾으려고 달려갔다.

7. The program is so ________ to use.
그 프로그램은 사용하기 너무 쉬워요.

8. I was shocked to find out that it could imply something negative, which I certainly did not ________.
나는 그 단어가 부정적인 의미를 함축하고 있다는 사실을 알고 충격을 받았다. 사실 그것은 나의 의도가 아니었다.

9. I can't ________ how beautiful this is.
믿을 수 없을 만큼 아름다워요.

keep
[ki:p]

동 (kept-kept) 보유하다; 계속하다; 두다
명 지님; 보존
keeper 명 파수꾼, 사육자; 관리인
keeping 명 지님, 맡음

experience
[ikspíəriəns]

동 경험하다, 체험하다 명 경험
experienced 형 경험이 있는, 노련한, 숙달된

succeed
[səksí:d]

동 성공하다; 출세하다; 뒤를 잇다, 계승[상속]하다
success 명 성공, 출세
successful 형 성공적인, 성공한, 출세한
successfully 부 성공적으로, 용케, 잘

society
[səsáiəti]

명 사회; 협회, 단체
social 형 사회적인, 사회의; 사교상의
sociable 형 사교적인, 붙임성 있는

order
[ɔ́:rdər]

명 순서, 차례, 질서
동 명령하다, 주문하다

develop
[divéləp]

동 (산업, 능력 따위를) 발달시키다, 발전시키다; (자원 따위를) 개발하다
development 명 발달, 성장(= growth); 개발, 확장

behave
[bihéiv]

동 행동하다; 처신하다
behavior 명 행위, 품행; 처신; 작용, 반응
behavioral 형 행동의, 처신의, 행실의

value
[vǽlju:]

명 가치; 유용성, 중요성
동 (금액으로) 평가하다; 중요시하다
valuable 형 가치 있는, 소중한

1. Either way, your spectator ________ will have been a fun one, and you will have avoided being merely a passive observer.
   어쨌든 당신의 관람 경험은 재미있는 것이 될 것이고, 단지 소극적인 관찰자가 되는 것을 피하게 될 것이다.

2. A fire chief, for example, needs to issue his ________s with absolute clarity.
   예를 들어 소방대장은 자신의 명령을 아주 명확하게 내려야 한다.

3. This idea was ________ed by Bertolt Brecht with his 'epic theater.'
   이러한 생각은 베르톨트 브레히트의 '서사극'에 의해 발전되었다.

4. Words can yield a variety of interpretations in terms of the kind of ________iors people think they mean.
   말이란, 사람들이 생각하기에, 그들(말들)이 의미하는 작용들의 관점에서 말들을 다양하게 해석할 수 있다.

5. But no psychologist has ever ________ed in proving the unburdening effects of the supposed safety valves of tears and anger.
   하지만 그 어떤 심리학자들도 눈물과 분노가 (격앙된 감정을) 완화시켜 준다고 믿는 안전밸브 효과를 입증하는 데 성공한 적이 없다.

6. Interestingly, art in tribal ________ies is frequently abandoned after it has served its purpose.
   흥미롭게도, 부족 사회에서의 예술은 종종 그 목적을 달성하고 나서 버려졌다.

7. If one of the parties fails to ________ the promise, the other has rights to compensation.
   만약 한 쪽이 약속을 지키지 못한다면, 다른 쪽은 배상에 대한 권리를 갖는다.

8. This suggests that much of the ________ of art for a child consists in making it.
   이것은 어린이에게 예술의 가치의 상당 부분은 그것을 만드는 데 있다는 것을 암시한다.

decide [disáid]	동 해결하다, 결정하다; 결심하다 decision 명 결정, (문제 등의) 해결 decision-maker 명 의사결정자 decisive 형 결정적인; (성격 등이) 과단성 있는
choose [tʃuːz]	동 (chose-chosen) …을 고르다, 선택하다 choice 명 선택, 선발; 선택권, 기호 형 가려 뽑은; 우수한, 정선된
result [rizʌ́lt]	명 결과; 성과, 효과 동 (결과로서) 일어나다; …에 기인하다; …의 결과를 낳다, …로 끝나다
care [kɛər]	명 돌봄, 주의 동 관심이 있다, 돌보다 careful 형 조심성 있는, 꼼꼼한 carefully 부 주의하여, 조심스럽게, 신중히 careless 형 부주의한(↔ careful) caring 형 돌보아주는, 뒷바라지하는 명 복지[의료] 관련 사업[직업] caringly 부 기꺼이
plant [plænt]	명 식물; 공장, 설비 동 심다 planter 명 씨 뿌리는 사람; 재배[양식]하는 사람; (대)농장주, 플랜테이션 경영자
trust [trʌst]	동 신뢰하다; 의지하다; 맡기다 명 신뢰, 의지; 위탁 trustworthy 형 신뢰[의지]할 수 있는
pay [pei]	동 (paid-paid) 치르다, 지불하다 명 급료 payment 명 지불, 납입
object [ɑ́bdʒikt]	명 물체, 사물; 목적(= purpose, goal, aim); 대상 동 [əbdʒékt] 반대하다; 싫어하다 objection 명 반대; 거부 objective 명 목표, 목적(= purpose) 형 객관적인(↔ subjective) objectively 부 객관적으로

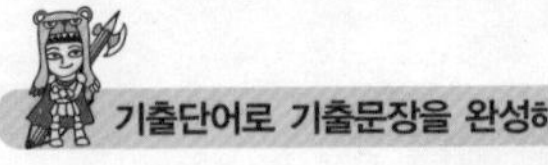

기출단어로 기출문장을 완성해보세요.

1. Now ________ which version of your face you like better and ask a good friend to make the choice, too.
   이제 어떠한 형의 얼굴이 더 마음에 드는지 결정하고 친한 친구에게도 선택을 해 보라고 요청하라.

2. I hope that you no longer feel hurt or uncomfortable in any way as a ________ of our correspondence.
   우리와의 서신왕래로 인해(의 결과로) 어떤 식으로든 더는 감정이 상하거나 불편함을 느끼지 않았으면 합니다.

3. While it may be basic and even old-fashioned, using gardening as a health ________ tool is blossoming.
   기본적이고도 다소 진부할 수 있지만 건강을 보살피는 도구로 정원 일을 활용하는 것이 확산되고 있습니다.

4. Surely I could convince people to ________ half of what the grocery store charged and to feel lucky about the bargain.
   나는 분명 사람들이 가게에서 파는 것의 절반 가격을 지불하고 이 거래에 대해 운이 좋다고 느끼도록 확신을 심어줄 수 있었다.

5. When the light from an ________ hits a person, only some of it bounces off.
   한 물체에서 나오는 빛이 사람과 부딪칠 때 그것의 일부만이 되튀게 된다.

6. In fact, many of us don't even get as far as the supermarket but make our ________s at the click of a mouse.
   실제로는 우리들 중 많은 사람들이 슈퍼마켓까지 멀리 가지 않고 마우스를 클릭하여 물건을 선택합니다.

7. When the ______ flowers, it heats its blossoms to above 86°F for as long as four days.
   그 식물이 꽃을 피울 때, 꽃에다 4일간이나 화씨 86도 이상의 열을 가한다.

8. Not all authors __________ed that the theater audience would automatically understand their plays in the intended manner.
   모든 작가들이 자신의 관객이 작가의 의도대로 작품을 자동적으로 이해한다고 믿는 것은 아니다.

lose [lu:z]	동 (lost-lost) 잃다; 지다 loss 명 손해, 손실 losing 형 손해 보는, 지는 loser 명 패자; 손해 보는 사람
office [ɔ́(:)fis]	명 사무실; 관직 officer 명 장교; 공무원 official 명 공무원 형 공식적인, 공인된
imagine [imǽdʒin]	동 상상하다, …라고 생각하다 imaginary 형 상상의 imagination 명 상상(력) imaginative 형 상상력이 풍부한, 창의적인
finally [fáinəli]	부 마침내; 최종적으로 final 형 최종적인; 결정적인 명 최후의 것; 결승(전)
enjoy [endʒɔ́i]	동 즐기다, 누리다 enjoyable 형 재미있는, 즐거운 enjoyment 명 향유, 향락, 기쁨
culture [kʌ́ltʃər]	명 문화; 교양 cultural 형 문화적인; 교양[수양]의; 경작의 culturally 부 교양으로서; 문화적으로; 경작상의
happen [hǽpən]	동 일어나다, 우연히 …하다 happening 명 (우연히 일어난) 일, 사건 happychance 형 우연한, 뜻밖의
company [kʌ́mpəni]	명 교제, 동석; 친구, 동료(=associate, companion); 회사
area [ɛ́əriə]	명 범위, 부분; 지역, 구역; 면적 areal 형 지면의; 면적의
popular [pápjələr]	형 인기있는; 대중적인, 대중의; 일반적인 popularity 명 인기; 대중성 popularly 부 일반적으로; 넓게 population 명 인구; (일정 지역의) 전체 주민 populate 동 (사람을) 거주시키다; …에 살다, 거주하다

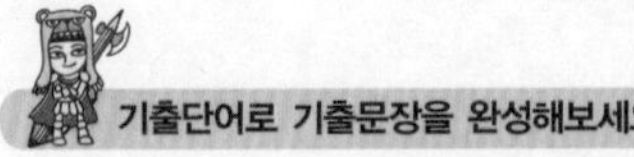

1. In fact, research confirms the ________ wisdom that age is more a state of mind than of body.
   실제로, 연구는 나이가 신체 상태보다 마음 상태를 가리킨다는 일반적인 생각을 확신시켜준다.

2. Sure, your team might ________.
   분명 너희 팀은 질 것이다.

3. Their use ranges from the drill in a dentist's ________ to saws for cutting rocks, and to glass cutters.
   그것(다이아몬드)들의 사용처의 범위는 치과(치과의사들의 사무실)의 드릴부터 바위 절단용 톱과 유리 절단기에까지 이른다.

4. Congratulations! ________, you beat your competitors.
   축하해! 마침내 경쟁자들을 물리쳤구나.

5. Nowadays, we can ________ athletic competition of every kind without leaving our homes.
   요즈음에는 온갖 종류의 운동 경기를 집안에서도 즐길 수 있습니다.

6. ________s as diverse as the Japanese, the Guatemalan Maya, and the Inuit of Northwestern Canada practice it.
   일본인들, 과테말라의 마야인들 그리고 북서 캐나다의 이뉴잇족과 같은 다양한 문화권에서 그것을 행한다.

7. Others wish to move capital from one ________ to another.
   다른 사람들은 자본을 한 지역에서 다른 곳으로 이동시키기를 원한다.

8. ________ that you are in a meeting.
   당신이 회의에 참석하고 있다고 상상해 보라.

9. Knowing when something ________ed is important.
   어떤 일이 일어난 때를 아는 것은 중요하다.

10. A computer ________ lost its reputation in ________ surveys just after major news coverage about a defect in its products.
    어느 컴퓨터 회사 제품의 결함에 대한 주요 뉴스의 보도가 있은 직후 회사 설문에서 그 회사는 그 명성을 잃었다.

possible [pásəbəl]
형 가능한; 있을 수 있는, 일어날 수 있는
possibility 명 가능성; 가망
possibly 부 어쩌면, 혹시, 아마도

effect [ifékt]
명 결과; 영향; 효과
effective 형 효과적인; 유효한
effectively 부 효과적으로

history [hístəri]
명 역사
historian 명 역사가
historic 형 역사상 중요한
historical 형 역사(상)의

expect [ikspékt]
동 기대하다; 예상하다
expectation 명 기대, 예상

difficult [dífikʌ̀lt]
형 …하기가 어려운, 곤란한, 힘든; 난해한
difficulty 명 …에 관한 어려움, 곤란, 방해; 어려운 일; 장애

reason [rí:zən]
명 이유; 판단력, 이성; 분별 동 추리[추론]하다
reasonable 형 합리적인; 적당한; (가격이) 알맞은
reasonably 부 사리에 맞게, 합리적으로
reasoning 명 추리, 추론 형 추리의; 이성이 있는

practice [prǽktis]
명 연습; 실행; 관행
동 연습하다; 실행하다

physical [fízikəl]
형 신체[육체]의; 물질[물리]의
physically 부 육체적으로; 물질적으로
physicist 명 물리학자
physics 명 물리학; 물리적 현상

equal [í:kwəl]
형 같은, 동등한 동 …과 같다
equality 명 같음, 동등; 평등
equally 부 같게; 동등하게

tradition [trədíʃən]
명 전통, 관습; 전승, 구전
traditional 형 전통적인; 전승의
traditionally 부 전통적으로

1. The ________s of forest fires on the environment.
   산불이 환경에 미치는 영향.

2. Of course, it would be ________ to stay relaxed, because tickling causes tension for most of us, such as feelings of unease.
   물론 차분함을 유지하기가 힘들다, 왜냐하면 간지럼을 태우는 것은 우리들 대부분에게 불편한 느낌 같은 긴장을 유발하기 때문이다.

3. It is now ________d by a thousand or so people but is rapidly growing in popularity.
   지금 천 명 정도의 사람들이 이것을 실행하고 있지만 빠르게 인기를 얻고 있다.

4. They give up the ________ joy of picking the winner.
   그들은 이길 팀을 잘 고름으로써 맛볼 수 있는(가능한) 즐거움을 포기한다.

5. Understanding why ________ events took place is also important.
   역사적 사건이 왜 일어나는지 아는 것 또한 중요하다.

6. The tension is due to ________ contact, the lack of control, and the fear of whether it will tickle or hurt.
   긴장은 신체적인 접촉과 통제력의 상실, 간질이려고 하는지 해치려 하는지에 대한 두려움 때문에 생긴다.

7. In Latin America, for example, corn is ________ally eaten with beans.
   예를 들어 중남미에서는 전통적으로 옥수수를 콩과 함께 먹는다.

8. As ________ed, with time to kill, they began trying to toss the rings around the post.
   예상대로 그들은 지루한 시간을 때우기 위해 고리를 기둥에 던지기 시작했다.

9. People desire to make such exchanges for many ________s.
   사람들은 많은 이유들 때문에 그런 교환을 희망한다.

10. It also works on issues such as fair housing, gender ________ity, and environmental justice.
    그것(이 단체)은 또한 공정 주택 거래와, 양성 평등과, 환경 정의와 같은 이슈를 위해 노력하고 있다.

situate [sítʃuèit]	동 …을 놓다, …을 놓이게 하다 situation 명 위치, 상태
process [práses]	명 과정, 진행; 방법, 공정 동 가공 처리하다 processing 명 처리, 가공 procession 명 (행사 등의) 행렬; 행진
increase [inkríːs]	동 증가하다, 증가시키다, 늘(리)다 increasing 형 증가하는, 증가의 increasingly 부 점점 더, 더욱 더
follow [fálou]	동 …의 뒤를 잇다, 따라가다 명 뒤따름; 추구 following 형 다음의 명 다음에 말하는 것[일, 사람]
cost [kɔːst]	명 비용, 대가, 원가 동 (비용이) 들다 costly 형 값비싼, 손실이 큰
consider [kənsídər]	동 (곰곰이) 생각하다; 간주하다, 여기다; 고려하다, 참작하다 considerable 형 상당한; 중요한 considerably 부 어지간히, 꽤
cause [kɔːz]	명 원인(↔ effect), 이유 동 일으키다, 원인이 되다 causal 형 원인의, 원인이 되는 causality 명 인과 관계
allow [əláu]	동 허락하다, 용인하다 allowance 명 수당, 용돈; 참작
remain [riméin]	동 남아 있다, 머무르다; 여전히[변함없이] …이다 명 (보통 ~s) 나머지, 남은 것; 유물, 유적 remainder 명 나머지, 잔여 (부분), 유물; 나머지 사람[것]
relax [rilǽks]	동 쉬다, 진정하다, 긴장을 풀다 relaxation 명 편히 쉼, 휴양; 완화 relaxed 형 편한 relaxing 형 마음을 느긋하게 해 주는, 편한

기출단어로 기출문장을 완성해보세요.

1. We should ________ this when reviewing the results of a survey.
   우리는 조사의 결과를 검토할 때 이것을 고려해야 한다.

2. Doing so would ultimately ________ us to suffer.
   그렇게 하는 것은 결국 우리로 하여금 고통스럽게 할 것이다.

3. This ________s daylight in but keeps out cold or stormy weather.
   이것은 햇빛이 들어오는 것은 허락하지만 한기나 폭풍은 막아준다.

4. In practical ________ions where there is no room for error, we have learned to avoid vagueness in communication.
   실수에 대한 여지가 없는 실제 상황에서, 우리는 의사소통에 있어 모호함을 피해야 한다고 배워왔다.

5. The ________ of alternately producing and relieving tension was what made the activity stimulating.
   긴장과 해소를 번갈아 반복하는 과정이 그 행위 자체를 자극적으로 만드는 것이었다.

6. Of all age groups, the enrollment rate of children ages 5, 6 ________d the most from 1970 to 2006.
   모든 연령층에서, 5, 6세 연령의 아이들의 등록률은 1970년에서 2006년 사이에 가장 많이 증가했다.

7. If someone was tickling you and you managed to ________ relaxed, it would not affect you at all.
   만약 누군가 당신을 간질이고 당신이 편하게 있으려 노력한다면, 그것은 당신에게 일절 영향을 미치지 않을 것이다.

8. Of course, it would be difficult to stay ________ed.
   물론, 긴장을 푼 채로 있는 것은 어려울 것이다.

9. The exclusion of new technology generally leads to social change that will soon ________.
   새로운 기술의 배척은 일반적으로 곧 따라올 사회의 변화를 가져온다.

10. How much do you think it will ________ to fill the tank?
    탱크를 채우려면 어느 정도 비용이 들 거라고 생각해?

draw [drɔː]	[동] (drew-drawn) (선으로) 그리다; 끌다; 뽑다 drawing [명] (선) 그림
cloth [klɔ(ː)θ]	[명] 직물; 모직물; 옷감 [형] 직물의[로 된] clothes [명] 옷, 의복, 의류 clothing [명] (집합적) 의복, 의류 clothe [동] …에게 옷을 입히다; …에게 의복을 지급하다
appear [əpíər]	[동] 나타나다, 출현하다; …처럼 보이다 appearance [명] 출현, 출석; 외관, 외모
variety [vəráiəti]	[명] 변화; 갖가지, 다양성 various [형] 가지각색의, 다양한(= varied) vary [동] 다르다, 바뀌다[바꾸다] variable [형] 변하기 쉬운 [명] 변수 variant [형] 다른, 어긋난
offer [ɔ́(ː)fər]	[동] 제공하다, 제출하다; 제의하다 [명] 제공 offering [명] 봉납, 신청
economic [ìːkənάmik]	[형] 경제의 economically [부] 경제적으로 economics [명] 경제학 economy [명] 경제; 절약
compete [kəmpíːt]	[동] 경쟁하다, 겨루다 competence [명] 능력, 역량 competition [명] 경쟁, 겨룸; 시합 competitive [형] 경쟁의, 경쟁에 의한 competitively [부] 경쟁적으로 competitiveness [명] 경쟁 competitor [명] 경쟁자, 경쟁 상대
support [səpɔ́ːrt]	[동] 지지하다; 부양[원조]하다 [명] 지지; 원조 supporter [명] 지지자, 후원자 supportive [형] 받치는, 지탱하는; 부양하는
noise [nɔiz]	[명] 소리, 소음 noisy [형] 떠들썩한, 시끄러운

1. For people who cannot push themselves, however, ________ groups are a good cure for isolation.
   그러나 자기 자신을 (바깥세계로) 내몰지 못하는 사람들에겐 **후원** 그룹이 고독감의 좋은 치료가 될 수 있다.

2. It can travel a greater distance than higher-pitched ________.
   이것은 더 높은 진동수의 **소리**보다 더 먼 거리를 갈 수 있다.

3. They ________ the opportunity for connection in a safe and controlled way.
   그들은 안전하고 통제된 방법으로 연결의 기회를 **제공한다**.

4. Countries, regions, and even villages were ________ally independent of one another in the past.
   국가, 지역 심지어는 마을들도 과거에는 **경제적으로** 서로 독립되었었다.

5. One key social ________nce is how well or poorly people express their own feelings.
   하나의 중요한 사회적 **능력**은 사람들이 얼마나 자신의 기분을 잘 혹은 잘못 표현하는가이다.

6. If the itches, however, do not dis________, stop scratching and take the medicine.
   그러나, 만약, 옴들이 **없어지지**('나타나다'의 반대) 않는다면 긁기를 멈추고 약을 먹어라.

7. Try a collection of bottles in ________ shapes and sizes.
   다양한 모양과 크기의 병 수집을 시도해보라.

8. It will be more confusing when you attempt to ________ it.
   당신이 그것을 **그리려** 시도한다면, 그것은 더욱 헷갈릴 것이다.

9. Cars, houses, or fine ________ing, are considered status symbols.
   차, 집이나 좋은 **의복**들이 지위를 나타내는 상징으로 여겨진다.

individual
[ìndəvídʒuəl]

㊎ 개인적인; 단일의, 개체의 ㊔ 개인; 개체
individually ㊏ 개인적으로, 개별적으로
individuality ㊔ 개성
individualism ㊔ 개인주의

improve
[imprúːv]

㊐ 개선하다, 향상되다
improvement ㊔ 개선, 향상
improving ㊎ 개선하는; 도움이 되는, 유익한

hurt
[həːrt]

㊐ (hurt-hurt) 다치게 하다, 상하게 하다
㊎ 부상한; (마음 · 명성 등이) 상처를 입은
hurtful ㊎ 고통을 주는; 해로운
hurtless ㊎ 해가 없는, 무해한

figure
[fígjər]

㊔ 수치, 숫자; 인물; 모습, 몸매; 도형
㊐ (~ out) 생각해 내다, 이해하다

expensive
[ikspénsiv]

㊎ 값비싼, 비용이 많이 드는

event
[ivént]

㊔ (중요한) 사건, 행사
eventful ㊎ 사건 많은, 다사다난한

create
[kriéit]

㊐ 창조[창작]하다; 만들어내다
creative ㊎ 창조적인, 독창적인
creatively ㊏ 창조[창작, 독창]적으로
creativity ㊔ 창조성, 창조력, 독창성
creation ㊔ 창조, 창작

relate
[riléit]

㊐ 관계를 짓다, 관련시키다; 이야기하다
relation ㊔ 관계, 관련; 교섭
relationship ㊔ 관계(됨), 관련; 친족 관계
related ㊎ 관계있는, 관련된; 동족[동류]의

subject
[sʌ́bdʒikt]

㊔ (토론, 연구 등의) 주제(= topic), 대상; 학과, 과목; 신하, 백성; 주어
㊎ (…의) 지배를 받는; (…에) 영향받기 쉬운
㊐ [səbdʒékt] 지배하다, 복종시키다
subjective ㊎ 주관적인
subjection ㊔ 정복

기출단어로 기출문장을 완성해보세요.

1. ________s A and B demonstrate how dew point is measured by a dew point hygrometer.
A와 B의 그림은 이슬점이 어떻게 이슬점 습도계에 의해 측정되는지 보여준다.

2. Responses to survey questions are influenced by ________s.
설문조사에 대한 반응은 (특정) 사건들에 의해 영향을 받는다.

3. Geographical centrality has been replaced by attempts to ________ a sense of cultural centrality.
지리적인 중심성은 문화적인 중심성의 개념을 만들어내려는 시도에 의해 대체되어 왔다.

4. A ________d limitation was that few people ever learned to write this early script.
관련된 제한은 사람들이 거의 이러한 초기의 문자를 쓰는 것을 배우지 못했다는 것이다.

5. A tight violin string can be viewed as composed of many ________ pieces.
팽팽한 바이올린 줄은 여러 개의 개별적인 조각들로 이루어진 것으로 보여질 수 있다.

6. In ancient Egypt, pitching stones was children's favorite game, but a badly thrown rock could ________ a child.
고대 이집트에서는 돌을 던지는 것이 아이들이 가장 좋아하는 게임이었지만 잘못 던진 돌덩어리는 아이를 다치게 할 수 있었다.

7. We need to get really ________ ones.
우리는 정말 비싼 것들을 사야겠어.

8. The ________s were left alone to amuse themselves as best they could.
실험 대상들은 최대한 즐겁게 시간을 보내도록 홀로 남겨졌다.

9. Did you ________ your current situation?
너의 현 상황을 개선했니?

respond [rispάnd]

[동] 대답[응답]하다; 반응하다
response [명] 응답, 대답; 반응
[형] 책임이 있는; 원인이 되는
responsive [형] 바로 대답하는; 반응하는
responsiveness [명] 대답, 반응
respondent [명] 응답자
responsible [형] 책임이 있는; 원인이 되는
responsibility [명] 책임, 의무

realize [ríːəlàiz]

[동] 깨닫다; 실현하다
realization [명] 깨달음, 실현

real [ríːəl]

[형] 진짜의, 진정한 [명] 현실, 실체
really [부] 정말로, 실제로
realistic [형] 현실적인, 사실적인
reality [명] 진실, 현실

provide [prəváid]

[동] 공급하다; 준비[대비]하다; 부양하다
provided [접] 만약 …이면
provision [명] 공급, 대비; (~s) 식량; 규정

patient [péiʃənt]

[형] 참을성[인내심]이 있는, 끈기있는 [명] 환자
patience [명] 인내(력), 참을성, 끈기
patiently [부] 참을성 있게, 꾸준히, 느긋이

origin [ɔ́ːrədʒin]

[명] 기원; 유래
original [형] 원래의, 최초의; 독창적인
originality [명] 독창성; 참신; 원형임; 진짜
originate [동] 비롯되다, (…에서) 일어나다
aboriginal [형] (호주) 원주민의; 토착의
[명] (호주) 원주민

organ [ɔ́ːrgən]

[명] 기관, 장기; (악기) 오르간
organic [형] 유기농[유기체]의
organism [명] 유기체, 생물
organization [명] 조직(화)
organize [동] 조직(화)하다
organizational [형] 조직의

limit [límit]

[명] 한계 [동] 제한[한정]하다
limitation [명] 제한, 한계

1. Because you both will be ________ing favorably to the more familiar face.
   왜냐하면 당신들 둘 다 좀더 친숙한 얼굴에 호의적으로 응답할 것이기 때문이다.

2. Ordinary consumers can own a copy of the highly valued ________als.
   평범한 소비자들은 값비싼 원작들의 복제품을 소유할 수 있다.

3. I think people who eat fruit peel prefer ________ic food.
   과일의 껍질을 먹는 사람들은 유기농 식품을 선호할 것이라고 생각한다.

4. People speaking Korean have long been ________ed mostly to those from the peninsula.
   한국어를 사용하는 사람들은 오랫동안 반도에 사는 사람들로 제한되어 왔다.

5. They are very ________ to him, very important, and, we can assure you, quite harmless.
   그들은 그에게 굉장히 실제적이고, 중요하고 — 당신에게 확신시킬 수 있는데 — 꽤 무해하다.

6. But a manager's actions ________ a clear model of exactly the kind of behavior required.
   그러나 매니저의 행동은 정확히 어떠한 행동이 요구되는지에 대한 명확한 표본을 제공한다.

7. Some people were now waiting for a table, and I was im________.
   몇몇 사람들은 그때 테이블을 기다리고 있었고, 나는 조급('끈기있는'의 반대)했다.

8. Then I ________d that over the years the flowers in her hair had died.
   그러고 나서 나는 지난 몇 년간 그녀의 머리칼 속 꽃이 죽었다는 것을 깨달았다.

direct
[dirékt]

㉠ 지도하다(= lead, guide); 길을 가르쳐주다; 명령하다, 지시하다(= command)
㉥ 직접적인; 똑바른
direction ㉡ 방향; 지도; (~s) 지시; (연극의) 감독, 연출
directly ㉤ 직접; 즉시, 바로, 곧
director ㉡ 감독자, 지도자

consume
[kənsúːm]

㉠ 다 써버리다, 소비하다
consumer ㉡ 소비자
consumption ㉡ 소비(량[액])

attract
[ətrǽkt]

㉠ 끌어당기다; 매혹하다
attraction ㉡ 매력; 끌어당김
attractive ㉥ 매력적인; 끄는 힘이 있는

achieve
[ətʃíːv]

㉠ 성취하다; (노력하여) 얻다
achievement ㉡ 성취, 달성; 업적, 공적

suggest
[səgdʒést]

㉠ 제안하다, 권하다; 암시하다
suggestion ㉡ 제안; 암시

recent
[ríːsənt]

㉥ 최근의
recently ㉤ 요즈음, 근래[최근]에

policy
[pάləsi]

㉡ (정당, 국가 등의) 정책; 방책, 방침
policy-maker ㉡ 정책 입안자[담당자]

notice
[nóutis]

㉠ 알아차리다(= observe); 주목하다(= pay attention to)
㉡ 주목, 주시; 통지(서), 통고; 게시
noticeable ㉥ (…으로) 이목을 끄는, 눈에 띄는; 두드러진

lead
[liːd]

㉠ (led-led) 인도하다, 안내하다
㉡ 선도, 지휘; 납
leader ㉡ 지도자, 선도자
leadership ㉡ 지도자의 지위, 지도

1. ______ studies, however, have proved this belief to be false.
   그러나 최근의 연구는 이 믿음이 그르다는 것을 증명했다.

2. It affected public ______ in Haiti.
   이것은 하이티의 공공 정책에 영향을 끼쳤다.

3. If you are like most people, you should ______ something odd.
   만약 당신이 보통사람이라면, 무언가 이상함을 알아채야 한다.

4. It is expected to be among the world's top four auto-making countries owing to its ______ing information technology.
   일류 IT기술로 인해, 자동차 생산에 있어 세계 상위 4개국 중 하나가 될 것이 예상된다.

5. The solvent comes into ______ contact with them, carrying the caffeine with it.
   용매는 그들에게 직접적으로 침투하여 카페인을 가지고 나온다.

6. Renaissance artists ______d perspective using geometry.
   르네상스 예술가들은 기하학을 사용하여 원근법을 획득했다.

7. The ______ion is that people will want for nothing in this city.
   그것은 이 도시에 오면 사람들에게 부족한 것이 없을 것이라는 걸 암시한다.

8. An increasing emphasis on the value of time is changing ______rs' behavior.
   시간의 가치가 더 중요하게 여겨짐에 따라서 소비자들의 행동에도 변화가 생기고 있다.

9. The heat releases an aroma that ______s certain insects.
   열은 특정한 곤충들을 끄는 향을 분출한다.

introduce [ìntrədjúːs]	동 소개하다, 안내하다; (화제 등을) 꺼내다 introduction 명 소개, 도입; 개론, 입문(서) introductory 명 소개의; 서론의
force [fɔːrs]	명 힘(= strength), 폭력; (~s) 병력, 군대 동 억지로 …하게 하다, 강요하다 forceful 형 강력한, 힘찬
favor [féivər]	명 호의, 친절한 행위 동 호의를 보이다, 찬성하다 favored 형 호의를 사고 있는, 인기있는, 편애받고 있는 favorite 형 마음에 드는, 매우 좋아하는 명 좋아하는 물건 favoring 형 형편에 맞는, 유리한 favorable 형 호의적인, 호의를 보이는 favorably 부 호의적으로, 유리하게
essential [isénʃəl]	형 필수의, 정수의; 본질적인 essence 명 본질; 정수, 핵심 essentiality 명 본성, 본질, 요점 essentially 부 본질적으로, 본래
character [kǽriktər]	명 성격, 특성; (등장)인물; 글자 characteristic 명 특성 형 특징적인, 특유의 characterize 동 …의 특성을 나타내다[밝히다]; …에 특성을 주다
carry [kǽri]	동 (carried–carried) …을 운반하다, 가지고[들고] 가다[다니다]; 보내다 carrier 명 나르는 사람[것]; 우편배달부; 운송업자 carrying 명 적재, 운송 형 운송[적재]의
bored [bɔːrd]	형 지루해 하는 boredom 명 지루함, 권태 boring 형 지루한, 지겨운 bore 동 지루하게 하다

1. The two outward ______s on a given piece sum to zero.
   주어진 부분에서 두 개의 바깥으로 향한 힘들은 그 합이 0이다.

2. Sheets of paper exist almost entirely for the purpose of ______ing information.
   여러 장의 종이는 거의 전적으로 정보를 담는 것을 목적으로 존재한다.

3. They deliberately positioned themselves between frustration on the one hand and ______om on the other.
   그들은 의도적으로 한편으로는 좌절감과 다른 한편으로는 무료함 사이에 자신들을 위치시켰다.

4. He ______d field hospitals, ambulance service, and first-aid treatment to the battlefield.
   그는 전장에 야전병원, 구급차 서비스, 그리고 응급처치를 도입했다.

5. Rosalyn's parents did everything possible to avoid ______ing one child over the others.
   로잘린의 부모님은 한 아이를 다른 아이들보다 총애하는 걸 피하기 위해 가능한 모든 일을 했다.

6. Each plant is deficient in an ______ amino acid that happens to be abundant in the other.
   각 식물은 다른 식물에는 풍부한 필수 아미노산이 부족하다.

7. The economy is ______ized more by the exchange of information than by hard goods.
   경제는 실물보다는 정보의 교환으로써 특징지어진다.

average
[ǽvəridʒ]
명 평균; 보통; 표준; (팀, 선수의) 비율; (학업의) 평균 성적[점]

actual
[ǽktʃuəl]
형 실제의, 현실의
actually 부 실제로, 정말로
actuality 명 현실(성), 현존
actualize 동 현실화하다, 실현하다

tense
[tens]
형 긴장한; 팽팽하게 당겨진
tension 명 긴장 (상태); 팽팽하게 하기

suit
[suːt]
동 …에 어울리다; 적응시키다; 적합하다, 어울리다
명 옷 한 벌; 소송(= lawsuit)
suitable 형 적합한, 적절한
unsuitable 형 부적절한, 어울리지 않는

suffer
[sʌ́fər]
동 (고통을) 겪다[경험하다]
suffering 명 고통, 괴로움

satisfy
[sǽtisfài]
동 만족시키다
satisfied 형 만족한, 흡족한
satisfying 형 만족을 주는, 충분한
satisfaction 명 만족
satisfactory 형 만족스러운; 충분한
unsatisfactory 형 만족스럽지 못한, 불충분한

research
[risə́ːrtʃ]
명 연구 동 연구하다
researcher 명 연구원, 조사원

recognize
[rékəgnàiz]
동 알아보다, 분간하다; 인정하다; 승인하다
recognition 명 알아보기, 식별; 인정; 승인

quality
[kwɑ́ləti]
명 특성, 품질

grade
[greid]
명 등급, 정도, 성적 동 등급별로 나누다
grading 명 등급 매기기, 가격 정하기
gradually 부 서서히, 점점, 차차
gradual 형 점진적인, 점차적인

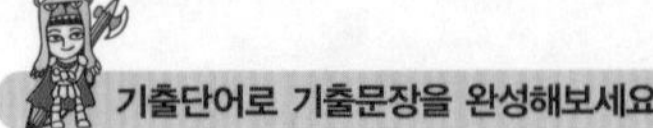

1. Although most people ________ it as a jewel, the diamond most directly affects our daily lives as a tool.
   대부분의 사람들이 그것을 보석으로 인식하지만, 다이아몬드는 도구로써 우리의 일상생활에 직접적인 영향을 미친다.

2. The static and the sentence formed separate perceptual streams due to differences in the ______ of sound.
   잡음과 문장은 이것들을 음질의 차이로 인해 서로 다른 지각의 흐름을 만든다.

3. I had just finished the fifth ______.
   나는 막 5학년을 마쳤다.

4. But the public ______s from a groundless fear of chemical decaffeination.
   그러나 대중은 화학적 탈카페인화에 대한 근거 없는 두려움 때문에 고통을 겪는다.

5. You ask a question on a particular subject and the answer is un______actory.
   당신은 특정 주제에 대해 질문하고, 그 대답은 불만족스럽다('만족스러운'의 반대).

6. Plan your budget in advance to give yourself time to ______ the costs fully.
   당신 자신에게 충분히 비용을 조사할 시간을 줄 수 있도록 예산을 미리 짜두라.

7. The ______ number of students per class in middle schools was the largest in 1994.
   중학교의 학급당 평균 학생 수가 가장 많았을 때는 1994년이다.

8. I would not be there to tell my critics that the barn is ______ly constructed this way.
   나는 비평가들에게 헛간이 실제로는 이런 식으로 지어졌다고 말하지 않을 것이다.

9. There is no need to get ______ and therefore, no reaction.
   긴장할 필요가 없기 때문에 반응이 없는 것이다.

10. The concept of violence is now ____________, and nonviolence is the appropriate method.
    폭력의 개념은 이제 부적절('적절한'의 반대)하고, 비폭력이 적절한 방법이다.

field [fiːld]	명 들판, 벌판; 분야 greenfield 형 전원[미개발] 지역의, 녹지대의
fear [fiər]	명 두려움, 공포 동 두려워하다 fearful 형 두려워하는, 무서운 fearless 형 무서워하지 않는, 대담무쌍한
fail [feil]	동 실패하다; 낙제하다; …하지 않다[못하다]; 실망시키다 명 낙제, 불합격 failure 명 실패(자), 낙제(자)
express [iksprés]	동 (생각을) 표현하다, (감정을) 나타내다 형 명시된; (열차 등이) 급행의 명 급행열차; 속달 expression 명 표현(법), 나타내기 expressive 형 표현하는, 표현력이 풍부한
excited [iksáitid]	형 흥분한 exciting 형 흥분시키는 excite 동 흥분시키다, (남을) 자극하다 excitement 명 흥분, 자극
environment [inváiərənmənt]	명 환경 environmental 형 환경의 environment-friendly 형 환경 친화적인
depend [dipénd]	동 의지[의존]하다, 믿다; …에 달려 있다 dependent 형 (…에) 의지하는; (…에 의해) 결정[좌우]되는 dependence 명 의존; 신뢰; 종속 dependency 명 의존 (상태); 종속물 dependable 형 의존할[신뢰할] 수 있는
dead [ded]	형 죽은; 생명이 없는; 생산력이 없는 명 (the ~) 죽은 사람 deadly 형 치명적인 death 명 죽음, 사망; 죽은 상태 die 동 죽다, 사라지다, 멎다

기출단어로 기출문장을 완성해보세요.

1. The focus is on the magical, ______ive, and social value of the act of making.
   초점은 만들기의 마술적이고, 표현적이고, 사회적인 가치에 있다.

2. It provides a good and ______ing form of exercise.
   그것은 유익하고 흥미로운 형태의 운동을 제공한다.

3. It also works on issues such as fair housing, gender equality, and __________al justice.
   그것은 또한 양질의 주거나, 양성평등, 환경적 정의 같은 이슈에도 적용된다.

4. Ever since the coming of television, there has been a rumor that the novel is dying, if not already ______.
   텔레비전의 출현 이후로, 소설이 이미 죽었거나 죽어가고 있다는 루머가 있어왔다.

5. It helped secure professional positions for minorities in a number of different ______s.
   그것은 소수자들이 상당히 다양한 분야에서 전문적인 위치를 지킬 수 있게 도와주었다.

6. They ______ that these climbers may try to climb the biggest and tallest trees if they learn their exact locations.
   그들은 만약 이 등반가들이 그들의 정확한 위치를 안다면 가장 크고 높은 나무들을 오르려 할지도 모른다는 것을 두려워한다.

7. If one of the parties ______s to keep the promise, the other has rights to compensation.
   만약 정당들 중의 하나가 약속을 지키는 것에 실패하면, 다른 정당은 배상의 권리가 있다.

8. Countries, regions, and even villages were economically in______ent of one another in the past.
   국가, 지역, 심지어는 마을들까지도 과거에는 경제적으로 독립되었었다('의지[의존]하다'의 반대).

contribute
[kəntríbjut]

[동] 공헌하다, 기여하다; 기부하다(= donate); 기고하다
contribution [명] 공헌, 기여; 기부; 기고
contributor [명] 기부자, 공헌자
contributory [형] 기여하는, 공헌하는 [명] 분담자

complete
[kəmplí:t]

[형] 완전한(= total); 철저한(= thorough); 완성된
[동] 완전하게 하다; 끝내다
completely [부] 완전히, 철저히
completion [명] 완성, 완료

climb
[klaim]

[동] 기어오르다; (산, 계단 따위를) 오르다; 떠오르다, 상상하다 [명] 오르기, 등반; 상승
climber [명] 기어오르는 사람[물건]; 등산가; 출세주의자, 야심가
climbing [형] 등산용의; 상승하는 [명] 등산

clear
[kliər]

[형] 맑은, 갠(= fine); 밝은(= light); 투명한; 명백한
clearly [부] 밝게; 맑게; 명료하게, 분명하게
clearance [명] 정리, 정돈
clearness [명] 밝기, 명료도

calm
[kɑ:m]

[형] 차분한, 고요한 [명] 평온, 고요 [동] 진정하다
calmly [부] 조용히, 차분하게
calmness [명] 고요, 평온, 냉정

appreciate
[əprí:ʃièit]

[동] 제대로 평가[판단]하다, 진가를 알다; 고맙게 여기다; (문학, 예술 등을) 감상하다
appreciation [명] 바르게 평가하기, 이해; 감상; 감사
appreciative [형] 감식력이 있는; 감사의
appreciable [형] 감지할 수 있을 정도의, 평가할 수 있는

suppose
[səpóuz]

[동] 가정하다; 생각하다, 추측하다
supposition [명] 상상; 가정

several
[sévərəl]

[형] 몇몇의, 몇 개의
severally [부] 따로따로, 개별적으로

기출단어로 기출문장을 완성해보세요.

1. You will notice the same effect if you close your eyes, breathe ______ly.
   만약 눈을 감고, 차분히 숨을 쉰다면 동일한 효과를 볼 수 있을 것이다.

2. I really ______ your cooperation.
   전 당신의 협력에 굉장히 감사해하고 있습니다.

3. Let's ______ that the same fire chief has asked you to paint a picture on the side of his firehouse.
   같은 소방서장이 당신에게 소방서 벽면에 그림을 그리라고 하는 상황을 가정해보자.

4. This old cottonwood, on the other hand, lost ______ branches.
   반면에 이 늙은 사시나무는 여러 개의 나뭇가지를 잃었다.

5. Recreational tree ______ing is an evolving sport.
   오락 삼아 나무 오르기는 진화하고 있는 스포츠이다.

6. Patience is ______ly an important virtue.
   인내는 분명히 중요한 덕목이다.

7. Since you started in the mail room in 1979, your ______ions to this firm have been invaluable.
   1979년에 우편실에서 시작한 이래로 회사에 대한 당신의 공헌은 아주 귀중했습니다.

8. A 120-million-dollar riverfront restoration project ______d last year.
   1억 2천만 달러 상당의 강변지대 복구사업은 작년에 완료되었다.

등굣길도 놓칠 순 없지!

return
[ritə́:rn]

[동] 되돌아가다; 돌려주다
[명] 귀환, 순환
returnable [형] 반환할 수 있는; 보고해야 할
in return for …에 대한 보답으로

relieve
[rilí:v]

[동] (고통, 고민 등을) 경감[완화]시키다, 누그러뜨리다; 안도하게 하다
relief [명] 안도; (고통, 근심 등의) 완화, 경감
relieved [형] 안도하는, 다행으로 여기는

receive
[risí:v]

[동] 받다; 받아들이다, 인정하다; (남을) 접견하다; (전화, 방송 등을) 수신하다
receiver [명] 받는 사람, 수취인; 수화기
receipt [명] 영수증; 수령, 인수

period
[píəriəd]

[명] 기간, 시대; 수업 시간; 마침표, 종지부
periodic [형] 주기적인; 정기의

pack
[pæk]

[명] 꾸러미, 묶음
[동] 꾸리다, 채워 넣다, 가득 채우다
package [명] 꾸러미, 소포; 패키지, 일괄 프로그램

medical
[médikəl]

[형] 의학의, 의료의
medicine [명] 약, 의학
medicalize [동] 치료하다; 환자로 받아들이다

major
[méidʒər]

[형] (더) 중요한; (더) 큰 [명] 전공 [동] 전공하다
majority [명] 대다수, 대부분
major in …를 전공하다(= specialize in)

knowledge
[nɑ́lidʒ]

[명] 지식, 학식
knowledgeable [형] 지식 있는, 아는 것이 많은

involve
[invɑ́lv]

[동] (사건 등에) 말려들게 하다; (필연적으로) 포함[수반]하다
involvement [명] 연루, 관련; 포함
be involved in …에 휘말리다

front
[frʌnt]

[명] 앞, 정면
[형] 정면의

기출단어로 기출문장을 완성해보세요.

1. The 1960-1969 _______ displayed the highest growth rate of total output of all the _______s in the graph.
   1960-1969년까지의 기간이 그래프의 모든 기간 중 총생산에 있어 가장 높은 성장률을 보였다.

2. The _______age will arrive in time.
   소포가 제시간에 도착할 것이다.

3. And often what they seek is not so much profound _______ as quick information.
   그리고 그들이 찾는 것은 빠른 정보처럼 풍부한 지식이 아닌 경우가 많다.

4. If the habit _______s your hands, as when pulling out hair, then try to occupy them in some other way.
   만약 그 습관이 머리를 잡아당기는 것처럼 손을 포함한다면, 손을 다른 방식으로 사용해보라.

5. He sat for a time in _______ of the fireplace.
   그는 난로 앞에 잠시 앉아 있었다.

6. I didn't know you already _______ed the books.
   나는 네가 이미 책을 돌려줬는지 몰랐다.

7. He was _______d to hear the continued announcement.
   그는 계속되는 방송을 듣고 안심이 되었다.

8. They will proudly _______ their graduation certificates.
   그들은 자랑스럽게 졸업장을 받게 될 것이다.

9. _______ science could find no difference in the brains of the former primitives.
   의학은 이전의 원시적인 뇌에서 어떠한 차이점도 발견하지 못했다.

10. But a _______ity of people could not tell where the static was!
    그러나 대다수의 사람들은 잡음이 어디서 났는지 알 수 없었다.

encourage
[enkə́:ridʒ]

㉯ 용기를 북돋우다; 장려하다
encouragement ㉮ 격려, 고무; 장려, 조장
encouraging ㉱ 격려하는, 힘을 북돋아주는; 유망한

emotion
[imóuʃən]

㉮ 감정, 정서
emotional ㉱ 감정[정서]의
emotionally ㉲ 감정적으로

effort
[éfərt]

㉮ 노력; 수고, 분투
effortlessly ㉲ 힘들이지 않고, 손쉽게
effortless ㉱ 노력하지 않는, 힘들이지 않는, 쉬운

diver
[dáivər]

㉮ 물에 뛰어드는 사람[것], 다이빙 선수; 잠수부
dive ㉯ 뛰어들다, 다이빙하다; 돌진하다; 급히 내려가다; 몰두하다
㉮ 뛰어들기; 잠수; 몰두
diving ㉮ 잠수; 다이빙

comfort
[kʌ́mfərt]

㉯ 편안하게 하다; 위로하다(= console)
㉮ 편안함, 안락; 위로
comfortable ㉱ 편한, 안락한
comfortably ㉲ 기분 좋게; 편안하게, 안락하게
discomfort ㉮ 불편(하게 하는 것)
㉯ 불편하게 하다

avoid
[əvɔ́id]

㉯ 피하다, 회피하다
avoidable ㉱ 피할[막을] 수 있는(↔ unavoidable)

available
[əvéiləbəl]

㉱ 이용할 수 있는; 입수할 수 있는
avail ㉯ 쓸모가 있다, 도움이 되다

advice
[ədváis]

㉮ 조언, 권고
advise ㉮ 조언[권고]하다

similar
[símələr]

㉱ 비슷한, 유사한
similarity ㉮ 비슷함, 유사(점)
similarly ㉲ 유사[비슷]하게; 같은 모양으로, 같게

remove
[rimú:v]

㉯ 제거하다, 없애다, 치우다
removal ㉮ 제거

1. For decades, child-rearing advice from experts has __________d the nighttime separation of baby from parent.
   수십 년 동안, 전문가들의 아이양육에 관한 충고는 부모와 아이가 밤 동안 떨어져 있는(따로 자는) 것을 권했다.

2. This belief derives from a nineteenth-century understanding of __________.
   이 믿음은 19세기의 감정에 대한 이해로부터 비롯된다.

3. We all know how invaluable your ________ and help will be.
   우리는 모두 당신의 충고와 도움이 얼마나 값질지 압니다.

4. It derives from the prevalent belief that all of us are ________ bio-mechanical units.
   그것은 우리가 모두 비슷한 생체역학적 단위라는 우세한 믿음에서 비롯된다.

5. After the beans are steamed, they are soaked in water, which ________s the caffeine.
   콩에 증기가 가해지고 나서, 그 콩들은 물에 담가지는데, 그것은 카페인을 제거하는 작업이다.

6. Night ________ing is obviously less simple than diving during the day.
   밤에 하는 다이빙은 확실히 낮에 하는 것보다는 덜 간단하다.

7. We have learned to ________ vagueness in communication.
   우리는 의사소통에 있어서 모호함을 피하도록 배워왔다.

8. If we are hungry, there is always food __________.
   우리는 배가 고프면, 언제나 음식을 손에 넣을 수 있다.

9. In this modern world, people are not used to living with dis__________.
   이 현대 세계에서는 사람들이 불편함('편안함'의 반대)을 안고 사는 것에 익숙하지 않다.

10. She ________lessly flipped the ball up in the air.
    그녀는 별 노력 않고 공중으로 공을 튀겼다.

publish
[pʌ́bliʃ]

㉯ 출판[발행]하다; 공식 발표하다
publisher ㉮ 발행인, 출판사
publishing ㉮ 출판, 출판업 ㉱ 출판업의
publication ㉮ 출판, 발행; 공표
public ㉱ 대중의, 공공의; 공적인; 공공연한
㉮ 일반 사람들, 대중

polite
[pəláit]

㉱ 예의 바른, 공손한(↔ impolite, rude)
politeness ㉮ 예의 바름, 공손함

politics
[pάlitiks]

㉮ 정치(학)
political ㉱ 정치적인; 정치(학)의
politically ㉲ 정치[정략]상, 정치[정략]적으로

peace
[piːs]

㉮ 평화, 치안, 평온
peaceful ㉱ 평화스러운, 평온한

particular
[pərtíkjələr]

㉱ 특별한, 특유의; 개별적인; 까다로운
particularly ㉲ 특히, 그 중에서도

observe
[əbzə́ːrv]

㉯ 관찰하다; 알아채다; (법, 풍습 등을) 지키다; (명절, 축제일 등을) 축하하다
observation ㉮ 관찰, 관측
observer ㉮ 관찰자; (회의의) 옵저버, 방청자
observance ㉮ (법률, 관행 등의) 준수
observatory ㉮ 관측소, 기상대

joy
[dʒɔi]

㉮ 기쁨, 즐거움
joyful ㉱ 기쁜, 기쁨에 찬

influence
[ínfluəns]

㉮ 영향; 세력; 감화
㉯ 영향을 미치다; 감화시키다
influential ㉱ 영향을 미치는; 유력한

industry
[índəstri]

㉮ 산업, 공업; 근면(= diligence)
industrial ㉱ 산업[공업]의; 산업[공업]이 발달한
industrious ㉱ 근면한
industrialize ㉯ 산업화[공업화]하다

guess
[ges]

㉯ 짐작하다, 추측하다
㉮ 추측, 추정; 억측
guesswork ㉮ 짐작, 추측, 어림잡기

1. Do be ______ to the person who serves you.
당신을 위해 일하는 사람에게 공손하라.

2. A psychologist named Richard Warren demonstrated this ______ly well.
리차드 워렌이라는 심리학자는 이것을 특별히 잘 설명했다.

3. When they enter the eye of an ______r, they set off a chain of neurochemical events.
그것들이 관찰자의 눈을 통과할 때, 그것들은 일련의 신경화학적 현상들을 유발한다.

4. This plays an essential role in various scientific fields and in ______.
이것은 다양한 과학 분야와 산업에서 중요한 역할을 한다.

5. Even our most highly educated ______es often go disastrously wrong.
심지어는 우리의 가장 많이 교육받은 사람들의 추측도 치명적으로 틀리는 경우가 종종 있다.

6. Thank you for sending your poems to this ______ing house.
이 출판사로 당신의 시들을 보내주신 것에 대해 감사드립니다.

7. Suddenly, the ______ of the evening was broken when the plane's landing lights started flashing on and off.
갑자기 비행기의 착륙 조명이 꺼졌다 켜졌다 하기 시작했을 때 저녁의 평화는 깨졌다.

8. They give up the possible ______ of picking the winner.
그들은 승자를 뽑는 것에 있음직한 기쁨을 포기한다.

9. This gets ______d by a real world event.
이것은 현실의 세계 사건에 의해 영향을 받는다.

10. Global ______, as a result, has become more complex, involving countries from many civilizations.
세계 정치는 그 결과로 보다 복잡해지고, 다양한 문명권의 국가들이 연루된다.

feature
[fíːtʃər]

명 특징; 특집 기사[프로]; 얼굴 생김새, 용모
동 중요한 역할을 하다

deal
[diːl]

동 (dealt–dealt) 다루다, 처리하다; 거래하다
명 거래
dealer 명 거래인
dealing 명 관계; 거래
deal with …를 다루다, …에 대처하다
deal in …를 팔다

contact
[kɑ́ntækt]

명 접촉, 연락; 교제, 교섭
동 (남에게) 연락하다; 접촉시키다

constant
[kɑ́nstənt]

형 부단한, 끊임없이 계속되는; 불변의
constantly 부 끊임없이; 항상

bill
[bil]

명 청구서, 계산서; (금융) 환어음, 어음;
증권, 증서; 지폐
동 …을 계산서에 기입하다

bake
[beik]

동 (빵 따위)를 굽다; (햇볕이) …을 태우다
명 (빵 따위를) 굽기
baker 명 빵 굽는 사람; 빵 제조 판매인; 제과점
bakery 명 빵집(= baker's shop); 빵, 과자류 판매점; 제과점; (집합적) 구운 빵

background
[bǽkgràund]

명 (풍경, 그림, 무대의) 배경, 원경; 바탕;
예비지식, 기초지식

audience
[ɔ́ːdiəns]

명 청중, 시청[청취]자

approach
[əpróutʃ]

동 (장소, 사람에게) 접근하다, 다가가다
명 접근

anger
[ǽŋgər]

명 화
동 화나게 하다
angrily 부 화를 내어, 화난 듯이
angry 형 화난

1. Many people believe that they will be free of their ______ i
   they express it.
   많은 사람들이 만약 그것을 표현한다면 분노로부터 해방될 거라고 믿는다.

2. In this way, the company will be able to ______ with lawsuits
   이런 식으로, 회사는 소송들을 처리할 수 있을 것이다.

3. Any ______ between humans and rare plants can be dis-
   astrous for the plants.
   사람과 희귀식물 사이의 어떤 접촉도 식물에게는 재앙이 될 수 있다.

4. The ________ noises of electronic devices will drown ou
   the sounds of the birds singing in the morning.
   전자제품의 끊임없는 소음은 아침에 지저귀는 새소리를 묻히게 할 것이다.

5. One morning a poor young man went to a ______ry and
   asked for some bread.
   어느 날 아침 가난한 젊은이가 빵가게로 가서 빵을 좀 달라고 말했습니다.

6. They help cut the costs of selling, storing, shipping, and
   ____ing.
   그것들은 판매, 저장, 운송, 그리고 청구서 작성에 드는 비용의 절감에 도움이
   될 것이다.

7. The __________ of her poor performance in the concer
   was that she didn't have enough time to practice.
   콘서트에서 그녀의 형편없는 연주의 배경은 연습시간 부족이었다.

8. It's the best way to listen to the ________.
   청중에 귀 기울이는 것이 가장 좋은 방법이다.

9. A woman __________ed them and overheard my friend's
   wife say, "I can't believe how beautiful this is."
   한 여자가 그들(내 친구 부부)에게 다가와서 내 친구의 아내가 '너무 아름다워
   서 믿을 수 없을 정도야.'라고 말하는 것을 우연히 들었다.

10. Any bump or line will be sufficient to depict a ________.
    어떤 두개골의 융기나 선도 생김새를 묘사하기에 충분할 것이다.

amount [əmáunt]	명 양 동 총[결국] …이 되다[…와 같다]
affect [əfékt]	동 영향을 미치다; 감동시키다 affection 명 애정, 호의; 영향
accept [æksépt]	동 받아들이다; 인정하다 acceptable 형 받아들일 수 있는 acceptance 명 받아들임; 용인, 승인
wonder [wʌ́ndər]	명 경탄할 만한 것, 경이 동 이상하게 여기다, …이 아닐까 생각하다 wonderful 형 훌륭한, 굉장한; 이상한
throw [θrou]	동 (threw–thrown) 던지다(= cast), 팽개치다 명 내던짐; 투구(投球)
string [striŋ]	명 끈, 줄, (악기의) 현 동 실에 꿰다[매달다]
storm [stɔːrm]	명 폭풍(우) 동 폭풍이 불다; (질문 등을) …에게 퍼붓다 stormy 형 폭풍(우)의, 격렬한
status [stéitəs]	명 지위, 신분
require [rikwáiər]	동 요구하다; 필요로 하다 requirement 명 필요조건; 요구되는 일

1. Eating fruit peel can also help to decrease the ______ of food waste.
   과일 껍질을 먹는 것은 또한 음식물 쓰레기의 양을 줄이는 데 도움이 될 수 있다.

2. A forest fire in Brazil ______s the weather in Moscow.
   브라질의 산불은 모스크바의 날씨에 영향을 준다.

3. But when you were a child, they survived a ______ without losing a branch.
   그러나 당신이 아이였을 때, 그들은 폭풍에 가지 하나 잃지 않고 살아남았다.

4. A ______ symbol is something, usually an expensive or rare object.
   지위를 상징하는 것들은 대개 비싸거나 희귀한 사물이다.

5. The making of this ______s the mutual agreement of two or more persons or parties.
   이것을 만드는 것은 둘 또는 그 이상의 사람이나 집단 간에 서로의 동의를 요구한다.

6. Westerners had to ______ that the behavior found in native cultures was not the distinctive feature of savage 'otherness'.
   서구인들은 토착문화에서 발견되는 행동들이 야만적 '다름'의 특징이 아니라는 것을 받아들여야 했다.

7. Is it any ______ that our children don't know where food comes from?
   우리의 아이들이 음식이 어디서 나오는지 모르는 것이 놀랍습니까?

8. Often they ______ it away or give it away.
   자주 그들은 그것을 내동댕이치거나 남에게 주어버린다.

9. A violin creates tension in its ______s and gives each of them an equilibrium shape: a straight line.
   바이올린은 그것의 줄에서 긴장을 만들어내고 그 줄들의 각각에 평형 형태, 즉 직선을 제공한다.

rare [rɛər]	ⓗ 드문(↔ common); 살짝 구운 rarely ⓑ 드물게, 좀처럼 …않는
personal [pə́ːrsənəl]	ⓗ 개인의, 개인적인 personality ⓜ 개성, 성격 person ⓜ 사람 personalize ⓓ 개인화하다, 인격화하다 personally ⓑ 직접, 스스로; 개인적으로(는)
peel [piːl]	ⓓ 껍질을 벗기다 ⓜ 껍질
opportunity [ɑ̀pərtjúːnəti]	ⓜ (좋은) 기회, 호기
nerve [nəːrv]	ⓜ 신경; 불안, 초조; 용기, 뻔뻔스러움 nervous ⓗ 불안한, 초조한; 신경(성)의 nervousness ⓜ 불안, 초조 get on one's nerves …의 신경을 건드리다
include [inklúːd]	ⓓ 포함[함유]하다 including ⓙ …을 포함하여 inclusion ⓜ 포함, 함유(물), 포괄 included ⓗ 포함된, 함유된
goal [goul]	ⓜ 목적, 목표; 골
frequency [fríːkwənsi]	ⓜ 빈도, 진동수 frequent ⓗ 자주 일어나는, 빈번한 frequently ⓑ 자주, 종종
foreign [fɔ́(ː)rin]	ⓗ 외국의, 이질적인 foreigner ⓜ 외국인, 이방인
focus [fóukəs]	ⓜ 초점 ⓓ 초점을 맞추다, 집중시키다, 집중하다

1. Her ______s were hurting her.
그녀의 신경이 그녀를 아프게 하고 있었다.

2. ______ goals about finances, relationships, and your career.
재정과 사람들 사이의 관계와 당신의 경력에 관한 목표들을 포함하라.

3. People ______ly get their best ideas at work.
사람들은 직장에서 거의 그들이 가진 최상의 아이디어를 떠올리지 못한다.

4. ______ly, I don't like the bitter taste and roughness of fruit peel.
개인적으로 나는 과일 껍질의 쓴맛과 거칠음을 좋아하지 않는다.

5. In fact, fruit ______ contains essential vitamins.
사실, 과일 껍질은 필수 비타민을 포함하고 있다.

6. I have had the ______ to look them over.
나는 그것들을 살펴볼 기회가 있었다.

7. Still others may want to travel to a ______ country.
아직도 다른 사람들은 외국을 여행하고 싶을지도 모른다.

8. Possibly the most effective way to ______ on your goals is to write them down.
아마도 당신의 목표에 집중하기 위한 가장 효과적인 방법은 그것을 적어놓는 일일 것이다.

9. Our ______ is to respect the artist's intention.
우리의 목표는 예술가의 의도를 존중하는 것이다.

10. Infrasound is a low-pitched sound, whose ______ is far below the range of human ears.
초저주파는 진동수가 인간의 가청 범위보다 훨씬 낮은 저음의 소리이다.

작심삼일 바이러스
물러가라

sense [sens]	ⓜ 감각; 의식; 분별 sensible ⓗ 분별이 있는; 합리적인 sensitive ⓗ 민감한, 예민한; 이해심 많은 sensibility ⓜ 감수성; 감각; 감도 sensitivity ⓜ 세심함; 감성
fix [fiks]	ⓓ 고정시키다, 확립하다; 고치다 ⓜ 수리, 조정
famous [féiməs]	ⓗ 유명한 fame ⓜ 명성, 평판
electric [iléktrik]	ⓗ 전기(작용)의; 전기로 움직이는 electrical ⓗ 전기에 관한 electricity ⓜ 전기(학); 전류
educate [édʒukèit]	ⓓ 교육하다, 훈련하다 educated ⓗ 교육 받은, 숙련된; 근거가 있는 education ⓜ 교육 educational ⓗ 교육의; 교육적인
disease [dizíːz]	ⓜ 병, 질병, 질환; (정신, 도덕, 사회 제도 따위의) 불건전한 상태, 퇴폐, 타락 ⓓ …을 병에 걸리게 하다; …을 어지럽히다
determine [ditə́ːrmin]	ⓓ 결심하다; 결정하다 determination ⓜ 결심; 결정 determined ⓗ (성격, 표정 등이) 결연한; (…하기로) 결심한
demand [dimǽnd]	ⓓ 요구[청구]하다 ⓜ 요구; 수요
define [difáin]	ⓓ 정의(定義)하다; (범위, 경계 등을) 규정하다 well-defined ⓗ 윤곽이 뚜렷한, 정의(定義)가 명확한

기출단어로 기출문장을 완성해보세요.

1. They admit it is extremely difficult to ________ what should and should not be retouched.

   그들은 무엇을 다시 손질해야 하고 무엇을 하지 말아야 할지를 결정하는 것이 굉장히 어렵다는 것을 인정한다.

2. The cost of a dozen roses rose twofold or more as a result of high ________.

   장미 한 다발 값이 높은 수요 때문에 2배 이상으로 뛰었다.

3. In other words, birth order may ______ your role within a family.

   다른 방식으로 말하자면, 출생순서가 가족 내의 당신의 역할을 규정할 수 있다.

4. "Folk" understandings, such as Aristotle's explanation about moving objects, often sound ________ to many people, even though they are incorrect.

   움직이는 사물에 관한 아리스토텔레스의 설명과 같은 "평민들의" 생각은 비록 옳지 않은 것이지만 종종 많은 사람들에게 이치에 맞게 들린다.

5. In fact, the movie business and the athletic world are full of intelligent, _______d, and informed men.

   사실, 영화 산업과 스포츠 업계는 똑똑하고, 교육받고, 정보에 밝은 사람들로 넘친다.

6. The doctor also carries out some special tests to detect such dangerous _______s as cancer and diabetes.

   의사는 또한 암과 당뇨 같은 위험한 질병을 잡아내기 위한 특별한 검사들을 시행한다.

7. I'll ask him to _____ your guitar.

   내가 그에게 너의 기타를 고쳐달라고 부탁할게.

8. For example, ask Paul Newman, the ______ actor, about his charity work with kids.

   예를 들어, 폴 뉴먼이라는 유명한 배우에게 아이들과 관련된 그의 자선사업에 대해 물어보라.

9. ______ bulbs transmit light but keep out the oxygen that would cause their hot filaments to burn up.

   전(電)구들은 빛을 방출하지만 그것의 뜨거운 필라멘트를 타게 하는 산소는 차단한다.

contain
[kəntéin]
[동] 포함하다, 담다, 수용하다
container [명] 넣는 그릇, 용기; 콘테이너

construct
[kənstrʌ́kt]
[동] 건설하다; 구성하다; 연구[고안]하다
[명] [kɑ́:nstrʌkt] 건축물, 제조물
construction [명] 건설, 건축; 구조
constructive [형] (의견 등이) 건설적인; 구조상의

concentrate
[kɑ́nsəntrèit]
[동] 집중하다, 전념하다
concentration [명] 집중 (상태)

charge
[tʃɑ:rdʒ]
[명] 요금; 책임
[동] 청구하다; 고소하다; 돌격하다; 충전하다
be in charge of …를 책임지다

borrow
[bɔ́(:)rou]
[동] …을 빌리다, 차용하다, 꾸다
borrower [명] 차용인

benefit
[bénəfit]
[명] 이익, 유리; 은혜
[동] …에 이익을 주다; 득을 보다
beneficial [형] 유익한, 유리한

according
[əkɔ́:rdiŋ]
[형] …에 따르는
accordingly [부] (앞에 말한 바에) 따라서, 그러므로
according to …에 따르면, …에 따라

solve
[sɑlv]
[동] (문제 등을) 풀다, 해결하다

serious
[síəriəs]
[형] 진지한, 중대한
seriously [부] 진지하게, 진정으로; 중대하게
seriousness [명] 진지함; 중대[심각]함

seek
[si:k]
[동] (sought-sought) (추)구하다; 찾다(= look for)
seeker [명] 수색자, 탐구자

reproduce
[rì:prədjú:s]
[동] 재생하다, 복사[복제]하다; 생식하다
reproduction [명] 재생, 재현

1. Dutch astronomer Christian Huygens ________ed the first pendulum clock.
   네덜란드 천문학자인 크리스티안 하위헌스가 첫 진자시계를 고안했다.

2. ________ the books instead of buying them.
   책들을 사는 대신 빌려라.

3. Why couldn't others also ________ from that value?
   왜 다른 사람들은 그러한 가치로부터 똑같이 이익을 얻지 못했을까?

4. ________ to McLuhan, television is fundamentally an acoustic medium.
   맥루언에 따르면, 텔레비전은 기본적으로 청각적 매체이다.

5. Please feel free to use any additional methods you want to assist you in ______ing the problems.
   문제들을 해결하는 데에 있어 당신을 도울 수 있는 추가적인 방법들을 사용하는 데에 부담을 느끼지 말라.

6. It generally ______s simplification and essentiality.
   그것은 보통 단순화와 불가결성을 찾는다.

7. It is also valued because it can be ______________d.
   그것은 또한 복제될 수 있기 때문에 가치 있게 평가된다.

8. I ________________d more on improving my language ability and making friends.
   나는 나의 언어능력을 키우는 것과 친구 사귀는 것에 더 집중했다.

9. Surely I could convince people to pay half of what the grocery store ________d and to feel lucky about the bargain.
   당연히 나는 사람들에게 식료품점이 부과한 가격의 절반을 내고 세일에 대해 운이 좋다고 느끼도록 설득할 수 있다.

10. It's time for us all to reconsider the ________ness of the problem and to do something about it.
    이제 문제의 심각성을 인식하고 무언가 조치를 취할 때다.

11. But lots of things can be turned into stylish ________ers.
    그러나 많은 것들이 멋진 용기로 탈바꿈할 수 있다.

raise [reiz]	동 (들어)올리다; 모금하다; 기르다; 제기하다 명 임금 인상
meal [miːl]	명 식사; 식사 시간
material [mətíəriəl]	명 물질, 재료, 자료 형 물질의
main [mein]	형 주된, 주요한 mainly 부 주로; 대부분은
lonely [lóunli]	형 고독한, 고립된 loneliness 명 고독; 외로움
lack [læk]	명 부족, 결핍(= shortage) 동 결핍되다, 부족하다 be lacking in …이 결핍되어 있다, …가 부족하다 for lack of …가 부족하여
instance [ínstəns]	명 예, 실례; 경우, 사실 instant 형 즉석의, 즉각적인 명 즉각, 순간 instantly 부 즉시, 즉석에서 for instance 예를 들면 (= for example)
impress [imprés]	동 감명을 주다, 깊은 인상을 주다 impression 명 인상, 감명, 느낌 impressive 형 강한 인상을 주는, 감명을 주는 impressed 형 인상 깊게 생각하는, 감동을 받은
ignore [ignɔ́ːr]	동 (사람, 사물, 일 등을 의도적으로) 무시하다 ignorance 명 무지; 알지 못함 ignorant 형 무지한, 무식한; …을 잘 모르는
identify [aidéntəfài]	동 (정체를[신원을]) 확인하다; 공감하다, 동일시하다 identification 명 신원[정체]의 확인; 구별, 식별; 동일함; 신분증 identical 형 똑같은, 동일한 identifiable 형 동일함을 증명할 수 있는; 신원을 확인할 수 있는

기출단어로 기출문장을 완성해보세요.

1. She was wearing a wedding dress made of rich ________.
   그녀는 비싼 물질로 만들어진 웨딩드레스를 입고 있었다.

2. For ________, let's think about what stopped the car in the following two sentences.
   예를 들자면, 다음 두 문장에서 무엇이 차를 세웠는지 생각해 보기로 하자.

3. Cities are desperate to create the ________ion that they lie at the center of something or other.
   도시들은 그것이 무언가의 중심에 서 있다는 인상을 만들기 위해 고군분투한다.

4. We cannot ________ their interests!
   우리는 그들의 관심사를 무시할 수 없다!

5. Object ________ication rarely occurs in isolation.
   사물의 구별은 고립된 상태에서는 거의 일어나지 않는다.

6. Every mother and father wants to ______ a child with a strong moral character.
   모든 부모들은 자신의 아이를 도덕적으로 강한 인간으로 키우고 싶어 한다.

7. Many people think the secret is kimchi, a traditional Korean dish served with almost every ______.
   많은 사람들은 거의 모든 식사에 제공되는 한국의 전통음식인 김치가 그 비밀이라고 생각한다.

8. Ball playing was thought of ______ly as a way to teach young men the speed and skill they would need for war.
   공놀이는 주로 젊은 남자에게 전쟁에 필요한 스피드와 기술을 가르치기 위한 방법이라고 생각되었다.

9. Some people have felt that only the ______ play with imaginary playmates.
   몇몇 사람들은 오직 외로운 사람만이 상상의 놀이친구와 논다고 느꼈다.

10. Thus, our understanding of context compensates for ______ of detail in the feature identification process.
    그러므로 전후관계에 대한 우리의 이해는 특성을 인지하는 과정에서의 세부사항의 부족을 보완해준다.

fit
[fit]

㊍ (fitted-fitted) 맞다, 맞추다 ㊌ 건강한; 알맞은
fitness ㊔ 건강, 적합성
fitting ㊌ 적당한, 적절한 ㊔ 입어보기, 가봉; 조정
one-size-fits all ㊌ 널리 적용되도록 만든

exist
[igzíst]

㊍ 존재[실재]하다; 생존하다
existing ㊌ 기존의, 현재 사용되는
existence ㊔ 존재, 실재; 생존
nonexistent ㊌ 존재하지 않는, 실제로 있지도 않은

especially
[ispéʃəli]

㊎ 특히, 각별히

discover
[diskʌ́vər]

㊍ 발견하다
discovery ㊔ 발견

disappoint
[dìsəpɔ́int]

㊍ 실망시키다, (기대 등을) 저버리다
disappointed ㊌ 실망한, 낙담한
disappointing ㊌ 실망시키는, 하잘 것 없는
disappointment ㊔ 실망, 낙담

delight
[diláit]

㊔ 기쁨, 즐거움 ㊍ 기쁘게 하다
delightful ㊌ 유쾌한, 쾌적한
delighted ㊌ 기뻐하는

continue
[kəntínju:]

㊍ 계속하다[되다]; 속행하다[되다]
continually ㊎ 빈번하게; (이따금씩 사이를 두고) 계속되게
continuous ㊌ 끊이지 않고 이어지는; 계속적인

concern
[kənsə́:rn]

㊍ 관계하다; 관심을 갖다; 걱정하다
㊔ 관계; 관심사; 걱정
concerned ㊌ 관계[관여]하고 있는; 염려되는(= anxious)

compare
[kəmpɛ́ər]

㊍ 비교하다, 견주다; 비유하다
comparison ㊔ 비교, 견줌; 비유
comparable ㊌ 비교할 수 있는, 닮은; 필적하는, 비길 만한

기출단어로 기출문장을 완성해보세요.

1. Records, ________ nursery rhymes, are just the thing for those periods.
   레코드, 특히 자장가는 그러한 기간 동안 안성맞춤의 것이 된다.

2. Before long more than 3,800 caves surrounding the city had been ________ed.
   오래 지나지 않아 도시를 감싸는 3800개 이상의 동굴이 발견되었다.

3. They are not willing to risk the possible ________ment of picking the loser.
   그들은 패배자를 뽑았을 때 느낄 실망감을 무릅쓰려 하지 않는다.

4. Flying over rural Kansas in an airplane one fall evening was a ________ful experience.
   어느 가을 저녁에 캔자스 외곽 위를 비행하는 것은 기쁜 경험이었다.

5. You will tend to ________ even good experiences with others.
   당신은 심지어 좋은 경험조차 다른 것들과 비교하는 경향을 갖게 될 것이다.

6. Outside, snow ________d to fall quietly in the cones of light cast by the street lights.
   밖에서는 가로등 불빛 아래 눈이 소리 없이 계속해서 내렸다.

7. Some are ________ed with the import or export of goods.
   몇몇은 상품의 수출입과 관련되었다.

8. They cut out parts that don't _____ in well.
   그들은 잘 맞지 않는 부분들을 잘라낸다.

9. The law about this considers such questions as whether this ______s.
   이것에 대한 법은 이것이 존재하는지 아닌지에 대한 문제들을 고려한다.

cheer [tʃiər]	ⓓ 환호[응원]하다, 기운을 북돋우다 ⓜ 환호, 응원 cheerfully ⓑ 명랑하게, 유쾌하게 cheerless ⓗ 기운이 없는, 활기 없는, 재미없는
challenge [tʃǽlindʒ]	ⓜ 도전 ⓓ 도전하다 challenging ⓗ 도전해볼 만한 challenged ⓗ 장애가 있는
certain [sə́ːrtən]	ⓗ 확실한, 틀림없는; 정해진, 특정한; 어떤 certainly ⓑ 확실히 certainty ⓜ 확실함, 확실
basic [béisik]	ⓗ 기본[기초]의 ⓜ (~s) 기본 basically ⓑ 기본[기초]적으로 basis ⓜ 기초, 근거
ancient [éinʃənt]	ⓗ 고대의(↔ modern), 오래된
afraid [əfréid]	ⓗ (…을) 무서워하여, 두려워하여; (…을) 걱정하여, 염려하여; 유감스러우나 …인
addition [ədíʃən]	ⓜ 첨가, 부가; 덧셈 additional ⓗ 추가의
youth [juːθ]	ⓜ 젊은 시절, 젊은이(들), 젊음 youthful ⓗ 젊은, 젊은이다운
transport [trænspɔ́ːrt]	ⓓ 수송하다, 나르다 ⓜ [trǽnspɔ̀ːrt] 수송 (기관), 운반 transportation ⓜ 운송 (수단), 수송 (기관)
tickle [tíkəl]	ⓓ 간질이다

기출단어로 기출문장을 완성해보세요.

1. I was shocked to find out that it could imply something negative, which I ________ly did not mean.
   나는 그것이 정말로 의도하지 않았던 부정적인 의미를 내포할 수도 있단 걸 알고 충격 받았다.

2. You will have to use your emergency fund to cover ______ expenses.
   당신은 기본적인 비용을 감당하기 위해 비상 기금을 이용해야 할 것이다.

3. Everything in the room was ________.
   방안에 있는 모든 것은 고대의 것이었다.

4. It was ________ing but not so difficult as to be totally frustrating.
   그것은 도전적이었지만 완전히 좌절할 정도로 어렵지는 않았다.

5. However, when you try to ________ yourself, you are in complete control of the situation.
   그러나 당신이 본인을 간질이려 할 때 당신은 상황을 완전히 통제한다.

6. ______ up. Let' take it to another hospital.
   힘내, 다른 병원으로 데려가자.

7. I'm ________ it will be another two weeks before it's available.
   유감이지만 2주일 더 기다리셔야 받으실 수 있습니다.

8. The use of detergent to clean the fruit can also cause ________al water pollution.
   과일을 씻을 때 세제를 사용하는 것도 추가적 수질오염을 유발할 수 있다.

9. I feel that they show considerable promise, despite your ______ and lack of experience in this genre.
   당신의 젊음과 이 분야에 부족한 경험에도 불구하고 그들이 상당한 희망을 보여준다고 느낍니다.

10. Two-thirds of CO_2 emissions arise from ________ation and industry.
    이산화탄소 배출의 3분의 2 정도는 수송과 산업에서 발생한다.

solution [səlúːʃən]	명 해결, 해답; 용해, 용액 soluble 형 (물에) 녹는, 용해성이 있는
separate [sépərèit]	동 분리시키다[되다], 갈라놓[지]다 형 분리된, 떨어진 separately 부 갈라져, 따로따로 separation 명 분리, 구별; 이별
register [rédʒəstər]	동 등록하다, (장부에) 이름을 적다; 기재하다; (우편물을) 등기로 부치다 명 기록; 기입, 등록 registration 명 등록
reduce [ridjúːs]	동 줄(이)다, 감소하다 reduction 명 감소, 축소, 삭감(액)
rate [reit]	동 평가하다; 간주하다 명 비율; 가격; 등급 rating 명 평가, 평가액; 평점; 시청률
range [reindʒ]	명 줄; 범위; 산맥 동 …에 걸치다, 이어지다 in the range of …의 범위 내에
protect [prətékt]	동 보호하다, 지키다, 막다 protection 명 보호; 방어물 protective 형 보호[방어]하는
profession [prəféʃən]	명 (지적인) 직업; 공언 professional 형 직업적인; 전문적인 명 (지적) 직업인, 전문가(= expert)
prefer [prifə́ːr]	동 더 좋아하다; 오히려 …을 택하다 preference 명 선호(하는 것); 우선(권) preferable 형 (…보다) 더 좋은, 바람직한
occur [əkə́ːr]	동 일어나다; (마음에) 떠오르다 occurrence 명 (사건의) 발생; 사건

기출단어로 기출문장을 완성해보세요.

1. Thanks to satellites, we can find out instantly about events that ________ on the other side of the world.
위성 덕분에, 우리는 지구 반대편에서 일어나는 일들을 즉시 알 수 있다.

2. We have to arrive at ________s through dialog.
우리는 대화를 통해 해법에 도달해야 한다.

3. The solution is drained off to a ________d tank, where the caffeine is drawn out from it.
용액은 분리된 탱크로 배수되는데, 그 탱크에서 카페인이 빠진다.

4. You teach them to lie to you to ________ themselves.
당신은 그들 자신을 보호하기 위해 거짓말을 하라고 그들에게 가르친다.

5. Knowledge of writing was confined to ________als who worked for the king or temple.
글쓰기에 관한 지식은 왕이나 사원을 위해 일한 전문가들에게만 한정되었다.

6. The smallmouth bass ________s clean, rocky bottoms and swifter water.
작은입우럭은 깨끗하고 울퉁불퉁한 바닥과 빠른 물을 선호한다.

7. It has succeeded in ________ing hundreds of thousands of voters.
그것은 수십만의 유권자들을 등록하는 데 성공했다.

8. The physical space needed to house a collection of books was sharply ________d.
많은 책을 수집하여 소장하기 위한 물리적 공간이 급격하게 줄었다.

9. The graph above shows the growth ________ of total output in the U.S. from 1960 to 1999.
위의 그래프는 1960년부터 1999년까지 미국의 총생산의 성장률을 나타낸 것이다.

10. The largemouth bass likes slow or still water ideally in the ________ of 65° to 68°F.
큰입우럭은 화씨 65도에서 68도 범위에 있는 느리고 잔잔한 물을 좋아한다.

manage
[mǽnidʒ]

㊍ (사업 등을) 관리하다, 경영하다;
…을 이럭저럭 해내다
manageable ㊗ 다루기 쉬운; 처리할 수 있는
management ㊔ 관리, 경영; (집합적) 경영자측
manager ㊔ 관리[경영]자

invest
[invést]

㊍ 투자하다, 운용하다
investment ㊔ 투자, 출자
investor ㊔ 투자자

insurance
[inʃúərəns]

㊔ 보험; 보험료
insurer ㊔ 보험업자[회사](= underwriter);
보증인
insure ㊍ 보험에 들다

instinct
[ínstiŋkt]

㊔ 본능, 본성
instinctive ㊗ 본능적인

extreme
[ikstríːm]

㊗ 극도의, 극단적인
㊔ 극단
extremely ㊕ 극단적으로, 극도로; 대단히, 몹시

export
[ékspɔːrt]

㊔ 수출(품)
㊍ [ikspɔ́ːrt] 수출하다(↔ import)

exactly
[igzǽktli]

㊕ 정확하게, 꼭
exact ㊗ 정확한
exactness ㊔ 정확함; 엄중함

elementary
[èləméntəri]

㊗ 기본이 되는, 초보의
element ㊔ 요소, 성분

distance
[dístəns]

㊔ 거리, 간격; 노정(路程); 상당한 거리, 원거리
㊍ …을 멀리 떼어놓다, 앞지르다
distant ㊗ 먼, 떨어진, 멀리 있는

deliver
[dilívər]

㊍ 배달하다, 전하다; 넘겨주다(= hand over);
구출하다(= save); (의사가 아이를) 분만시키다
delivery ㊔ 배달(품); 인도, 교부; 분만

1. But a manager's actions provide a clear model of ________ the kind of behavior required.
   그러나 경영자의 행동은 정확히 요구되는 행동의 명백한 모델을 제공한다.

2. Because someone I had been attracted to told me that I looked like I was in ________ school.
   왜냐하면 내가 끌렸었던 사람이 나에게 내가 초등학교의 학생처럼 보인다고 말했기 때문이다.

3. You may think that moving a short ________ is so easy that you can do it in no time with little effort.
   당신은 단거리를 이동하는 것은 너무 쉽기 때문에 짧은 시간에 별 노력 없이 할 수 있다고 생각할지도 모른다.

4. We want answers faster than they can be ________ed.
   우리는 그들이 전달 가능한 것보다 더 빠른 답을 원한다.

5. But in a place so remote it was ________ly difficult to be a 'friend to man.'
   그러나 너무나 먼 곳에서는 인간에게 친근해지는 것이 극도로 어려웠다.

6. The number of ________ed cars has steadily increased since 1997.
   1997년 이래로 수출되는 차의 수가 안정적으로 증가했다.

7. Hence, the time spent on regular examinations is a sensible ________ment in good health.
   그러므로, 정기 검진에 소요된 시간은 좋은 건강을 위한 분별 있는 투자이다.

8. All travellers should ensure they have adequate travel ________ before they depart.
   모든 여행자들은 떠나기 전에 적당한 여행자 보험을 들어놓아야 한다.

9. Everyone has ________s, and listening to your inner voice is always a good idea.
   모든 사람들은 본능을 가지고 있고, 당신의 안에서 나오는 목소리를 듣는 것은 항상 좋은 생각이다.

10. Do take a ________able mouthful of what you are having.
    드시고 계신 음식은 한 입에 처리할 수 있는 만큼만 드십시오.

crowd [kraud]	ⓜ 군중, 사람 무리; 관중, 관객, 구경꾼 ⓓ 떼 지어 모이다, 붐비다 crowded ⓗ 혼잡한, 만원인
content [kəntént]	ⓗ 만족한 ⓓ 만족시키다 ⓜ 만족; [kántent] (보통 ~s) 내용(물); 목차 contentment ⓜ 만족 be content with …에 만족하다
compose [kəmpóuz]	ⓓ 구성하다; 작곡[창작]하다, (글을) 쓰다 composer ⓜ 작곡가, 작가
complex [kəmpléks]	ⓗ 복잡한; 복합의 ⓜ [ká:mpleks] 복합체, 합성물; 강박 관념 complexity ⓜ 복잡성 complicated ⓗ 복잡한
collect [kəlékt]	ⓓ 수집하다, 모으다 collectible ⓗ 모을 수 있는 ⓜ 수집할 가치가 있는 것 collection ⓜ 수집; 수집물, 소장품
civilization [sìvəlizéiʃən]	ⓜ 문명; (집합적) 문명국, 문명사회 civil ⓗ 시민의, 민간인의; 정중한 civilize ⓓ 문명화하다; …을 야만 상태[무지]에서 벗어나게 하다
career [kəríər]	ⓜ (직업상의) 경력; (일생의 전문적) 직업 ⓗ 직업적인
volunteer [vàləntíər]	ⓜ 지원자; 지원병 ⓓ 자진해서 (제공)하다; 지원병이 되다 voluntary ⓗ 자발적인 voluntarily ⓑ 자발적으로
visible [vízəbəl]	ⓗ 눈에 보이는; 뚜렷한 vision ⓜ 시각, 시력; 선견지명, 통찰력; 상상력, 환상

1. Even if you were being pushed around in a big noisy ________, you would pay attention and listen.
   만약 당신이 크고 소란스런 군중에 둘러싸여 있더라도 당신은 귀를 기울여 들을 것이다.

2. You indicate in your cover letter that you intend to follow a literary ________.
   당신은 당신의 소개서에 문학 관련 직업군에서 계속 일하고 싶다고 명시하고 있습니다.

3. He worked along with ________s for the program, which is named after him.
   그는 그의 이름을 딴 프로그램에서 자원봉사자들과 함께 일했다.

4. You can no longer see a life beyond the in________ walls that imprison you.
   당신은 자신을 구속하는 보이지 않는('눈에 보이는'의 반대) 벽 너머의 삶을 더 이상 보지 못한다.

5. For instance, goldfish bowls look stunning filled with flower heads or petals, magnifying their ________s.
   예를 들어, 내용물을 확대하여 보여주는 꽃의 머리 부분과 꽃잎으로 찬 금붕어 어항은 눈부셔 보인다.

6. The ________rs are in control in classical music; they write the musical notes along with detailed instructions.
   고전음악에서는 작곡가들이 (모든 것을) 통제한다; 그들이 자세한 설명과 함께 악보를 쓴다.

7. They often ________ data that are unhelpful or irrelevant.
   그들은 자주 도움이 되지 않거나 관련 없는 자료를 모은다.

8. Egyptian ________ was built on the banks of the Nile River.
   이집트 문명은 나일 강 둑에 세워졌다.

9. These ________ problems can no longer be solved by individual countries.
   이러한 복잡한 문제들은 개별 국가에 의해서는 더 이상 해결될 수 없다.

threat [θret]	명 협박, 위협 threaten 동 협박[위협]하다; 위협하여 …시키다 threatening 형 협박하는; 위험한; (날씨 등이) 찌뿌린 non-threatening 형 위압적이지 않은; 무해한
swing [swiŋ]	동 (swung-swung) 흔들(리)다 명 그네; 흔들림, 휘두름 swinging 형 흔들리는, 진동하는
strength [streŋkθ]	명 힘 strengthen 동 강화하다, 강화되다 strong 형 강한 strongly 부 튼튼하게, 강하게; 열심히 strong-willed 형 의지가 강한, 확고한
spread [spred]	동 (spread-spread) 퍼지다, 펴다 명 확산 spread-out 동 더 널리 퍼지다; 몸을 뻗다
shadow [ʃǽdou]	명 그림자 동 그늘지게 하다, 어둡게 하다
replace [ripléis]	동 대신하다; 교체하다 replacement 명 교체 replace A with[by] B A를 B로 대체하다
remind [rimáind]	동 생각나게 하다; 일깨워주다 remindful 형 생각나게 하는 reminder 명 생각나게 하는 것[사람]; 기념품 remind A of B A에게 B를 상기시키다
regular [régjələr]	형 규칙적인, 정기적인; 보통의 regularly 부 정기적으로, 규칙적으로; 규칙대로 regulate 동 (법률, 규칙으로) 규제하다; 조정하다 regulation 명 규제, 단속; 규칙, 규정; 조정
regret [rigrét]	동 (regretted-regretted) 후회하다; 유감이다 명 후회, 유감 regretful 형 후회하는 regretfully 부 후회하며, 애석하게

기출단어로 기출문장을 완성해보세요.

1. People were advised to use chopsticks instead of knives at the table because knives would ________ them of killing animals.
   사람들은 칼을 쓰면 그들에게 동물을 죽이는 것을 생각나게 할 수 있기 때문에 그 대신 젓가락을 쓰도록 권장되었다.

2. By six months a child who ________ly sleeps in her parents' room is likely to become dependent.
   6개월 즈음에 부모의 방에서 규칙적으로 자는 아이는 의존적이 되기 쉽다.

3. Fredrick watched ________fully as Marshall's sled disappeared slowly in the distance.
   프레드릭은 마샬의 썰매가 멀리서 천천히 사라지는 걸 후회하며 바라보았다.

4. It can allow our imagination to ________ outward into the vast global network of energy trade and politics.
   그것은 우리의 상상력을 전 세계적인 에너지 무역과 정치적 차원까지 확장되도록 해줄 것이다.

5. ________s crept across the room.
   그림자가 방을 가로질러 기어갔다.

6. The habit of scratching can be ________d with rubbing in some lotion or patting with the palm of the hand.
   긁는 습관은 로션을 가지고 문지르거나 손바닥으로 가볍게 두드리는 것으로 대체될 수 있다.

7. This consultant can more objectively analyze the company's strengths and weaknesses as well as the opportunities and ________s that face it.
   이 컨설턴트는 회사가 직면하고 있는 기회와 위협뿐만 아니라 장단점을 더욱 객관적으로 분석할 수 있다.

8. When we arrived, my sister immediately ran off to the ________s.
   우리가 도착하자, 바로 내 여동생이 그네로 뛰어갔다.

9. ________ is what I feel each time I look at it.
   힘이란 내가 그것을 볼 때마다 느끼는 것이다.

race [reis]	명 경주, 경쟁; 인종 동 경주[경쟁]하다 racial 형 인종의
purpose [pə́ːrpəs]	명 목적, 의도, 의향 for the purpose of ~ing …할 목적으로 on purpose 고의로(= intentionally, deliberately)
prepare [pripέər]	동 준비하다, 대비하다 preparation 명 준비, 대비 unprepared 형 준비가 안 된, 예상 못한
plain [plein]	형 분명한, 솔직한, 꾸미지 않은 명 평야, 평원
perceive [pərsíːv]	동 (감각, 마음으로) 알아차리다, 인지하다 perceptual 형 지각의, 지각과 관련된 perception 명 지각; 통찰력; 인식
participate [pɑːrtísəpèit]	동 참가[관여]하다 participation 명 참가, 관여 participant 명 참가자, 관계자
locate [loukéit]	동 위치하다; …의 소재를 파악하다 location 명 (건물 등이 있는) 위치, 장소; 야외 촬영 locational 형 지리적인, 지역적인
isolate [áisəlèit]	동 고립[격리]시키다 isolation 명 고립, 분리, 격리

1. One year Rosalyn asked her mother to ________ a special treat for her birthday.
   어느 해에 로잘린은 그녀의 어머니께 생일에 특별한 대우를 준비해 달라고 부탁했다.

2. How much is a dish of ________ ice cream?
   아무것도 들어가지 않은 아이스크림 한 접시는 얼마인가요?

3. For example, to help busy shoppers ________ through the store, companies now display floor plans in many different places.
   예를 들어, 가게를 뛰어다니면서 쇼핑하는 바쁜 사람들을 도우려고 기업들은 이제 다양한 곳에 평면도를 전시한다.

4. Visiting the theater was not merely for the ________ of entertainment, but rather to draw lessons from the play offered onstage.
   극장을 방문하는 것은 단순히 즐기기 위한 목적이 아니라 무대에서 교훈을 얻기 위한 것이다.

5. This idea of centrality may be ________tional.
   중심성의 개념은 지역적인 것일 수 있다.

6. One of the toughest parts of ________ion is a lack of an expressive exit.
   고립의 가장 어려운 부분 중 하나는 표현적 출구의 부족이다.

7. Elites in particular were skeptical of television, ________ing it as a messenger of mass culture and Americanization.
   특히 엘리트들은 TV를 대중문화와 미국화의 메신저로 인식하며 TV에 회의적이었다.

8. Your children will go out into the world, and successfully ________ in the fields of politics, economics, culture, and education.
   당신의 아이들은 세상으로 나갈 것이고, 정치, 경제, 문화, 교육 등의 분야에 성공적으로 참여할 것이다.

install [instɔ́ːl]	ⓢ 설치하다 installation ⓜ 설치; 장치; 시설 installer ⓜ 설치자
hang [hæŋ]	ⓢ (hung-hung) 걸다, 달아매다; 매달리다 hanging ⓗ 걸려있는, 드리워진 hang up 전화를 끊다
global [glóubəl]	ⓗ 세계의 globe ⓜ (the ~) 지구, 세계; 지구의, 지구본; 구(= sphere) globalize ⓢ 세계화하다 globalization ⓜ 세계화
flight [flait]	ⓜ 날기, 비행 ⓢ 떼를 지어 날다 make[take] a flight 비행하다, 날다
festive [féstiv]	ⓗ 축제의 festival ⓜ 축제(= feast)
expert [ékspəːrt]	ⓜ 전문가, 숙련가 ⓗ 전문가의, 숙련가의 expertise ⓜ 전문적 기술, 전문가의 감정서
experiment [ikspérəmənt]	ⓜ 실험, 시도 ⓢ 실험[시험]하다 experimental ⓗ 실험의, 실험에 근거를 둔
drop [drɑp]	ⓜ (액체의) 방울; 한 방울의 양 ⓢ (dropped-dropped) 똑똑 떨어지다, 떨어뜨리다 drop in at (장소)에 들르다 drop in on (사람)을 방문하다
disappear [dìsəpíər]	ⓢ 사라지다; 없어지다 disappearance ⓜ 사라짐; 실종

1. You have attended the school music ________als.
   당신은 학교 음악 축제에 참석해왔다.

2. ________s point out that this is a serious problem that could slow down the development of our economy.
   전문가들은 이것이 우리 경제의 성장을 저하시킬 수 있는 심각한 문제라고 지적한다.

3. To prove the point to yourself, try a little ________.
   이것을 확인하기 위해 작은 실험을 한번 해보라.

4. The company reduced its water use by ________ing automatic faucets and water-saving toilets, saving 152,000 dollars.
   회사는 자동 수도꼭지와 절수 변기를 설치함으로써 물 사용을 줄였고 152,000 달러를 절약했다.

5. Approaching the tree in which many soldiers had been ________ed, he thought he saw something white floating in the middle of the tree.
   많은 병사들이 목매달아진 나무에 다가서면서, 그는 나무 한가운데 떠있는 하얀 어떤 것을 보았다고 생각했다.

6. When the transmitted light hits the dew ________s, it becomes scattered.
   방출된 빛이 이슬방울에 도달하면 그것은 흩어진다.

7. If the itches, however, do not ________, stop scratching and take the medicine.
   그래도 가려움이 사라지지 않으면 긁기를 그만두고 약을 먹어라.

8. This is incredibly important to the ________ economy.
   이것은 세계 경제에 믿을 수 없을 만큼 중요한 것이다.

9. It rewards insects with a stable environment that enhances their ability to eat, mate, and prepare for ________.
   그것(연꽃이 내는 열)은 곤충들이 먹고, 짝을 짓고, 비행을 준비하는 능력을 향상시켜주는 안정된 환경을 보상해준다.

detail
[dí:teil]

명 세부사항
동 [ditéil] 상술[열거]하다
detailed 형 상세한
in detail 자세히

destroy
[distrɔ́i]

동 파괴하다, 손상시키다
destruction 명 파괴; 파멸
destructive 형 파괴적인

describe
[diskráib]

동 묘사[기술]하다
description 명 묘사, 기술
descriptive 형 묘사하는

contrast
[kɑ́ntræst]

동 대조[대비]하다; 대조를 이루다
명 대조, 대비

confuse
[kənfjú:z]

명 혼란시키다, 혼동하다
confused 형 당황한; 혼란스런
confusing 형 당황하게 하는; 혼란시키는
confusion 명 혼란; 당혹; 혼동

conflict
[kɑ́nflikt]

명 (의견 등의) 대립, 충돌; 싸움, 분쟁
동 [kənflíkt] 대립하다, 충돌하다
confliction 명 싸움, 충돌

common
[kɑ́mən]

형 일반의, 흔한, 보통의; 공통의
commoner 명 평민, 서민
in common 공통적으로

classical
[klǽsikəl]

형 고전적인, 고전 음악의, 고대 그리스 로마의

chemical
[kémikəl]

명 화학 물질
형 화학의
chemistry 명 화학 (작용)
chemist 명 화학자

biologist
[baiɑ́lədʒist]

명 생물학자
biology 명 생물학
biologically 부 생물학적으로

기출단어로 기출문장을 완성해보세요.

1. ________ed knowledge of a single area once guaranteed success.

   한 분야에 관한 상세한 지식은 한 때 성공을 보장했다.

2. We cannot ________ our neighbors!

   우리는 우리의 이웃들을 파괴할 수 없다.

3. Every summer an internationally famous ________ Wagner music festival takes place in the garden of the Villa Rufolo.

   매년 여름 세계적으로 유명한 바그너 고전 음악 축제가 빌라 루폴로의 정원에서 열린다.

4. In the ________ process, a solvent circulates through the beans.

   화학적 과정에서, 용매는 콩을 지나 순환한다.

5. These new technologies have another benefit for ________s.

   이러한 새로운 기술들은 생물학자들에게 또 다른 이익이다.

6. Ravello has been ________d as closer to heaven than to the sea.

   라벨로는 바다보다는 하늘에 더 가깝다고 묘사되어 왔다.

7. The ________ between Western Europe and America is particularly sharp.

   서유럽과 미국의 대조는 상당히 명확하다.

8. If the subject is ________ing when you look at it, it will be more ________ing when you attempt to draw it.

   당신이 볼 때 물체가 헷갈리면 그리려고 할 때는 더 헷갈릴 것이다.

9. We must work to resolve ________s.

   우리는 갈등을 해결하려고 노력해야 한다.

10. Jazz and classical music have a number of things in ________.

    재즈와 클래식 음악은 공통적으로 많은 것을 가지고 있다.

beat [biːt]	동 (beat-beaten) 이기다; 두드리다, 때리다 명 고동[박동], 박자[비트]
attend [əténd]	동 출석[참석]하다; 돌보다, 시중들다, 간호하다; 주의를 기울이다 attendant 명 시중드는 사람; 수행원 attendance 명 출석, 출석자수; 시중 attention 명 주의, 주목
advance [ədvǽns]	명 진보, 전진 동 전진하다, 진보하다 advancement 명 진보, 승진 advantage 명 유리한 점, 이점 in advance 먼저(= beforehand)
universe [júːnəvə̀ːrs]	명 우주; 만물; 전 세계(= world) universal 형 보편적인, 만인의; 우주의
unique [juːníːk]	형 유일한; 진기한 uniqueness 명 유일성, 독특함
unfortunate [ʌ̀nfɔ́ːrtʃənit]	형 불운한, 불행한 unfortunately 부 불행[불운]하게도, 유감스럽게도
treat [triːt]	동 다루다, 취급하다; 치료하다 명 대접 treatment 명 치료; 대우, 취급; 처리
tiny [táini]	형 아주 작은
tend [tend]	동 …하는 경향이 있다; …하기 쉽다; 돌보다, 보살피다 tendency 명 경향, 추세
supply [səplái]	동 (물건을) 공급하다 명 공급, 보급(품) supplier 명 공급업자[체]

기출단어로 기출문장을 완성해보세요.

1. The total number of foreign students ________ing Korean language programs has increased to more than 30,000.
한국어 프로그램에 출석하는 외국인 학생의 총수는 3만 명 이상으로 늘어났다.

2. The twelve-year-old does not worry about salary or professional ________ment.
12세의 아이는 급여나 직업적 진보에 대해서 걱정하지 않는다.

3. Next to the doll was a small box, also made of ivory, containing ______ combs and a silver mirror.
인형 옆에는 상아로 된, 작은 빗과 은거울이 들어 있는 작은 상자가 있었다.

4. We _____ to think of them as neutral objects.
우리는 그것들을 중립적 사물로 생각하는 경향이 있다.

5. Weather patterns, the water ________ all affect the lives of the people who live there.
날씨 패턴과 물 공급은 그곳에 사는 사람들의 생활에 영향을 미친다.

6. Finally, you ______ your competitors.
마침내, 당신은 당신의 경쟁자들을 물리친다.

7. The rapid opening of the leaf fish's large jaws enables it to suck in the ______________ individual very easily.
나뭇잎 고기는 큰 턱을 빨리 벌릴 수 있어 운이 없는 먹잇감을 쉽게 빨아들인다.

8. She split one cake into three parts, to ______ her daughters equally.
그녀는 딸들을 동등하게 대하기 위해 케이크를 세 조각으로 쪼갰다.

9. I saw ________al truths in their simple lives.
나는 그들의 소박한 삶에서 보편적인 진실을 보았다.

10. The fine art object is valued because it is ________.
순수미술 작품은 유일무이하기 때문에 가치가 있다.

stress [stres]	명 강조, 강세; 압박 동 강조하다 stressful 형 긴장이[스트레스가] 많은
soil [sɔil]	명 흙, 토양
session [séʃən]	명 회기, 학기; (법정, 의회 등이) 개정[개회] 중임; 학년; 연주회
reveal [rivíːl]	동 드러내다(↔ conceal)
rest [rest]	명 휴식; 나머지 동 쉬다; (어떤 것에) 받치다[기대다]; 받쳐지다[기대지다] restless 형 불안한; 침착하지 못한
respect [rispékt]	동 존경하다, 존중하다 명 존경; 점, 사항 respectable 형 존경할 만한, 훌륭한 respectful 형 존경하는; 정중한, 공손한
reserve [rizə́ːrv]	동 예약하다; 비축하다, 남겨두다 명 비축, 저장 reservation 명 예약
simply [símpli]	부 단순히, 단지, 그저; 솔직히 simplify 동 간단하게 하다 simplified 형 쉽게 한, 간소화한 simplification 명 단순화, 간소화 simplicity 명 단순, 간소, 순박함 simplistic 형 (극단적으로) 단순화한
relatively [rélətivli]	부 상대적으로, 비교적, 다른 것에 비해 relativism 명 [철학] 상대론[주의]; [물리] 상대성 이론 relative 명 친척, 인척 형 비교[상대]적인
proper [prάpər]	형 적당한, 알맞은, 어울리는; 올바른

기출단어로 기출문장을 완성해보세요.

1. After our ________ was over, he teased me saying, "Wow, you look like you're 11".
   우리의 학년이 끝난 후, 그는 나를 놀리면서 말했다. "와, 넌 11살처럼 보인다."

2. According to ancient superstitions, moles ________ a person's character.
   고대 미신에 의하면, 사마귀는 사람의 성격을 드러낸다.

3. Other policies have produced ________ compact cities.
   다른 정책들은 상대적으로 작은 도시들을 만들어냈다.

4. When ________ly organized, it is relatively straightforward.
   적절하게 배열되었을 때 그것은 비교적 쭉 뻗어 있다.

5. This 'No pain, no gain' approach is extremely ________ful.
   이 '고통 없이는 얻는 것도 없다' 식의 접근은 극도로 스트레스를 받게 한다.

6. The dead bodies of organisms in the forest are broken down and turned into ______.
   숲에 있는 생물체의 사체는 분해돼서 흙으로 변한다.

7. A large basket of herbs ______s against the fence to the west.
   큰 허브 바구니는 서쪽 울타리 반대편에 기대져 있다.

8. Parents should talk with the sports coaches to see if they will ________ the children's wishes.
   부모들은 그들의 아이들의 소원을 존중할 것이라면 스포츠 코치와 이야기해야 한다.

9. Did you make our plane ______ations to Moscow?
   우리가 탈 모스크바행 비행기를 예약했나요?

10. The train ______ started up again and went on to the next station.
    전동차는 그저 다시 떠났고 다음 정거장으로 계속 갔다.

progress
[prágres]

명 전진; 진보, 발전
동 [prəgrés] 전진하다; 진보하다
progressive 형 진보적인(↔ conservative); 발전[향상]하는
progressively 부 진보적으로

positive
[pázətiv]

형 긍정적인; 적극적인; 분명한, 확신하는
positively 부 명확하게, 단호히; 긍정적으로
positivity 명 확실함, 확신; 적극성

operate
[ápərèit]

동 작동시키다; 운영하다; 작동[작용]하다; 수술하다
operation 명 작용; 조작; 운영; 수술
operator 명 (기계의) 조작자; 전화 교환수

occasion
[əkéiʒən]

명 (특별한) 경우, 때; 특별한 일[행사]
occasionally 부 때때로, 가끔
occasional 형 때때로의, 가끔 일어나는

mass
[mæs]

명 덩어리; 대량; 대중; 질량
형 대량의, 대중적인
massive 형 육중한, 엄청나게 큰

male
[meil]

형 남성[수컷]의
명 남성, 수컷

local
[lóukəl]

형 그 지방[고장]의; 장소의; 국부의

lie
[lai]

동 눕다(lay–lain), 있다; 거짓말하다(lied–lied)
명 거짓말
lying 명 드러누움; 거짓말
liar 명 거짓말쟁이

insect
[ínsekt]

명 곤충, 벌레

기출단어로 기출문장을 완성해보세요.

1. The RPC, founded in 1996, describes itself as a ______ive organization fighting for social change.

   1996년에 창립된 RPC는 스스로를 사회 변화를 위해 싸우는 진보적 단체로 묘사한다.

2. Well, my uncle runs a ______ record shop.

   글쎄, 우리 삼촌이 그 지역의 레코드 가게를 하셔.

3. The secret ______s not in finding smart ways to do more, but in how we manage the relationship between the things we have to do and the time available to do them in.

   비결은 우리가 더 많이 일할 수 있도록 똑똑한 방법을 찾는 데 있는 것이 아니라 우리가 해야만 하는 일과 그것들을 할 수 있도록 할당된 시간 사이의 관계를 잘 관리하는 데 있다.

4. The ants put bits of dead ______s inside some of the tunnels.

   개미들은 몇몇 터널 안에 죽은 곤충의 일부분을 놓는다.

5. Surveys showed very favorable public attitudes after its ______ive investment in the Olympics.

   설문 조사는 올림픽에의 막대한 투자 후에 굉장히 호의적인 대중의 태도를 보여주었다.

6. The above chart shows the top five preferred factors for ______ and female job seekers.

   위의 표는 남녀 구직자들이 선호하는 상위 5개 요소를 보여준다.

7. Therefore, group leaders must learn this lesson and put it into practice in order to achieve productive and ______ results.

   그러므로, 모임의 지도자들은 이 교훈을 얻고 생산적이고 긍정적인 결과를 얻기 위해 그것을 실제로 해보아야 한다.

8. But a human is much more capable of ______ing those instruments correctly.

   그러나 사람은 그러한 도구들을 훨씬 더 정확하게 작동시킬 수 있다.

9. Some sports coaches ______ally become over-enthusiastic in their desire to help the children excel.

   몇몇의 운동 코치들은 때때로 아이들을 향상시키겠다는 열망에 너무 열정적이 되기도 한다.

infrasound [ínfrəsàund]
㉯ 초(超)저주파 불가청음

humanity [*h*juːmǽnəti]
㉮ 인류; 인간애; 인간성;
(the ~ies) 인문학(= the arts)

govern [gʌ́vərn]
㉯ 통치하다, 통제하다
government ㉮ 정부, 정치
governmental ㉱ 정부의

geography [dʒiːɑ́grəfi]
㉮ 지리학; (특정 지역의) 지리, 지세
geographical ㉱ 지리학(상)의, 지리(학)적인

flood [flʌd]
㉮ 홍수
㉯ 범람하다; 많이 몰려들다

firm [fəːrm]
㉮ 회사 ㉱ 단단한, 굳은
firmly ㉲ 단단하게, 견고하게

exhibit [igzíbit]
㉯ 전시하다, 진열하다 ㉮ 전시, 진열(품)
exhibition ㉮ 전시회, 전람회; 전시

equipment [ikwípmənt]
㉮ 장비, 설비
equip ㉯ 갖추게 하다

entire [entáiər]
㉱ 전체의; 완전한
entirely ㉲ 완전히

entertain [èntərtéin]
㉯ (남을) 즐겁게 해주다; 대접하다, 환대하다
entertainment ㉮ 오락, 연예; 대접, 환대
entertainer ㉮ 연예인

기출단어로 기출문장을 완성해보세요.

1. It is not something that we can apply in formal institutions ________ed by hard-and-fast rules.

   이는 엄격하고 빠른 규칙에 의해 지배되는 공식적 기관에 적용할 수 있는 것이 아닙니다.

2. To do this, historians often turn to ____________.

   이것을 하기 위해, 역사학자들은 자주 지리학에 기댄다.

3. We are ________ed by incorrect information.

   우리는 부정확한 정보가 넘쳐난다.

4. The first true piece of sports __________ that man invented was the ball.

   맨 처음 인간이 발명한 스포츠 장비는 공이었다.

5. The _______ assembly shocked him.

   전체의 조합은 그에게 충격을 주었다.

6. Our _______________ment is multi-media.

   우리의 연예는 대중매체이다.

7. They are also caught up in the system of art ________ion.

   그들은 또한 예술 전시회의 시스템에 사로잡혀 있다.

8. With Margo's ______ presence next to him, the non-swimmer avoided panic.

   그의 옆에 있는 마고의 확고한 존재로 인해, 헤엄을 못 치는 사람이 공황을 피할 수 있었다.

9. Communication through _________________ is not limited to giraffes.

   초저주파를 이용한 의사소통은 기린에게만 한정되는 것은 아니다.

10. War seems to be part of the history of _____________.

    전쟁은 인류 역사의 일부가 되어버린 듯하다.

enrollment [enróulment]	명 등록; 등록자 수 enroll 동 등록하다, 명부에 올리다, 가입하다
empty [émpti]	형 빈 동 비우다 emptiness 명 공(空), 빔; 덧없음 empty-handed 형 빈손의, 맨손의
employ [emplɔ́i]	동 (사람을) 고용하다; (물건을) 사용하다 employee 명 비고용자, 종업원 employment 명 고용, 사용 employer 명 고용주, 사용자, 주인
emphasize [émfəsàiz]	동 강조[역설]하다, 중요시하다 emphasis 명 강조, 중요시
donate [dóuneit]	동 (자선 단체 등에) 기증하다, 기부하다 donation 명 기증(품), 기부(금) donor 명 기증인; (혈액, 장기 등의) 제공자
distinct [distíŋkt]	형 별개의, 다른; 확실한, 명료한 distinctive 형 (다른 것, 사람과) 구별이 되는; 독특한 distinction 명 구별, 차별; 탁월, 저명
devote [divóut]	동 바치다, 헌신[전념]하다 devotion 명 헌신, 전념
decrease [dikríːs]	동 감소하다; 감소시키다; (정도, 수량 등이) 서서히 줄(이)다 명 [díːkris] 감퇴, 감소(량)
current [kə́ːrənt]	형 현재의, 현행의; (화폐, 관행 등이) 유통[통용]되고 있는 명 통화, (유통) 화폐; (화폐의) 유통 currently 부 현재는; 일반적으로, 널리 currency 명 통화, (유통) 화폐; (화폐의) 유통
criticism [krítisìzəm]	명 (문예) 비평, 평론; 비판, 비난 criticize 동 비평하다; 비판[비난]하다 critic 명 (문예, 미술 등의) 비평[평론]가

1. ______ money for starving children.
굶주리는 아이들을 위해 돈을 기부합시다.

2. While design and styling are interrelated, they are completely ______ fields.
디자인과 스타일링이 상호 관련되어 있지만 그 둘은 완전히 별개의 분야이다.

3. The ______ rates of all age groups were higher than 50 percent in 2006.
모든 나이 대에서 등록률은 2006년에 50퍼센트를 넘었다.

4. Between the two wine glasses was a small ______ box.
2개의 와인 잔 사이에는 작고 텅 빈 상자가 있었다.

5. Did you improve your ______ situation?
당신의 현재의 상황을 개선했습니까?

6. You had better expose your new ideas to the ______ of others.
당신은 다른 사람들의 비평에 당신의 새로운 생각을 노출시키는 것이 나을 것이다.

7. For the past 25 years you have been a valued and respected ______ee of this company.
지난 25년간 당신은 이 회사의 가치 있고 존경받는 고용자였습니다.

8. He ______s that trust is the most important factor in the child's developing personality.
그는 아이의 성격 형성에서 신뢰가 가장 중요한 요소라는 것을 강조한다.

9. Gonzales has ______d himself to providing people with more access to literature.
곤잘레스는 사람들이 문학에 보다 쉽게 접근할 수 있도록 하는 데에 그 자신을 바쳤다.

10. The average number of high school students per class steadily ______d.
고등학교의 학급당 학생 수는 꾸준히 줄었다.

contrary
[kántreri]

형 (…와) 반대의; 반대쪽의
명 반대
on the contrary 그와는 반대로, 반면

committee
[kəmíti]

명 위원회; (집합적) 전(全)위원
commit 동 (죄, 과실 등을) 범하다, 저지르다; 위임[위탁]하다, 맡기다; 언질을 주다, 약속하다

combine
[kəmbáin]

동 결합하다
명 [kámbain] 집합
combination 명 결합물, 조합

broadcast
[brɔ́:dkæ̀st]

동 (broadcast-broadcast) 방송하다
명 방송
broadcasting 명 방송(업)

bright
[brait]

형 빛나는, 번쩍이는; (날씨가) 화창한, 맑게 갠; 선명한 부 밝게, 환하게
brightness 명 빛남, 밝음; 선명(함); 맑음

attitude
[ǽtitjù:d]

명 태도, 자세

assist
[əsíst]

동 돕다, 거들다; 원조하다
assistance 명 도움; 원조
assistant 명 보조자, 협력자
형 도움을 주는

anxiety
[æŋzáiəti]

명 걱정, 불안; 갈망
anxious 형 걱정[염려]하는; 갈망하는

annoy
[ənɔ́i]

동 화나게[짜증나게] 하다
annoyance 명 성가심, 불쾌감

announcement
[ənáunsmənt]

명 발표, 공표; 공고, 포고
announce 동 발표하다, 알리다
announcer 명 아나운서

1. We sometimes suffer along with their ________ies and sorrows.

   우리는 때로 그들의 불안과 슬픔과 함께 고통을 겪는다.

2. It may be ________ing to have to lay a place at dinner.

   저녁 식사 때 자리를 하나 만들어야 하는 것은 짜증날 수도 있다.

3. The pilot was about to make an ________________.

   조종사는 막 발표를 하려고 했었다.

4. In jazz, on the __________, the performers often improvise their own melodies.

   반면, 재즈에서는 연주자들이 그들의 멜로디를 자주 즉흥적으로 연주한다.

5. I have been asked to assist in creating a ____________ to improve the Sunshine Charity.

   나는 햇빛 자선기금을 발전시키기 위한 위원회 구성을 도와달라고 부탁받았었다.

6. The specific ________ations of foods in a cuisine and the ways they are prepared constitute a deep reservoir of accumulated wisdom about diet and health and place.

   어떤 요리에 사용되는 음식과 그 음식의 요리법의 특정 조합은 음식과 건강 그리고 지역의 지혜가 축적된 풍요로운 보고를 만든다.

7. The only ________ness in the room was in her dark old eyes that stared at me.

   그 방에서 유일하게 반짝인 것은 나를 응시하는 그녀의 어둡고 늙은 눈이었다.

8. However, most of us try to adjust our ____________s.

   그러나 우리 대부분은 우리의 태도를 바꾸려 한다.

9. She quit school and found a job as a nurse's ________ant in a hospital for homeless people.

   그녀는 학교를 그만두고 노숙자들을 위한 병원에 간호사의 조수로 취직했다.

10. The first experiments in television __________ing began in France in the 1930s.

    TV 방송에서의 첫 실험은 1930년대 프랑스에서 시작되었다.

analyze [ǽnəlàiz]	⑧ 분석[분해]하다; 검토하다 analysis ⑲ 분석, 분해; 검토
advertise [ǽdvərtàiz]	⑧ 광고하다, 선전하다 advertisement ⑲ 광고
add [æd]	⑧ 더하다; 부언하다; 늘다 adding ⑲ 추가 ⑱ 추가의
accuracy [ǽkjərəsi]	⑲ 정확, 정밀; 정확도 accurate ⑱ 정확한, 정밀한
account [əkáunt]	⑲ 계산; 구좌; 설명; 이유, 원인; 중요성 ⑧ 설명하다; 간주하다, 여기다 accountant ⑲ 회계사
wander [wɑ́ndər]	⑧ 배회하다, 돌아다니다 wanderer ⑲ 방랑자
victim [víktim]	⑲ 피해자, 희생자
urban [ə́:rbən]	⑱ 도시의; 도시에 사는
theory [θíəri]	⑲ 이론, 학설 theorize ⑧ 이론화하다 theoretical ⑱ 이론(상)의
stick [stik]	⑧ (stuck-stuck) 붙(이)다; 찌르다, 내밀다 ⑲ 막대기 sticky ⑱ 끈적거리는, 들러붙는

기출단어로 기출문장을 완성해보세요.

1. Upon closer ________sis, "emerging" countries are vastly different from one another.
   더 자세한 분석에 의하면, 신흥 국가들은 서로서로 엄청나게 다르다.

2. At twenty, I could have written the history of my school days with an ________.
   스무 살이었을 때 나는 내 학창시절 이야기를 정확하게 적을 수 있었다.

3. CO_2 emissions from commercial and residential heating ________ for 12% of all CO_2 emissions.
   상업적, 주거 난방에서 나오는 이산화탄소 배출량은 전체 이산화탄소 배출량의 12%를 차지한다.

4. Automobiles damage the ______ environment and lower the quality of life in big cities.
   자동차들은 도시 환경을 해치고 대도시에서의 삶의 질을 저하시킨다.

5. Erikson is well-known for his psycho-social development ________.
   에릭슨은 그의 심리 사회적 개발 이론으로 유명하다.

6. People tend to ______ to their first impressions, even if they are wrong.
   사람들은 빗나가더라도 첫인상에 집착하는 경향이 있다.

7. Grocery store signs ________ing the same type of produce that we grew.
   우리가 키운 것과 같은 종류의 농산물을 광고하는 식료품 가게 표지판.

8. They should ____ something to the painting or leave it as it is.
   그들은 그림에 무언가를 더하거나 그것을 그대로 두어야 한다.

9. Before he closed his tired eyes, he let them ________ around his old small room.
   피곤한 눈을 감기 전에, 그는 눈이 자신의 작고 오래된 방을 어슬렁거리게 두었다.

10. Its hunting technique is not to swiftly pursue its ______, but to wait for it.
    그것의 사냥 기술은 희생양을 빠르게 쫓는 것이 아니라 기다리는 것이다.

steam [stiːm]
명 증기, 스팀
동 증기가 발생하다; 찌다

steel [stiːl]
명 강철; 강철 제품
형 강철로 된 동 단단하게 하다

sorrow [sɑ́rou]
명 슬픔
sorrowful 형 슬픈

slip [slip]
동 미끄러지다; 미끄러지게 하다
명 미끄럼, 미끄러져 넘어짐, 실수
slippery 형 미끄러운, 매끌매끌한

signal [sígnl]
명 신호 동 신호를 보내다
signature 명 서명

senior [síːnjər]
형 상급의
명 최 상급생; 노인(= senior citizen), 연상(年上)

secure [sikjúər]
형 안전한; 확실한
동 안전하게 하다; 확보하다
securely 부 안전하게; 단단하게
security 명 안전, 보호 (수단); 담보; 증권

sail [séil]
명 돛, 돛단배
동 항해하다; 출범하다; 기세 좋게 가다
sailor 명 선원, 뱃사람
sailing 명 범주(帆走)(법), 항해(술)

rough [rʌf]
형 거칠거칠한, 세공하지 않은
부 거칠게, 사납게; 함부로
명 거친 것, 껄껄한 것
roughly 부 거칠게; 대략
roughness 명 거침

request [rikwést]
동 요청하다
명 요청, 요구

renew [rinjúː]
동 재개하다; 갱신하다, …의 기한을 연장하다
renewal 명 재개; 갱신

기출단어로 기출문장을 완성해보세요.

1. They are ______ed, boiled, and then washed many times to remove any impure materials.

   그것들은 **김이 쏘이고**, 삶아지고 나서 불순물을 제거하기 위해 여러 번 씻긴다.

2. They excel by the end of their ______ year.

   그들은 **졸업 학년**(최 상급생) 즈음 되어 실력이 향상된다.

3. Students feel ______ and can develop the self-confidence.

   학생들은 **안전함**을 느끼고 자신감을 정립할 수 있다.

4. You feel light and happy as though you are ____ing through life.

   당신은 마치 인생에서 **항해를 하는** 것처럼 영광과 기쁨을 느낀다.

5. And the longer you get stuck there, the harder it becomes to share the pain and ______.

   그리고 당신이 거기에 더 빠져있으면 있을수록 고통과 **슬픔**을 나누기란 더 어려워진다.

6. He ______s and ______s and falls down.

   그는 **미끄러지기**를 반복하고 넘어진다.

7. I'm sending a ______ to my kids.

   나는 내 아이들에게 **신호**를 보내고 있다.

8. The European grades, verbal descriptions, correspond ______ly to every ten of the American grades.

   유럽의 체계는, 말로 매기는 등급인데, 미국 체계의 각각의 10단위에 **대략** 일치한다.

9. I have been asked to ________ you to join it.

   나는 당신에게 그것에 가입하라고 **요청**하도록 부탁받았다.

10. I recently ______ed my driver's license.

    난 최근에 나의 운전면허증을 **갱신**했다.

11. I wondered for ages at these amazing ______ birds.

    나는 한동안 이 놀라운 **강철** 새(비행기)에 대해 궁금하게 생각했다.

reflect [riflékt]	ⓢ (열, 빛 등을) 반사하다; (거울 등이) 비추다; 반영하다; 숙고하다 reflection ⓜ 반사(열); 반영; 심사숙고
rapid [rǽpid]	ⓗ 매우 빠른, 신속한(= fast, quick) rapidly ⓑ 빨리, 급속히, 신속히
qualify [kwάləfài]	ⓢ 자격[권한]을 주다; 적임이다, 자격을 얻다 qualification ⓜ 자격, 자질 qualified ⓗ 자격 있는; 적임의, 적당한
purchase [pə́:rtʃəs]	ⓢ 사다, 구입하다(= buy ↔ sell) ⓜ 구입품 purchasing ⓜ 구매, 구입
potential [pouténʃəl]	ⓗ 잠재적인, 가능성 있는 ⓜ 잠재력, 가능성 potentiality ⓜ (…의) 가능성; 잠재력; (보통 ~ties) 가능성을 가진 것[사람]
pleasure [pléʒər]	ⓜ 기쁨, 즐거움 please ⓢ 기쁘게 하다, 만족시키다; (감탄으로) 제발, 아무쪼록 pleased ⓗ 기뻐[만족]하는, 마음에 들어 하는 pleasing ⓗ 기쁨을 주는, 만족스런
perspective [pə:rspéktiv]	ⓜ 관점(= view); 원근법; 시각, 견지 ⓗ 투시(화법)의, 원근화법의
pain [pein]	ⓜ 아픔, 고통 ⓢ 괴롭히다
owe [ou]	ⓢ 빚[신세]지고 있다 owing to …때문에, …덕분에
opposite [άpəzit]	ⓗ 반대쪽의; 마주 보는 ⓜ (the ~) 반대의 사람[물건] oppose ⓢ 반대하다; 저항하다; 대립시키다 opposing ⓗ 대항하는, 맞서는 opposition ⓜ 반대; 저항; 대립

1. The ability to sympathize with others ______s the multiple nature of the human being.
   다른 사람들과 공감하는 능력은 인간의 복잡한 천성을 반영한다.

2. In fact, police do issue permits to ______ied hunters.
   사실, 경찰은 자격조건이 합당한 사냥꾼들에게만 허가서를 내주고 있다.

3. The ability to sympathize with others reflects his ______ities.
   다른 사람과 공감할 수 있는 능력은 그의 잠재력을 반영한다.

4. I'm sure I would get all kinds of criticism for my poor ______.
   나는 나의 형편없는 시각 때문에 온갖 종류의 비난을 받을 거라 믿어 의심치 않는다.

5. But they ______ their traditions to the easy listening genre.
   그러나 그들은 그들의 전통을 쉽게 들을 수 있는 장르에 빚지고 있다.

6. However, most of us try to adjust our attitudes and behaviors to a ______ pace of living and working.
   하지만 우리들 대부분은 빠른 속도로 진행되는 일과 삶에 자신들의 태도와 행동을 적응시키려고 노력한다.

7. It is important to be mindful about every single aspect of ______ing food.
   식품 구입에 있어서는 모든 점에 대해 주의 깊게 생각하는 것이 중요하다.

8. Not at all. It's my ______ to help you out.
   전혀요. 당신을 돕는 것은 나의 기쁨입니다.

9. Their tears will release their ______.
   그들의 눈물은 그들의 고통을 누그러뜨릴 것이다.

10. They have equal magnitudes and point in ______ directions.
    그것(바이올린의 줄)들은 동일한 강도를 가지며 반대 방향으로 향해 있다.

nursery
[nə́ːrsəri]

명 (집안의) 아이방; 탁아실
nursing 형 (맡은 아이를) 양육[보육]하는
명 (직업으로서의) 육아, 간병; 간호, 보육
nurse 명 간호사; 유모
동 간호하다; 돌보다
nursery rhyme 자장가

negative
[négətiv]

형 부정의, 반대의; 소극적인
명 부정
negativity 명 부정성, 소극성; (반응 등의) 음성

mere
[miər]

형 단순한
merely 부 단지(= only, just)

measure
[méʒər]

명 치수, 크기; 척도, 기준; (~s) 조치
동 재다, 측정하다; 치수가 …이다
measurement 명 측정(법), 측량

maintain
[meintéin]

동 (관계 등을) 유지[지속]하다;
(가족 등을) 부양하다; (…이라고) 주장하다
maintenance 명 유지, 지속; 부양; 주장

magical
[mǽdʒikəl]

형 마술적인; 신비한
magic 명 마법, 마력 형 마술의

mad
[mæd]

형 미친, 미친 것 같은; 성난, 골난
maddening 형 미치게 하는; 분통 터지게 하는
madden 동 미치게 하다; 격노하게 하다

length
[leŋkθ]

명 길이, 세로; 기간
lengthen 동 늘이다, …을 길게 하다; 길어지다

lake
[leik]

명 호수; 레이크 (진홍색의 안료)

junk
[dʒʌŋk]

명 폐물, 고물 동 내버리다
junk food 명 정크 푸드(고 칼로리 저 영양가 식품)

기출단어로 기출문장을 완성해보세요.

1. You will have avoided being ______ly a passive observer.
당신은 단지 수동적 관찰자에 머무는 것을 피하게 될 것이다.

2. Neither legal authority nor ______ power is stated in either sentence.
법적 권력과 마법적 힘 그 어떤 것도 그 어떤 문장에 쓰여 있지 않다.

3. With anger, you can get ______ at someone and yell.
분노와 함께 당신은 누군가에게 골이 나고 소리를 지른다.

4. The level of a person's mental outlook and activity has much more to do with ______ and quality of life.
사람의 정신적인 시야나 행동의 수준이 삶의 길이(수명)나 질과 훨씬 많은 관련이 있다.

5. However, McCulloch knew he needed more than a famous bridge to attract people to ______ Havasu City.
그러나 맥컬로치는 하바수 호 시에 사람들을 끌어들이려면 유명한 다리 그 이상이 필요하다는 것을 알았다.

6. Don't throw out any "______" until you determine its potential as a collectible.
수집물로서의 가치를 결정하기 전에는 어떤 쓰레기도 내버리지 마라.

7. Records, especially ______ rhymes, are just the thing for those periods.
음반들, 특히 자장가는 그 시기에 있어 적당한 것이다.

8. It sees the brain as a steam kettle in which ______ feelings build up pressure.
그것은 뇌를 부정적 감정들이 압력을 만드는 증기 주전자로 본다.

9. These two improvements cost much less than the other ______s.
이 두 가지 개선점은 다른 조치보다 훨씬 더 비용이 적게 든다.

10. They ______ that sports stars are role models for people even though they may not want to be.
그들은 스포츠 스타들이 그들이 원하지 않더라도 역할 모델이라고 주장한다.

adult
[ədʌ́lt]
명 성인, 어른 형 어른의
adulthood 명 성인임, 성년

custom
[kʌ́stəm]
명 관습, 습관
customs 명 세관
customary 형 관습적인, 관례에 의한
customer 명 고객

farm
[fɑːrm]
명 농장, 농가 동 농사를 짓다
farmer 명 농부, 농장 관리인
farming 명 농업, 농사
farmhouse 명 농장 안의 본채

film
[film]
명 영화, 필름 동 촬영하다
filmmaker 명 영화 제작자, 영화사

full
[ful]
형 가득한, 충분한
fully 부 충분히, 완전히
full-length 형 전신이 다 보이는; 무삭제의
full-scale 형 실물 크기의; 전면적인
full-time 형 풀타임(제)의, 전임의

general
[dʒénərəl]
형 보통의, 일반적인
generally 부 일반적으로, 보통
generalist 명 다방면에 걸쳐 많이 아는 사람

hit
[hit]
동 (hit-hit) 때리다, 치다
hitter 명 치는 사람, 타자
hitting 명 타격, 타법

hope
[houp]
명 희망, 기대 동 기대하다, 바라다
hopeful 형 희망에 찬, 유망한
hoped-for 형 기대하던, 원하는
hopeless 형 희망을 잃은, 절망적인

ideal
[aidíːəl]
형 이상적인 명 이상
ideally 부 이상적으로, 더할 나위 없이

기출단어로 기출문장을 완성해보세요.

1. It is ______ary to give this to performers after a performance.
공연 후에 공연자에게 이것(박수: clapping)을 보내는 것은 관례이다.

2. When the students watched the ______ with an authority figure present, their faces showed only the slightest hints of reaction.
학생들이 권위자와 함께 영화를 보았을 때, 그들의 얼굴은 단지 약간의 반응의 기미를 보였다.

3. These are ______ models of human beings.
이들은 실물 크기의 인간 모형입니다.

4. That's why I was ______ing you would look at this room first and give me some suggestions.
그게 바로 내가 당신이 이 방을 먼저 보고 저에게 몇 가지 추천해 주길 원하는 이유입니다.

5. Lower the temperature a little to about 37℃, and you have the ______ cure for sleeplessness.
온도를 약 섭씨 37도까지 조금 낮춰라. 그러면 당신은 불면증에 대한 이상적인 치료법을 갖게 될 것이다.

6. Recently, a severe disease ______ Asian nations hard, causing several hundred deaths.
최근에 심각한 질병이 아시아 국가들을 강타하면서 수백 명이 사망하게 되었다.

7. Coffee is ______ly bought by consumers for home use in one of two forms: whole or ground.
일반적으로 소비자들은 집에서 사용하기 위해 두 가지 중 한 가지 형태, 즉 가공하지 않은 형태이거나 가루로 만든 형태로 커피를 산다.

8. In my hometown, nobody would dream of buying a chicken without knowing which ______ it came from and what it ate.
내 고향에서는, 누구도 어느 농장에서 나왔는지, 어떤 것을 먹었는지도 모르는 닭을 사려 하지 않는다.

9. The twelve-year-old, the ______ thinks, does not worry about salary or professional advancement.
열두 살짜리는 월급이나 직업상의 승진에 대해 걱정을 하지 않는다고 성인은 생각한다.

kid [kid]	[동] (kidded-kidded) 농담하다; 속이다 [명] 아이
light [lait]	[명] 빛, 광선 [형] 밝은; 가벼운 lighting [명] 조명; 전기 사용 light-colored [형] 밝은 색의 lightning-fast [형] 번개같이 빠른 lightweight [형] 가벼운 [명] 가벼운 사람
likely [láikli]	[형] …할 것 같은, 가능하다고 생각되는 likewise [부] 똑같이; 마찬가지로
long [lɔːŋ]	[동] 간절히 바라다, 동경하다 [형] 길이가 긴; 오랫동안 long-distance [형] 장거리의, 먼 곳의 long-lasting [형] 오래 가는 long-range [형] 장거리를 가는; 장기적인
math [mæθ]	[명] 수학 mathematical [형] 수학의, 수리적인 mathematician [명] 수학자
message [mésidʒ]	[명] 전갈; 교훈 messenger [명] 통신을 전달하는 사람
most [moust]	[형] 가장 큰; 대개의, 대부분의 [명] 최대량 [부] 가장 많이 mostly [부] 대개; 주로
mountain [máuntən]	[명] 산, 산악 mountaineer [명] 등산가, 등산객
move [muːv]	[동] 움직이다; 옮기다; 바꾸다 movement [명] 움직임, 이동

기출단어로 기출문장을 완성해보세요.

1. I feel like I'm on top of a ________.
   저는 마치 산의 정상에 있는 느낌입니다.

2. He had been ______ing for it since his childhood.
   그는 어린 시절부터 그곳을 동경해왔었다.

3. The more contact a group has with another group, the more ________ it is that objects or ideas will be exchanged.
   다른 그룹과의 접촉이 많아질수록, 교환되는 생각이나 물건들도 많아질 가능성이 높다.

4. There was no sign of a _______ anywhere.
   어디에도 빛의 표시는 없었다.

5. They're at home over on that hill to the left, and they just sent me a Morse code _________ saying, "Good night, Dad."
   그들(기장의 아이들)은 언덕 위 왼쪽의 집에 있고 방금 저에게 "안녕히 주무세요, 아빠"라는 전갈을 모르스 신호로 보내왔습니다.

6. To be a _________ematician you don't need an expensive laboratory.
   수학자가 되기 위해서 당신에게 비싼 실험실은 필요하지 않다.

7. Natural objects do not come with labels, of course, but these days, _______ physical artifacts do.
   물론 자연 물질들에는 라벨이 딸려오지 않지만 오늘날 대부분의 인공 물질들에는 라벨이 딸려온다.

8. If you don't keep on pushing, the _________ment stops.
   당신이 계속해서 밀지 않으면 그 움직임은 멈춘다.

9. It was his way of spending some quality time with his wife and _____s.
   그것은 아내와 아이들과 함께 훌륭한 시간을 보내는 그(아버지)의 방식이었다.

nature
[néitʃər]

㉢ 자연; 성질, 특성
natural ㉣ 자연의; 자연스런
naturalistic ㉣ 자연을 따르는, 자연주의적인
naturally ㉤ 자연스럽게, 있는 그대로

nation
[néiʃən]

㉢ 국민, 국가, 민족
national ㉣ 국민의, 국가의, 전국적인
nationwide ㉣ 전국적인 ㉤ 전국적으로

poem
[póuim]

㉢ 시
poet ㉢ 시인
poetry ㉢ 시, 시가

right
[rait]

㉣ 바른, 옳은 ㉤ 오른쪽에 ㉢ 권리
righteous ㉣ 바른, 정의의
right-hand ㉣ 오른쪽의; 오른손에 쓰도록 만든

school
[sku:l]

㉢ 학교, 수업 ㉣ 학교의
schoolyard ㉢ 교정, 학교 운동장

short
[ʃɔ:rt]

㉣ 짧은; 키가 작은
shortly ㉤ 얼마 안 되어, 곧
shorten ㉥ 짧게 하다, (치수 등을) 줄이다
shortage ㉢ 부족, 결핍
shorthand ㉢ 속기; 약칭

technique
[tekní:k]

㉢ 기술, 기법
technical ㉣ 기술적인, 전문적인
technician ㉢ 기술자, 기사
technology ㉢ 기술; 장비
technological ㉣ 기술적인; 공예의

teen
[ti:n]

㉢ 10대 ㉣ 10대의
teenage ㉣ 10대의
teenager ㉢ 10대

tree
[tri:]

㉢ 나무 ㉥ 수목을 심다
tree-lined ㉣ 나무가 늘어선
treetop ㉢ 나무 꼭대기

기출단어로 기출문장을 완성해보세요.

1. ___________s of the world must act together if we are to develop answers that will give a safe and healthy world to our children.

   세계의 국가들은 안전하고 건강한 세상을 우리의 아이들에게 주게 될 해답을 내고자 한다면 함께 행동해야 한다.

2. Go out into _________ and leave your mobile phone behind.

   자연으로 나가되 휴대전화는 두고 나가라.

3. So, I stay away from subjects that do not look ______ to me.

   그래서 나는 내게 바르게 보이지 않는 주제로부터 떨어져 있다.

4. On the contrary, Greek alphabetic writing was a vehicle of _______ and humor, to be read in private homes.

   반면에 그리스의 알파벳 쓰기는 시와 유머의 수단이었고 개인 가정에서 읽혔다.

5. You may think that moving a ______ distance is so easy that you can do it in no time with little effort.

   당신은 짧은 거리를 이사하는 것은 너무 쉬운 일이어서 힘들이지 않고 당장이라도 할 수 있다고 생각할지도 모른다.

6. One Saturday during the summer, I asked my father if he would go down to the _______yard and play basketball with me.

   어느 여름 토요일에 나는 아버지께 학교 운동장에 가서 나와 함께 농구를 해주실 수 있는지 물었다.

7. But as I turned the corner off the _________-lined street, I realized the whole house was shining with light.

   그러나 나무가 늘어선 길로 들어섰을 때, 나는 집 전체가 불빛으로 빛나고 있다는 걸 깨달았다.

8. _____agers are supposed to experience emotional ups and downs.

   10대들은 감정의 기복을 겪게 되어 있잖아.

9. I like to call it the 'cup-of-sugar' __________.

   나는 이것을 '설탕 한 컵' 기술이라고 부르고 싶다.

part 2

수능에 자주 나온다 기본 필수 영단어

If at first you don't succeed, try, try again.

한 번에 성공하지 못하면 계속 시도하라.

judge [dʒʌdʒ]	ⓜ 재판관 ⓢ 판단[심사, 재판]하다 judgment ⓜ 판단, 판단력; 재판
journey [dʒə́ːrni]	ⓜ (보통 육로의 비교적 긴) 여행(= trip)
irritate [írətèit]	ⓢ 짜증나게[초조하게] 하다(= annoy) irritation ⓜ 짜증나게 함; 짜증 irritated ⓗ 짜증이 난, 화 난; 염증을 일으킨
indicate [índikèit]	ⓢ 가리키다; 나타내다, 암시하다 indication ⓜ 지시; 암시, 징조
immediate [imíːdiit]	ⓗ 즉시[즉석]의, 당면한; 직접의 immediately ⓑ 즉시
hardly [hɑ́ːrdli]	ⓑ 거의 …않다 hard ⓗ 단단한, 어려운 ⓑ 열심히, 세게
grace [greis]	ⓜ 우아함; (신의) 은총, 은혜 graceful ⓗ 우아한, 고상한 gracefully ⓑ 우아하게
forest [fɔ́(ː)rist]	ⓢ 숲, (대)삼림 ⓗ 삼림(지대)의, 산림의 rainforest ⓜ 다우림(多雨林), 열대 다우림
forecast [fɔ́ːrkæ̀st]	ⓜ 예측, 예보; 예언 ⓢ 예측[예보]하다; 예언하다 forecaster ⓜ (일기) 예보관, 기상 통보관
folk [fouk]	ⓜ 사람들, (~s) 가족; 민속 음악 ⓗ 서민의, 민속[민간]의 folk tale ⓜ 민간 설화, 전설
flash [flæʃ]	ⓢ 번쩍이다 ⓜ 섬광 flashing ⓗ 번쩍이는 flashlight ⓜ 섬광; 손전등, 회중전등

기출단어로 기출문장을 완성해보세요.

1. It ________s talent, health, and happiness.

   그것은 재능과 건강과 행복을 예언한다.

2. There are many everyday misunderstandings which are classified as "______" understandings.

   '보통 사람들의' 생각으로 분류되는 많은 잘못된 생각들이 있다.

3. Perhaps your friend's ______ment is simply unfair.

   아마도 당신 친구의 판단이 그저 불공정한 것일지도 모른다.

4. The ______ itself would be of use.

   여행 그 자체로도 쓸모 있을 것이다.

5. They are a costly public health problem and a constant ______ion to urban civil life.

   그것(차의 알람)들은 돈이 많이 드는 공공 보건 문제이며 도시민 생활에 끊임없는 짜증이다.

6. A friend of mine and his wife were ______ able to believe how magnificent the sight was.

   나의 친구 부부는 그 광경의 웅대함을 거의 믿지 못할 정도였다.

7. All the ______ and beauty had gone out of the majestic river.

   모든 우아함과 아름다움은 그 웅대한 강으로부터 빠져나갔다.

8. The rain______s are full of plants and animals that need each other and help each other.

   열대우림들은 서로가 필요하고 서로를 돕는 식물과 동물로 가득차 있다.

9. Status symbols can ______ the cultural values of a society.

   신분의 상징은 사회의 문화적 가치를 나타낼 수 있다.

10. A powerful ______light will easily light your way and the creatures around you.

    강력한 섬광이 당신의 길과 주위를 둘러싸고 있는 생물들을 쉽게 밝혀줄 것이다.

11. We expect ________ results and satisfaction.

    우리는 즉각적인 결과와 만족을 바란다.

explore [ikspló:r]	동 탐험하다 explorer 명 탐험가, 답사자 exploration 명 탐험, 답사
pressure [préʃər]	명 압력 동 압력을 가하다 press 동 누르다; 강조하다 명 누름, 압박
enable [enéibəl]	동 …할 수 있게 하다; 가능[유효]하게 하다
emission [imíʃən]	명 배기(가스), 방사[방출](물) emit 동 내다, 뿜다
emerge [imə́:rdʒ]	동 나타나다, 출현하다(= appear, come out) emergency 명 비상사태 emergent 형 신생의 emerging 형 최근에 생겨난
dirt [də:rt]	명 먼지, 때, 흙 dirty 형 더러운
despite [dispáit]	전 …에도 불구하고
desire [dizáiər]	명 욕구, 욕망 동 바라다 desirable 형 바람직한, 매력적인
depart [dipá:rt]	동 떠나다, 출발하다 departure 명 떠남, 출발

기출단어로 기출문장을 완성해보세요.

1. As a result, they put ________ on them to perform at high levels, win at all costs, and keep playing, even when they get hurt.
결과적으로, 그들(스포츠 캠프 코치들)은 아이들에게 높은 수준으로 임무를 수행하고, 무슨 일이 있어도 이기고, 심지어 다치는 일이 있어도 계속 플레이를 해야 된다고 압력을 가한다.

2. Television picture tubes ________ viewers to see the image that is formed inside the tube.
브라운관은 시청자들이 브라운관 내에서 형성된 이미지를 보는 것을 가능케 해준다.

3. Two-thirds of CO_2 ________s arise from transportation and industry.
이산화탄소 배출의 3분의 2는 교통과 산업에 기인한다.

4. Even categorizing countries as "developed" or "________ing" is dangerous.
심지어 국가들을 '선진'과 '신흥'으로 분류하는 것도 위험하다.

5. Many also offer patients a chance to get their hands ________y and their minds engaged in caring for plants.
많은 사람들이 환자들에게 손을 더럽게 하고 화초를 보살피는 데 몰두할 수 있는 기회를 제공합니다.

6. People ________ to make such exchanges for many reasons.
사람들은 그러한 교환을 하기를 많은 이유들 때문에 열망한다.

7. ________ the slow service, their shop is constantly packed with customers.
느린 서비스에도 불구하고 그들의 가게는 항상 손님들로 북적인다.

8. The boy finished, paid the cashier, and ________ed.
그 소년은 일을 끝마치고 돈을 지불하고 나서 떠났다.

9. It is those ________rs, through their unceasing trial and error, who have paved the way for us to follow.
끊임없는 시도와 실패를 통해 우리가 따라올 길을 일군 것은 그러한 탐험가들이었다.

darken [dά:rkən]	동 어두워지다; 음산하게 하다; 불명료하게 하다 darkness 명 어둠, 암흑; 밤, 야간; 무지; 애매함
curve [kə:rv]	명 곡선; 굴곡, 휨; 도표, 그래프 동 …을 구부리다 curvy 형 (길 등이) 구불구불한
curious [kjúəriəs]	형 진기한, 호기심을 끄는; 호기심이 강한; 이상스러운 curiosity 명 호기심; 진기함, 진기한 물건
crop [krɑp]	명 작물, 수확물; (한 지방, 한 철의 농작물의) 산출량, 수확고 동 (cropped-cropped) 꼭대기를 잘라내다; …을 짧게 자르다; 농작물이 잘 되다
convenient [kənví:njənt]	형 편리한, 사용하기 쉬운, 알맞은 convenience 명 편리, 편의, 형편이 좋음
context [kάntekst]	명 (문장의) 문맥, 전후 관계; (사건 등의) 배경, 정황; 상황, 사정, 환경
conserve [kənsə́:rv]	동 보존하다, 보호하다 conservative 형 보수적인 명 보수주의자, 전통주의자 conservation 명 보존, 보호
connect [kənékt]	동 연결하다(↔ disconnect) connection 명 연결

기출단어로 기출문장을 완성해보세요.

1. The ______ in which a food is eaten can be nearly as important as the food itself.
   음식을 먹는 환경은 그 음식 자체만큼 중요할 수 있다.

2. Now many kinds of superior coffee beans are being decaffeinated in ways that ______ strong flavor.
   이제 많은 종류들의 고급 커피콩들이 강한 향을 보존하는 방향으로 탈카페인화 되고 있다.

3. You ______ a primitive digital camera to your PC and aim it at a happy face.
   당신은 구식 디지털 카메라를 컴퓨터에 연결하고 그것을 한 행복한 얼굴에 겨냥한다.

4. The requirements of fashion have dictated some ______ designs.
   패션에 대한 요구는 몇몇 호기심을 끄는 디자인에 영향을 주었다.

5. The rich soil could help farmers grow enough ______s to feed the people in the cities.
   비옥한 토양은 농부들이 도시의 사람들을 충분히 먹이기 위한 작물을 재배하는 데 도움을 줄 수 있었다.

6. The first appearance of a shining star in a ______ing evening sky can take you out into the universe.
   어두워지는 저녁 하늘에서 맨 처음 나타나 빛나는 별은 당신을 우주 속으로 데려갈 수 있다.

7. But when the string is ______d, as in Figure 2, the outward forces on its pieces no longer sum to zero.
   그러나 그림 2에서처럼 줄이 굽었을 때에는 그것의 조각들에 가해지는 외력들의 합력은 더 이상 0이 아니다.

8. I believe that most people will wear user-friendly computer equipment making their daily lives even more ______.
   나는 사람들이 그들의 일상생활을 더욱 편리하게 하는 컴퓨터 장비를 사용할 것이라고 생각한다.

confirm
[kənfə́ːrm]

㉶ 확인하다, 승인하다
confirmation ㉮ 확정, 확인

confident
[kɑ́nfidənt]

㉸ 확신하고 있는; 자신만만한
confidence ㉮ 신뢰, 신용; 자신, 확신
confidential ㉸ 비밀의; 비밀을 터놓는
confide ㉶ (비밀을 지켜줄 것으로 믿고) 털어놓다; 신뢰하다

complain
[kəmpléin]

㉶ 불평하다, 항의하다
complaint ㉮ 불평, 항의

climate
[kláimit]

㉮ 기후
climatic ㉸ 기후의

chat
[tʃæt]

㉮ 잡담
㉶ (chatted-chatted) 잡담하다, 인터넷 채팅하다
chatty ㉸ 수다스러운
chatter ㉶ (시시한 이야기를) 재잘재잘 지껄이다
㉮ 재잘거림, 잡담
chatting ㉮ 채팅, 수다

charity
[tʃǽrəti]

㉮ 자선, 자비, 자선 단체, 금품
charitable ㉸ 자선의, 자비로운

championship
[tʃǽmpiənʃip]

㉮ 선수권, 우승; 선수권 보유 기간; 선수권 대회, 결승전

board
[bɔːrd]

㉮ 판, 게시판
㉶ 타다, 탑승하다; 하숙하다
boarding school ㉮ 기숙학교

barn
[bɑːrn]

㉮ 곡식 창고, 축사

aware
[əwέər]

㉸ 의식하는, 알고 있는
awareness ㉮ 의식, 알고 있음, 자각

기출단어로 기출문장을 완성해보세요.

1. You can be ________ that you will be able to pay for all aspects of the trip.
   당신은 여행의 모든 경비를 낼 수 있을 거라고 자신할 수 있다.

2. She asked him to design a poster for a ________ campaign.
   그녀는 그에게 자선 캠페인을 위한 포스터를 디자인해 달라고 부탁했다.

3. She had been the top player for the national high school team that once won the all-Asia ________s.
   그녀는 한때 전 아시아 선수권을 휩쓴 고등학교 국가대표 팀의 최고 선수였었다.

4. She told each person to take a wooden ________.
   그녀는 각각의 사람들에게 나무 판을 잡으라고 말했다.

5. When ________ting with friends, some teenage girls are too expressive.
   친구들과 잡담할 때 어떤 십대 소녀들은 너무 말이 많다.

6. If you cannot get ________ed prices, get as many estimates as you can.
   확정된 가격을 얻을 수 없다면 최대한 어림을 많이 잡아보라.

7. I've ________ed several times already, but it does no good.
   나는 이미 여러 번 불평을 해보았지만, 그것이 상황을 개선시키지는 않았다.

8. The basic type of shoes worn depended on the ________.
   신발의 기본적인 타입은 기후에 의해서 좌우되었다.

9. The huge growth in the understanding of civilization raised ________ness of other important roles of trade.
   문명에 대한 이해의 엄청난 성장은 교역의 다른 중요한 역할에 대한 자각을 높였다.

10. I try to stay away from houses or ________s that have unusual angles of the roof.
    나는 평범하지 않은 지붕의 각을 가진 헛간이나 집들로부터 떨어져 있으려 한다.

athlete
[ǽθliːt]

명 운동선수, 운동가
athletic 형 운동(가)의 athlete's foot 명 무좀

assume
[əsjúːm]

동 가정[추정]하다; (책임, 임무 등을) 떠맡다; …인 체하다
assumption 명 가정, 추정; 인수, 떠맡음

assignment
[əsáinmənt]

명 할당; 임무; 숙제
assign 동 (몫, 일 등을) 할당[배당]하다, 부여하다; 임명하다

arrange
[əréindʒ]

동 정돈하다; 미리 계획하다, 정하다; (분쟁 등을) 조정하다
arrangement 명 배열, 정리; (~s) 준비; 협정

apply
[əplái]

동 (규칙, 이론 등을) 적용[응용]하다; 지원[신청]하다; 적용되다
appliance 명 기구; 장치, 설비

admit
[ædmít]

동 (admitted-admitted) 인정하다; 받아들이다
admission 명 입장, 입학 (허가); 시인; 입장료
admittance 명 입장, 입장 허가

address
[ədrés], [ǽdres]

명 (공식적인) 연설, 강연; 주소, 번지
동 [ədrés] …에게 연설[설교]하다; (편지 따위를) …에게 보내다; (의문을) 제기하다

wooden
[wúdn]

형 나무의, 나무로 만든, 목재의; 무표정한; 부자연스러운
wood 명 (나무의) 목질; 목재, 재목
동 수목으로 덮다, 나무를 심다
형 나무의, 나무로 만든; 숲에 사는

weigh
[wei]

동 무게가 …이다, 무게를 달다
weight 명 (몸)무게 weightless 형 무중력의

wealth
[welθ]

명 부, 재산
wealthy 형 부유한

기출단어로 기출문장을 완성해보세요.

1. The ______ication of mathematics to art was one of the primary characteristics of Renaissance art.
   예술에 있어 수학의 적용은 르네상스 예술 초기의 특성들 중 하나였다.

2. Westerners came to ______ that their view toward the distinctive behavior found in native cultures was biased.
   서구인들은 토착문화에서 보여지는 특징적인 행동들이 편견에 의한 것이었음을 인정하게 되었다.

3. It was one of those children's toys with a short ______ post held upright on the floor.
   그것은 바닥에 세워진 짧은 나무로 된 기둥으로 만들어진 아이들의 장난감 중 하나였다.

4. Its ______t cannot exceed 2,000 kilograms.
   그것의 무게는 2000킬로그램을 넘을 수 없다.

5. Having money or ______ is most important.
   돈이나 부를 갖는 것은 가장 중요하다.

6. Nowadays, we can enjoy ______ic competition of every kind without leaving our homes.
   요즈음 우리는 집을 떠나지 않고서도 모든 종류의 운동 경기를 즐길 수 있다.

7. It is so easy to include hidden ______ptions that you do not see but that are obvious to others.
   당신은 보이지 않지만 다른 사람들에게는 명백한 숨겨진 가정들을 포함하는 것은 너무 쉽다.

8. Later that evening, he was doing the ______ when his father came in.
   그날 저녁 늦게, 그는 그의 아버지가 들어왔을 때 숙제를 하고 있었다.

9. I've ______d for you to cook for your aunt.
   나는 당신이 당신의 고모를 위해 요리를 하도록 조정해 놓았다.

10. These are among the basic questions that were ______ed.
    이것들은 제기된 기본적인 질문들 가운데 있는 것들이다.

verbal [vә́ːrbəl]	ⓗ 구두의, 말의 (↔ nonverbal) verbalize ⓓ 언어로 나타내다, 언어화하다
urge [əːrdʒ]	ⓓ 촉구하다, 몰아대다 ⓜ 충동(= desire) urgent ⓗ 긴급한 urgency ⓜ 긴급
unusual [ʌnjúːʒuəl]	ⓗ 보통이 아닌; 드문; 이상한 unusually ⓑ 보통과는 달리, 이상하게; 유별나게
survey [sә́ːrvei]	ⓜ 개관, 조사 ⓓ [səːrvéi] 개관하다, 조사하다
surround [səráund]	ⓓ 에워싸다, 둘러싸다, 포위하다 surrounding ⓗ 둘러싸고 있는 ⓜ (~s) 환경
stretch [stretʃ]	ⓓ 잡아 늘리다; 뻗(치)다, 쭉 펴다 ⓜ 뻗기
strategy [strǽtədʒi]	ⓜ 전략, 전술, 병법 strategic ⓗ 전략의, 전략상의
stem [stem]	ⓜ 줄기(= stalk) ⓓ (…에서) 생기다[유래하다]
steady [stédi]	ⓗ 꾸준한, 지속적인; 안정된, 흔들리지 않는 steadily ⓑ 착실하게, 견실하게 steadiness ⓜ 끈기; 불변

기출단어로 기출문장을 완성해보세요.

1. In other words, one of the challenges is to avoid a one-size-fits-all ____________.
   달리 말하면 그 도전들 중 하나는 '한 부분에만 적합한 전략'을 피하는 것이다.

2. For example, the ant plant has tunnels in its ______s which are just right for ants to live in.
   예를 들어 개미식물은 개미들이 살기에 딱 좋은 터널들을 그것의 줄기에 갖고 있다.

3. She does not provide any _______ content which would help you identify her.
   그녀는 당신이 그녀를 알아보는 데 도움이 될 만한 어떤 구두로 된 내용도 제공하지 않는다.

4. Responses to _______ questions are influenced by events.
   설문조사 문항들에 대한 응답들은 사건들에 의해 영향을 받는다.

5. Teens _________ themselves with imaginary audiences.
   십대들은 상상의 관객들로 그들 자신을 둘러싼다.

6. A leopard, ___________ed full-length on a large tree branch, heard it, too.
   거대한 나뭇가지에 몸을 쭉 뻗고 있었던 표범도 역시 그것을 들었다.

7. Since the mid-1990s, teaching Korean to foreigners has made quiet and _______ progress.
   1990년대 중반 이후로 외국인에게 한국어를 가르치는 것은 조용하고 꾸준한 진보를 이루었다.

8. Most of you experience _______s when trying to break a habit.
   당신들 대부분은 습관을 깨려할 때 충동을 경험한다.

9. Tonight, however, people are _______ly quiet and their flags strangely still.
   그러나 오늘밤, 사람들은 여느 때와 달리 조용하고 그들의 깃발들은 이상하게 움직이지 않는다.

species
[spíːʃi(ː)z]

명 (생물 분류상의) 종(種);
(일반적으로) 종류(= kind, sort)

solvent
[sɑ́lvənt]

형 지불 능력이 있는
명 용제, 용매
solvency 명 용해력, 지불 능력

slight
[slait]

형 약간의, 사소한, 가벼운
slightly 부 약간, 조금; 약하게; 꽤
slightness 명 조금, 미량; 하찮음, 경미함

sink
[siŋk]

동 (sank-sunk) (물에) 가라앉다
명 개수대
sunken 형 가라앉은

silence
[sáiləns]

명 침묵, 무언
silent 형 조용한, 소리 없는
silently 부 아무 말 않고; 조용히

select
[silékt]

동 선택하다, 고르다
selection 명 선택, 선발(된 것)

rub
[rʌb]

동 (rubbed-rubbed) 문지르다, 비비다
rubber 명 고무
rubbery 형 고무 같은, 탄력 있는(= elastic)

ripen
[ráipən]

동 익(히)다
ripe 형 익은; 준비가 된

reside
[riːzáid]

동 거주하다, 살다
residential 형 거주에 관한[적합한]
residence 명 거처, 주소; 주택
resident 명 거주자

represent
[rèprizént]

동 나타내다, 대리하다; 묘사하다, 그리다
representation 명 표시; 연출; 설명
representative 명 대표자, 대리인; 국회의원
형 대표하는

기출단어로 기출문장을 완성해보세요.

1. One may wonder if literary fiction is destined to become an old-fashioned genre to be preserved in a museum like an extinct ________.
   어떤 이는 소설이 멸종된 종처럼 박물관에 보관되어야 할 구식의 장르가 될 운명인지에 대해 궁금해할 것이다.

2. The bridge was ______ing into the Thames river.
   그 다리는 템스 강으로 가라앉고 있었다.

3. The great Willie Mays stood there watching in ________.
   위대한 윌리 메이스는 그 곳에서 침묵하며 바라보고 있었다.

4. One 35-year-old woman who used to ______ her eyes found it helpful to put on make-up.
   눈을 문지르곤 했던 한 35세의 여성은 화장을 하는 것이 도움이 된다는 것을 알았다.

5. With too little water, the grape skins become too tough and they fail to ______.
   물이 너무 적으면, 포도 껍질이 너무 거칠어져서 익지 않는다.

6. If you ______ in this area, you may get it free of charge.
   만약 이곳에 사신다면 당신은 그것을 공짜로 얻을 수 있습니다.

7. They wanted objects in paintings to be ________ed with accuracy.
   그들은 회화에서 대상이 정확하게 묘사되기를 원했다.

8. They now point in ______ly different directions.
   이제 그들은 조금 다른 방향들을 가리킨다.

9. You can find and ______ what you want with a computer.
   당신은 컴퓨터로 당신이 원하는 것을 찾고 선택할 수 있다.

10. In the chemical process, a ________ circulates through the beans.
    화학적 과정에서는 용매가 콩을 순환하면서 거쳐 간다.

reply [riplái]	⑧ 대답하다, 답변하다 ⑱ 대답, 회답
remark [rimáːrk]	⑱ 발언(= comment) ⑧ 말하다 remarkable ⑱ 주목할 만한
release [rilíːs]	⑧ 석방하다, 자유롭게 해주다(= set free, liberate); 공개[발매]하다 ⑱ 석방, 구출; 공개, 개봉, 발매
quantity [kwántəti]	⑱ 양; 분량, 수량 a large[small] quantity 대[소]량
promote [prəmóut]	⑧ 승진[승격]시키다; 촉진[장려]하다 promotion ⑱ 승진, 승격; 촉진, 장려
primitive [prímətiv]	⑱ 원시(시대)의; 원시적인 primitiveness ⑱ 원시(성), 원시적인 것
prevent [privént]	⑧ 막다, 방해하다; 예방하다 preventive ⑱ 예방[방지]의 prevention ⑱ 예방; 방해 prevent A(사람) from ~ing A가 … 못하게 하다
preserve [prizə́ːrv]	⑧ (손상 등으로부터) 보호[보존]하다; 유지하다 preservation ⑱ 보존, 유지; 보호
predict [pridíkt]	⑧ 예언[예측]하다 predictor ⑱ 예언자; 예보하는 사람 prediction ⑱ 예언 predictable ⑱ 예언할 수 있는
post [poust]	⑱ 우편; 우체국; 우체통 ⑧ 우송하다; 우체통에 넣다 poster ⑱ 포스터, 전단 광고; 부기 담당 사무원

기출단어로 기출문장을 완성해보세요.

1. They have taught the public to value plant species and launched efforts to ________ wild plants for generations to come.
   그들은 대중들에게 식물들의 가치를 알리고, 다음 세대에서도 이 야생 식물들이 보존될 수 있도록 애쓰고 있다.

2. Why is ________ing the future so difficult?
   왜 미래를 예측하는 것은 그렇게 어렵습니까?

3. As expected, they began trying to toss the rings around the ________.
   예상대로, 그들은 기둥 주위로 고리들을 던지려고 노력하기 시작했다.

4. And love, quality not ________, is the key.
   그리고, 양이 아니라 질적인 사랑이 중요하다.

5. Your skills led to your being ________d to executive secretary in 1992.
   당신의 재능이 1992년에 당신을 사무총장으로 승진할 수 있게 이끌었습니다.

6. "How much is an ice cream sundae?" "Fifty cents," I ________ied.
   "아이스크림 선데는 얼마죠?" "50 센트요" 내가 대답했다.

7. Albert Einstein ________ed, there is no chance that nuclear energy will ever be obtainable.
   앨버트 아인슈타인은 핵에너지는 절대 얻어질 수 없을 것이라고 말했다.

8. The heat ________s an aroma that attracts certain insects.
   그 열은 특정 종류의 곤충들을 유혹하는 향기를 방출한다.

9. But their ________ness would only confirm our sense that we live in a fundamentally different world.
   그렇지만 그런 원시적인 것은 우리가 본질적으로 다른 세계에 살고 있다는 것을 확신시켰을 뿐이다.

10. In order to ________ such diseases, everyone over twenty-five should have a regular physical examination.
    그러한 질병들을 예방하기 위해서는 25세 이상 모두가 정기적 신체검진을 받아야 한다.

position [pəzíʃən]	ⓜ 위치, 자세, 지위
plenty [plénti]	ⓜ 풍부함, 넉넉함; 다수, 다량 plentiful ⓗ 풍부한, 넉넉한 plenty of 많은, 충분한
path [pæθ]	ⓜ 작은 길, 통로; (인생의) 행로; 방침; 방향
paradise [pǽrədàis]	ⓜ 낙원, 천국
outward [áutwərd]	ⓗ 밖으로 향하는, 외측의 ⓜ 외부 ⓑ 바깥쪽으로
outdoor [áutdɔ̀ːr]	ⓗ 집 밖의, 야외의 out ⓑ 밖에, 밖으로
normal [nɔ́ːrməl]	ⓗ 정상적인; 표준의, 보통의 normally ⓑ 규칙대로; 표준적으로, 당연하게; 보통으로
nearly [níərli]	ⓑ 거의, 하마터면
myth [miθ]	ⓜ 신화; 그릇된 통념 mythical ⓗ 신화의; 상상의 mythology ⓜ (집합적) 신화; 그릇된 통념
multiple [mʌ́ltəpəl]	ⓗ 많은 (부분으로 된); 배수의 ⓜ 배수 multiply ⓓ 곱하다(↔ divide); 증가시키다[하다](= increase)

기출단어로 기출문장을 완성해보세요.

1. The string's uniform tension still gives those ______ forces equal magnitudes.
   현(에 작용하는) 통합된 장력은 여전히 바깥쪽으로 향하는 힘에도 똑같이 작용한다.

2. The vineyard needs ______ of exposure to the sun in cool climate areas.
   포도밭은 시원한 기후 지역에서 햇빛에 많이 노출되어야 한다.

3. I think it is rather unfair to decide our children's career ______s based on the results of an aptitude test.
   나는 적성 검사의 결과에 기초해서 아이들의 직업의 진로를 결정하는 것은 오히려 공평하지 않다고 생각한다.

4. We have both full-time and part-time ______s.
   우리는 전업제와 시간제 일자리 모두 제공한다.

5. They develop expertise in ______ areas, they speak different languages.
   그들은 많은 분야에서 전문성을 키우고 다양한 언어를 구사한다.

6. I am not a mountaineer, but I love to hike and be ______s.
   나는 등산가는 아니지만 등산을 좋아하고 야외에 있기를 좋아한다.

7. Dad thought it was a ______ family outing to go to a car racing event.
   아버지는 카 레이싱 이벤트에 가는 것이 정상적인 가족의 외출이라고 생각했다.

8. ______ everyone who heard the altered recording could report that they heard both a sentence and static.
   수정된 녹음을 들은 거의 모두가 문장과 잡음을 둘 다 들었다고 보고할 수 있었다.

9. The stormy skies and the dark seas were ruled by the ______ical gods.
   폭풍우 치는 하늘과 어두운 바다는 신화 속의 신들에 의해 지배되었다.

10. Now I know what it is like to live in ______.
    이제 나는 천국에서 사는 것이 어떤 것인지 안다.

motion
[móuʃən]

명 운동, 동작; 동의(動議)
motionless 형 움직이지 않는
set something in motion …을 움직이게 하다

method
[méθəd]

명 (조직적인) 방법[방식]

match
[mætʃ]

명 성냥; 어울리는 것; 호적수; 경기
동 어울리다; 일치[대등]하다
matching 형 어울리는, 조화된
명 맞대기, 정합

manufacture
[mæ̀njəfǽktʃər]

동 제조[생산]하다
명 (대규모의) 제조(업), 생산
manufacturer 명 제조업자, 제작자

level
[lévəl]

명 수평, 높이; 정도; 수준
형 수평의, 같은 수준의

labor
[léibər]

명 (정신적, 육체적) 노동, 노고; 일(= task)
동 (부지런히) 일하다
laborer 명 (육체) 노동자

invent
[invént]

동 발명하다, 고안하다; 꾸며내다
invention 명 발명(품)
inventor 명 발명가
inventive 형 발명의; 발명 능력이 있는

interpret
[intə́ːrprit]

동 (…으로) 이해[해석]하다; 설명하다; 통역하다
interpretation 명 통역; 해석
interpreter 명 통역관; 해석자

interact
[ìntərǽkt]

동 상호 작용하다, 의사소통하다
interaction 명 상호 작용
interactive 형 쌍방향의, 상호 작용하는

intent
[intént]

명 의도; 목적 형 열의가 있는; 전념하는
intention 명 의도, 의향; 목적
intentional 형 의도적인

기출단어로 기출문장을 완성해보세요.

1. This knowledge guides you through your daily ________ions.
   이 지식은 당신이 일상적인 상호작용을 할 때 방향을 잡아준다.

2. I focused ________ly on the big, paper, grocery store signs.
   난 의도적으로 큰 종이로 된 식료품 가게 표지판에 집중했다.

3. What can you do to set your pen in ________?
   당신의 펜을 움직이게 하기 위해서 당신은 무엇을 합니까?

4. The concept of violence is now unsuitable, and nonviolence is the appropriate ________.
   폭력의 개념은 이제 적합하지 않고, 비폭력이 적당한 방법이다.

5. But some individuals sit and watch a football game or tennis ________ without cheering for anyone or any team.
   그러나 어떤 사람들은 앉아서 그 어떤 사람이나 팀을 응원하지 않고 테니스 경기나 축구 경기를 본다.

6. Since it ________d its first car in 1955, Korea has grown to be the sixth largest automobile producer.
   1955년에 처음 차를 생산한 이후에, 한국은 세계 6대 자동차 제조국이 되었다.

7. Our research makes it very evident that it is often the highly superior and imaginative child who ________s these creatures.
   우리의 연구는 이러한 창조물들을 만들어내는 아이가 종종 더 우수하고 더 상상력이 넘친다는 것을 명백하게 한다.

8. Words can yield a variety of ________ations.
   말은 다양한 해석을 낳을 수 있다.

9. Dietary fiber helps to lower the ________ of cholesterol and blood sugar.
   식이 섬유는 혈당과 콜레스테롤의 수준을 낮추는 걸 도와준다.

10. The 1995-1999 period displayed the greatest ________ productivity growth rate of all the time periods.
    1995-1999의 기간은 모든 기간 중에 가장 높은 노동 생산성 성장을 보였다.

instruct [instrʌ́kt]
㊍ 가르치다; 지시하다
instruction ㊐ 가르침, 교육; 지시
instructor ㊐ 교사, 지도자
instructive ㊔ 유익한, 교육적인

injure [índʒər]
㊍ 상처 입히다, 다치게 하다; (감정 등을) 손상시키다
injury ㊐ 상해, 부상; 손상
injurious ㊔ 해로운, 유해한

independent [ìndipéndənt]
㊔ 독립한, 자주적인
independence ㊐ 독립, 자립
independently ㊕ 독립하여, 자주적으로
be independent of …로부터 독립하다

indeed [indí:d]
㊕ 실로, 참으로

incredible [inkrédəbəl]
㊔ 믿어지지 않는; 놀랄 만한, 엄청난
incredibly ㊕ 극단적으로, 매우

incorrect [ìnkərékt]
㊔ 부정확한, 틀린
incorrectly ㊕ 부정확하게

imitate [ímitèit]
㊍ 모방하다, 흉내 내다
imitation ㊐ 모방, 흉내; 모조품
imitator ㊐ 모방자

huge [hju:dʒ]
㊔ 거대한, 막대한

guarantee [gæ̀rəntí:]
㊍ 보증[보장]하다
㊐ 보증서(= warranty); 보증, 보장

genre [ʒɑ́:nrə]
㊐ 장르, 유형, 형식

기출단어로 기출문장을 완성해보세요.

1. A florist shop was most likely a local ________ly owned business.
   꽃가게는 대부분 지역적이고 독립적으로 소유된 사업이었다.

2. We ________ly imagine that our ancestors inhabited an innocent world.
   우리는 조상들이 순수한 세상에서 살았을 것이라고 부정확하게 상상한다.

3. It also ________s the movement of a drifting leaf underwater.
   그것은 또한 물속에서 부유하는 나뭇잎의 움직임을 모방한다.

4. As night fell, she could just perceive outside a ________ tree swinging its branches.
   어둠이 내리면서 그녀는 그것의 가지들을 흔들고 있는 바깥의 거대한 나무를 인식할 수 있었다.

5. Perhaps they played ball more for ________ than for fun.
   아마도 그들은 그저 재미보다는 교육을 위해 공놀이를 했을 것이다.

6. There is some concern that players may suffer arm and ligament ________ies.
   선수들이 팔과 인대 부상으로 고통을 겪을 수도 있다는 우려가 있다.

7. Nowhere, ________, was any sign or suggestion of life.
   실로 생명의 증거나 암시는 어디에도 없었다.

8. That's ________! The program is so easy to use.
   믿을 수 없군요! 이 프로그램은 너무 사용하기 쉬워요.

9. Detailed knowledge of a single area once ________d success.
   한때는 한 지역에 관한 세세한 지식이 성공을 보장했다.

10. Upon entering a record store, one encounters a wide variety of ________s.
    레코드 가게에 들어서면 굉장히 다양한 장르를 만나게 된다.

gather [gǽðər]	ⓢ 모이다, 모으다 gathering ⓜ 모임
gardening [gɑ́ːrdniŋ]	ⓜ 원예, 정원 가꾸기 garden ⓜ 뜰, 정원 gardener ⓜ 원예사, 원예가
fuel [fjúːəl]	ⓜ 연료 ⓢ 연료를 공급하다 fueling ⓜ 연료; 연료 공급
frightened [fráitnd]	ⓗ 무서워하는; 놀란 frighten ⓢ 두려워하게 하다, 흠칫 놀라게 하다 frightening ⓗ 무섭게 하는, 무서운
fortunate [fɔ́ːrtʃənit]	ⓗ 행운의, 운 좋은(↔ unfortunate) fortune ⓜ 큰돈, 부, 운 fortunetelling ⓜ 길흉 판단, 점 fortuneteller ⓜ 점쟁이
flat [flæt]	ⓗ 평평한; (타이어, 공의) 바람이 빠진 ⓑ 평평하게
finance [finǽns]	ⓜ 재정, 재무; 재원 ⓢ 융자하다, 자본을 제공하다 financial ⓗ 재정의, 재무의; 금융상의
fiber [fáibər]	ⓜ 섬유(질)
feed [fiːd]	ⓢ (fed–fed) 먹을 것을 주다[먹이다] ⓜ 기름, 키움, 사육; 먹이, 사료
familiar [fəmíljər]	ⓗ 친숙한, 잘 알고 있는(↔ unfamiliar) familiarity ⓜ 잘 앎, 친밀 familiarize ⓢ 친숙하게 하다 be familiar to A(사람) A에게 잘 알려져 있다 be familiar with A(사물) A를 잘 알다

기출단어로 기출문장을 완성해보세요.

1. After ________ing my brother and me breakfast, she would scrub, mop, and dust everything.
   동생과 나에게 아침을 먹인 후 그녀(엄마)는 문지르고, 닦고, 모든 것을 청소하곤 했다.

2. We like things that are ____________ to us.
   우리는 우리에게 친숙한 것들을 좋아한다.

3. He ________ed logs, carrying them inside.
   그는 통나무들을 모았고 그것들을 안으로 가져갔다.

4. Taking walks, __________, reading a book, all begin to feel special.
   산책을 하고, 정원을 가꾸고, 책을 읽는 것 모두가 특별하게 느껴지기 시작한다.

5. We shall solve our dependence on fossil _____s by developing new technologies.
   우리는 신기술을 개발함으로써 우리가 화석연료에 의존하는 문제를 해결할 수 있을 것이다.

6. What's got you so ____________?
   뭐가 그렇게 당신을 놀라게 한 거예요?

7. The French government was reluctant to shoulder the ________ial burden.
   프랑스 정부는 재정적 부담을 짊어지는 걸 꺼렸다.

8. In fact, fruit peel contains essential vitamins and is a source of dietary ______.
   사실 과일 껍질은 필수 비타민을 함유하고 있으며 식이섬유의 원천이다.

9. We are not always __________ enough to enjoy a work environment free of noise pollution.
   우리가 항상 소음공해로부터 자유로운 업무환경에서 일을 즐길 수 있을 만큼 운이 좋은 것은 아니다.

10. Prior to the Renaissance, objects in paintings were ______ and symbolic.
    르네상스 이전에 그림의 사물들은 평평하고 상징적이었다.

fair [fεər]	형 공정한, 공평한 fairly 부 공정히; 꽤, 아주
extra [ékstrə]	형 여분의, 추가의 명 경품; 할증 요금 부 여분으로, 특별히
extend [iksténd]	동 뻗다, 내밀다; 넓히다; 연장하다; 계속되다; (범위가 …까지) 미치다 extent 명 넓이, 크기; 범위 extension 명 연장; (전화) 구내선 extensive 형 (장소가) 넓은; 광범위한
expense [ikspéns]	명 비용(= cost) expend 동 (시간, 돈, 힘을) 들이다[소비하다]
except [iksépt]	전 …을 제외하고, …이외에는 exception 명 예외, 제외 exceptional 형 예외적인; 아주 뛰어난
excel [iksél]	동 (excelled-excelled) 뛰어나다, 탁월하다 excellence 명 우수, 탁월(성); 뛰어난 소질 excellent 형 뛰어난, 탁월한
eventually [ivéntʃuəli]	부 마침내, 결국 eventual 형 궁극의, 최종적인
enhance [enhǽns]	동 향상[강화]시키다 enhancement 명 증진, 증대
engage [engéidʒ]	동 참여[관여]하다; 주의를 끌다; 고용하다; 교전하다 engagement 명 약혼; 약속; 교전; 관여 engage in …에 몰두하다
embarrass [imbǽrəs]	동 당황하게 하다, 곤경에 빠뜨리다 embarrassing 형 당황[난처]하게 하는 embarrassed 형 어리둥절한, 당혹한
electronic [ilèktrάnik]	형 전자(공학)의 electronics 명 전자 공학; 전자 제품

기출단어로 기출문장을 완성해보세요.

1. That' not ______.
   그것은 공정하지 못하다.

2. ______________, they may say what you want to hear.
   결국, 그들은 당신이 듣고 싶어 하는 것을 말할지도 모른다.

3. Activities like these also ________ the value of hard work and persistence.
   이러한 활동들은 또한 열심히 일하는 것과 끈기의 가치를 강화시킨다.

4. When your attention is brought back to the here and now, you ______ in life rather than think about life.
   당신의 관심이 현재 여기로 돌아온다면, 당신은 삶에 대해 생각하기보다는 참여하게 될 것이다.

5. It was sort of ______________ing.
   그것은 일종의 창피한 것이었다.

6. It may be annoying to keep an ______ seat in the family automobile.
   가족용 자동차에 여분의 좌석을 마련해야 하는 것은 성가신 일일 수도 있다.

7. I would like to ______ our invitation to you and your family.
   저는 귀하와 귀하의 가족들까지 확대하여 초대하고자 합니다.

8. A suitable insurance policy should provide coverage for medical ________s.
   적합한 보험증권은 의료비용을 제공해야 한다.

9. They don't know much about anything else ________ their occupations.
   그들은 그들의 직업 외에 다른 것들에 대해서는 별로 알지 못한다.

10. This government has emphasized ______lence in business.
    현 정부는 기업의 우수성을 강조해왔다.

11. _____________ media and computer games are becoming more influential.
    전자매체와 컴퓨터 게임들이 점점 영향력을 갖게 된다.

elderly
[éldərli]
[형] 나이 든; 시대에 뒤진
elder [형] 나이가 위인
[명] 연장자; 노인

edge
[edʒ]
[명] 가장자리; 날

earn
[əːrn]
[동] 벌다, 획득하다
in earnest 열심히

due
[djuː]
[형] 치러야[지불되어야] 할, 만기가 된; 정당한, 마땅한(= proper); 도착할 예정인, …하기로 되어 있는; …에 기인하는
be due to 명사 … 때문이다
be due to 동사 …할 예정이다

disturb
[distə́ːrb]
[동] 방해하다; (평화, 평온 상태를) 깨뜨리다, 어지럽히다
disturbance [명] 방해, 장애; 혼란, 소동

display
[displéi]
[명] 전시, 진열
[동] 전시하다, 나타내다

disaster
[dizǽstər]
[명] (뜻밖의) 재난, 참사, 큰 불행
disastrous [형] 재난의; 비참한
disastrously [부] 비참하게, 불행하게

diffusion
[difjúːʒən]
[명] 발산, 살포; 유포, 보급; 확산
diffuse [동] (빛, 열, 냄새 따위를) 발산하다; 보급하다
[형] 퍼진

device
[diváis]
[명] 장치
devise [동] 고안[발명]하다

destination
[dèstənéiʃən]
[명] 목적지, 행선지; 목적, 의도; 용도

기출단어로 기출문장을 완성해보세요.

1. His car had become a soft white hill on the ______ of the street.
   그의 차는 거리의 가장자리 부분에서 부드러운 하얀 언덕이 되었다.

2. Go to a fairly quiet place where you are not likely to be ______ed.
   당신이 방해받지 않을 것 같은 아주 조용한 곳으로 가십시오.

3. While walking away from the spectacular ______, the woman said something.
   멋진 전시물로부터 멀어지면서, 그 여자는 무언가를 말했다.

4. How much one can ______ is important, of course.
   당연히 얼마나 돈을 벌 수 있는 가는 중요한 것이다.

5. He had been putting off doing his chemistry report which was ______ on Monday.
   그는 월요일까지가 기한인 화학 과제를 자꾸 미루고 있었다.

6. ______ is a process by which one culture or society borrows from another.
   확산이란 한 사회나 문화가 다른 것에서 무언가를 빌려오는 것에 의한 과정이다.

7. The latest ______s are fun to use for many tasks like browsing cyber space.
   최신 장치들은 사이버 공간을 탐색하는 것과 같은 많은 일들을 할 수 있어서 재미있다.

8. The other gods realized that a craft might be built to reach this ______ as well.
   다른 신들은 사람들이 또 그 목적지까지 가는 우주선을 만들어 낼 것이라는 것을 알았다.

9. The ______ think of themselves as being much younger than they actually are.
   어르신들은 실제 그들의 나이보다 훨씬 자산들이 어리다고 생각한다.

10. Any contact between humans and rare plants can be ______rous for the plants.
    사람과 희귀식물 사이의 어떤 접촉도 식물에게는 재앙이 될 수 있다.

desperate [déspərit]	형 자포자기의, 절망적인; 필사적인 desperately 부 절망적으로
depression [dipréʃən]	명 우울(증); 불경기 depressed 형 우울한 depressing 형 낙담하게 하는; 맥이 풀리는
degree [digríː]	명 정도; (온도계 등의) 도(度); 학위 by degrees 점차, 조금씩(= gradually)
decorate [dékərèit]	동 꾸미다, 장식하다 decoration 명 장식(품) decorative 형 장식의
decaf [diːkǽf]	형 카페인을 제거한 명 카페인을 뺀 커피[차] decaffeinate 동 (커피 따위에서) 카페인을 빼다 decaffeination 명 카페인 제거 caffeine 명 카페인
creature [kríːtʃər]	명 창조물, 생물 creatural 형 생물의; 동물적인
craze [kreiz]	동 미치게 하다, 열중시키다; 열광하다 명 광기 crazy 형 미친; 기이한; 열광한 명 괴짜; 정신병 환자
conscious [kɑ́nʃəs]	형 의식 있는; …을 의식하는; 의도적인 consciousness 명 지각, 의식; 알고 있음
clue [kluː]	명 실마리, 단서 clueless 형 단서[실마리]가 없는, 오리무중의
centralize [séntrəlàiz]	동 …을 집중하다, 중심에 모으다; …을 중앙 집권하다 central 형 중심의, 중심에 가까운; …에 중심적인 명 본점, 본부 centralization 명 집중하기; 집중화; 중앙 집권(화)

기출단어로 기출문장을 완성해보세요.

1. But the public prefers to buy water-processed ________.
그러나 대중들은 물 처리된 카페인을 뺀 것을 사기를 선호한다.

2. A powerful flashlight will easily light your way and the ________s around you.
성능 좋은 회중전등이 당신의 앞길과 주변의 생물들을 쉽게 비추어 줄 것이다.

3. In a society where people ________ for beauty, the condition of one's skin and body can be a status symbol.
사람들이 아름다움에 열광하는 사회에서는 피부와 신체의 조건은 지위의 상징이 될 수 있다.

4. It works on the sub________, creating or enhancing mood and unlocking deep memories.
그것은 잠재의식에 작용하여 분위기를 조성하거나 고양시키고, 깊은 기억을 드러내기도 한다.

5. Different public policies resulted in relatively ________d cities in Western Europe.
각기 다른 공공정책은 서유럽에서 상대적으로 집중화된 도시를 만드는 결과를 가져왔다.

6. There are few people who do not react to music to some ________.
어느 정도까지 음악에 반응하지 않는 사람은 소수이다.

7. The hat is ________d with flower and bird patterns.
모자는 꽃과 새 패턴으로 장식되어 있다.

8. Tears can drive us still deeper into ________.
눈물은 우리를 더욱 더 깊은 우울로 몰아갈 수 있다.

9. Cities are ________ to create the impression that they lie at the center of something or other.
도시들은 그것이 무언가의 중심에 서 있다는 인상을 만들기 위해 필사적이다.

10. So you try to extend the conversation without admitting your ignorance, hoping some verbal ____s will be given.
그래서 당신은 어떤 구두의 실마리가 주어지길 바라면서 당신의 무지를 인정하지 않고 대화를 연장하려 한다.

celebrate [séləbrèit]	ⓢ 축하[기념]하다 celebration ⓜ 축하 (행사)
caterpillar [kǽtərpìlər]	ⓜ (나비, 나방의) 애벌레
captain [kǽptin]	ⓜ (단체 따위의) 장, 수령, 우두머리; 대위; 군 지도자; 선장, 함장 ⓢ …을 지휘하다, 통솔하다, 명령하다
capable [kéipəbəl]	ⓗ 유능한, …할 수 있는 capability ⓜ 능력
cancel [kǽnsəl]	ⓢ 취소하다 cancellation ⓜ 취소
budget [bʌ́dʒit]	ⓢ (…의) 예산[자금 계획]을 세우다 ⓜ 예산
block [blɑk]	ⓜ (단단한) 사각형 덩어리; 블록, 구획 ⓢ 막다, 방해하다 blockage ⓜ 막고 있는 것, 막힘
bind [baind]	ⓢ (bound-bound) 묶다; 속박하다
bark [bɑːrk]	ⓜ (개, 여우 따위의) 짖는 소리; (사람의) 고함; 총성, 포성 ⓢ (개 따위가) 짖다; (대포, 권총이) 꽝 하고 울리다; 소리치다
balance [bǽləns]	ⓜ 저울, 천칭(天秤); 균형, 조화, 평형 ⓢ …의 평형[균형]을 잡다; 저울에 달아보다

기출단어로 기출문장을 완성해보세요.

1. Villagers heard a deer ________ing in the distance.
   마을 사람들은 멀리서 사슴이 우는 소리를 들었다.

2. The basketball game has been ________ed.
   농구경기가 취소되었습니다.

3. Note the best price and the worst price and ________ in between the two.
   최고의 가격과 최악의 가격을 기록하고 그 둘 사이에서 예산을 세우라.

4. But a human is much more ________ of operating those instruments correctly.
   그러나 사람은 그러한 도구들을 정확하게 작동시킬 수 있는 역량이 있다.

5. This year, they especially would like to ________ the club's growth and welcome their 20 new members.
   올해, 그들은 특별히 클럽의 성장을 축하하고 새로운 20명의 구성원들을 환영하려 한다.

6. So together corn and beans form a ________d diet in the absence of meat.
   그래서 옥수수와 콩은 고기가 없는 식단에서 균형 잡힌 식단을 만들어낸다.

7. Michelangelo looked at a ________ of marble and saw a man.
   미켈란젤로는 대리석 덩어리와 남자를 보았다.

8. People began to ________ books with pages that could be turned rather than unrolled like papyrus.
   사람들은 파피루스처럼 펼쳐지는 것보다 넘겨질 수 있는 페이지를 가진 책을 묶기 시작했다.

9. It's the great loneliness—like the loneliness a ________ endures.
   그것은 애벌레가 견디는 외로움과 같이 엄청난 외로움이다.

10. ________ Koppe looked out at the island through the window.
    코프 대장은 창문을 통해 그 섬을 바라보았다.

explanation [èksplənéiʃən]	명 설명, 해설 explain 동 설명하다, 알기 쉽게 하다
awake [əwéik]	형 깨어 있는 동 (awoke-awoken) 깨(우)다 awaken 동 깨(우)다, 깨닫게 하다, 불러일으키다
authority [əθɔ́:riti]	명 권한, 권위; 당국 author 명 저자 authorize 동 인가하다, 권한을 주다 authoritative 형 권위 있는
aspect [ǽspekt]	명 모양, 외관; (문제, 사태 등의) 측면, 국면
article [ɑ́:rtikl]	명 기사; 물품(= item); 조항
aptitude [ǽptitù:d]	명 적성; 재능
application [æ̀plikéiʃən]	명 적용, 응용; 지원[신청]서
amuse [əmjú:z]	동 (남)을 즐겁게 하다; (여가 시간을) 즐겁게 지내다 amused 형 재미있어 하는, 즐기는; 재미있는 듯한
amaze [əméiz]	동 깜짝 놀라게 하다 amazing 형 놀라운, 경탄할 만한
access [ǽkses]	명 접근; 통로, 입구 accessible 형 접근하기 쉬운; (물건이) 입수하기 쉬운
academic [æ̀kədémik]	형 학원의, 대학의; 학구적인; 진부한 academy 명 학원; 학회

기출단어로 기출문장을 완성해보세요.

1. This draws on a well-established notion that geographical centrality makes a place more ______ible.
   이것은 한 지역을 더 접근하기 쉽게 만드는 지리적 중심성이라는 잘 정리된 개념을 바탕으로 한 것이다.

2. One of the more amusing ______s of this age is the child's vivid imagination.
   이 나이대의 더 놀라운 측면 중의 하나는 아이의 생생한 상상력이다.

3. Footwear has long been an ______ of necessity.
   신발은 필수품 중 하나의 항목이었다.

4. It ______d her, and I felt proud.
   그것은 그녀를 즐겁게 했는데, 나는 자랑스러움을 느꼈다.

5. Look! Isn't it ______ing?
   봐봐! 깜짝 놀랄 만하지 않니?

6. Your sons and daughters have completed all the ______ requirements.
   당신의 아들과 딸들은 모든 학문적 요구사항을 완료했습니다.

7. To ______n the active engagement of your whole body in drawing, try the following.
   그림을 그릴 때 온몸의 능동적인 참여를 일으키려면 다음을 시도해보라.

8. The students watched the film with an ______ figure.
   학생들은 권위 있는 인물과 함께 영화를 보았다.

9. We should test our children's ______s in various subject areas.
   우리는 다양한 영역에서의 아이들의 적성을 테스트해야 한다.

10. I want to submit my new ______ tomorrow.
    나는 나의 새로운 신청서를 내일 접수하고 싶다.

11. For example, to ______ why the ancient Egyptians developed a successful civilization, you must look at the geography of Egypt.
    예를 들어 고대 이집트 사람들이 성공적인 문명을 발전시킨 이유를 설명하기 위해서 여러분은 이집트의 지리를 살펴보아야 한다.

absolute [ǽbsəlùːt]	형 절대적인; 완전한; 명백한 absolutely 부 절대적으로; 완전히; 그렇고 말고
absence [ǽbsəns]	명 결석, 부재(不在); 결여(↔ presence) absently 부 멍하니, 넋을 잃고 absent 형 결석한; 없는 absent-mindedness 명 정신이 없는 상태
year [jiə*r*]	명 연, 해; 연령; 학년 year-round 형 연중 계속되는 yearbook 명 졸업 앨범; 연감
vibrate [váibreit]	동 진동하다, (시계추처럼) 흔들리다 vibration 명 진동, 떨림
vegetarian [vèdʒətέəriən]	명 채식주의자 형 채식의 vegetation 명 초목
vast [væst]	형 광대한, 거대한 vastly 부 광대하게, 광막하게
utility [juːtíləti]	명 유용성, 효용; 공공사업 utilize 동 이용[활용]하다
unnecessary [ʌ̀nnésəsèri]	형 불필요한, 무용의 명 불필요한 것, 중요하지 않은 것 unnecessarily 부 불필요하게, 쓸데없이, 무익하게 necessary 형 필요한, 필수적인 necessarily 부 어쩔 수 없이, 필연적으로 necessity 명 필수품; 필요 necessitate 동 필요로 하다; (결과를) 수반하다
unknown [ʌ̀nnóun]	형 알려지지 않은, 알 수 없는 명 알려지지 않은 사람[것]
uncomfortable [ʌ̀nkʌ́mfə*r*təbəl]	형 기분이 언짢은, 마음이 편치 못한

기출단어로 기출문장을 완성해보세요.

1. The percentage of CO_2 emissions is greater from power ________ies than from transportation.
   이산화탄소 배출량은 교통에서보다는 발전 시설에서 더 많다.

2. Few are as maddening and __________ as car alarms.
   차 경적처럼 (사람을) 미치게 하고 쓸데없는 것은 드물다.

3. The school ________ will be published soon.
   학교의 졸업앨범이 곧 출판될 것이다.

4. Since his time, we have learned that light waves are characterized by different frequencies of _____ion.
   그의 시대 이후로, 우리는 광파가 다른 진동수로 특징지어진다고 배워왔다.

5. Basic trust involves having the courage to let go of the familiar and take a step toward the _______.
   친숙한 것을 버리고 알려지지 않은 것으로 향하는 용기를 갖는 것도 기본적인 믿음에 포함된다.

6. I hope that you no longer feel hurt or ____________ in any way.
   나는 당신이 어떤 식으로든 불편해하거나 상처받지 않았으면 좋겠습니다.

7. Can't I have a __________ meal?
   제가 채식주의자를 위한 식사를 할 수는 없을까요?

8. Yet the _____ majority of Americans remain stubbornly monolingual.
   그러나 대다수의 미국인들은 고집스럽게 1개국어를 사용한다.

9. A fire chief, for example, needs to issue his orders with _______ clarity.
   예를 들어, 소방서장은 절대적 명료함을 가지고 명령을 내려야 한다.

10. I took a riverboat from my hometown after 20 years' _______.
    나는 20년의 부재 후 나의 고향에서 강배를 탔다.

ultimate
[ʌ́ltəmit]
㊌ 궁극적인, 최후의 (= final)
ultimately ㊉ 마침내, 결국

trend
[trend]
㊐ 경향, 추세 (= tendency), 유행

trade
[treid]
㊐ 무역, 상업
㊍ 장사를 하다; 교환하다
trader ㊐ 상인, 무역업자
trademark ㊐ (등록) 상표

tight
[tait]
㊌ 단단한, 꽉 끼는
㊉ 단단히
tightly ㊉ 단단히, 꽉

term
[təːrm]
㊐ 기간, 임기, 학기; 용어, 말;
(~s) 조건; (~s) 관계, 사이

tax
[tæks]
㊐ 세금

sympathize
[símpəθàiz]
㊍ 동정하다; 공감하다
sympathetic ㊌ 동정적인; 공감을 자아내는
sympathy ㊐ 동정; 공감, 상호 이해

survive
[sərváiv]
㊍ …보다 오래 살다; 살아남다
survival ㊐ 생존, 잔존
survivor ㊐ 생존자

surface
[sə́ːrfis]
㊐ 표면

sum
[sʌm]
㊐ 금액; 합계
㊍ (summed-summed) 요약하다

starve
[stɑːrv]
㊍ 굶주리다, 굶어죽다
starvation ㊐ 기아, 아사

spot
[spɑt]
㊐ 장소, 지점; (반)점, 얼룩
㊍ (spotted-spotted) 찾아내다, 알아채다
on-the-spot ㊌ 즉석의; 현장에서의

기출단어로 기출문장을 완성해보세요.

1. Doing so would ________ly cause us to suffer.
그렇게 하는 것은 궁극적으로 우리를 고통스럽게 할 것이다.

2. One way of doing this is a ______ discount.
이것을 하는 하나의 방식은 교역할 때 할인을 하는 것이다.

3. Paul Ekman uses the ______ 'display rules'.
폴 에크만은 '전시 규칙' 이라는 용어를 쓴다.

4. In Western Europe, steep gasoline ____es have produced relatively compact cities.
서유럽에서는 엄청난 가솔린 세금이 상대적으로 작은 도시를 만들었다.

5. The ability to ________ with others reflects the multiple nature of the human being.
다른 사람들과 공감하는 능력은 인간의 복잡한 천성을 반영한다.

6. They _______ d a storm without losing a branch.
그들은 가지 하나 잃지 않고 폭풍으로부터 살아남았다.

7. Dew drops cover the _______ of the mirror.
이슬방울들이 거울의 표면을 덮는다.

8. In ______, classical music and jazz both aim to provide a depth of expression and detail.
요약해 보자면, 클래식 음악과 재즈 음악은 모두 깊은 감정의 표출을 상세하게 담아내는 데 그 목표를 두고 있다.

9. It's awful. They're ______ing.
그것은 끔찍하다. 그들은 굶주리고 있다.

10. This means that the center of interest is just a ______.
이것은 관심의 중심이 그저 하나의 점에 지나지 않는다는 것을 의미한다.

11. It's about ______s in constructing hospitals.
이것은 병원 건설의 유행에 관한 것이다.

12. Hold the chair ______ly while I'm changing this bulb.
내가 전구를 가는 동안 의자를 단단히 잡고 있어라.

specific [spisífik]	형 분명히 나타난, 구체적인; 특정한 specifically 부 특히; 명확하게 specificity 명 특이성, 한정성
significance [signífikəns]	명 중요성; 의미심장함 significant 형 중요한; 의미심장한 signify 동 나타내다, 알리다; 중요[중대]하다
shout [ʃaut]	동 외치다, 큰 소리를 내다 명 외침, 환호
shoot [ʃuːt]	동 (shot-shot) 쏘다; (스포츠) 슛하다; 촬영하다 명 새싹; 촬영 shooting 명 사격; 촬영
shave [ʃeiv]	동 면도하다, 깎다
savage [sǽvidʒ]	형 야만적인, 잔인한, 사나운 명 야만인 동 흉포하게 공격하다; 무참히 비판하다
sake [seik]	명 동기, 이익; 목적 for the sake of …의 이익을 위해, …할 목적으로
rush [rʌʃ]	동 돌진하다, 서두르다 명 돌진, 분주한 활동
rude [ruːd]	형 무례한(= impolite ↔ polite) rudely 부 버릇없이, 무례하게 rudeness 명 무례
rid [rid]	동 제거하다, 벗어나게 하다 get rid of …를 제거하다
reward [riwɔ́ːrd]	명 보수, 보상 동 보답[보상]하다
resource [ríːsɔːrs]	명 (~s) 자원, 부; 재산 natural resource 천연자원

기출단어로 기출문장을 완성해보세요.

1. Radio absorbed the majority of state ________s.
   라디오는 대부분의 주 자원을 흡수했다.

2. Ordinary, everyday life takes on a new ____________.
   일반적이고 반복되는 삶이 새로운 의미를 가지게 된다.

3. He can ______ quickly in the morning.
   그는 아침에 재빠르게 면도할 수 있다.

4. Words like '________' and 'primitive' began to disappear from the vocabulary of cultural studies.
   '야만적인'이나 '원시적인'같은 단어는 문화학의 용어에서 사라지기 시작했다.

5. She _______ed out orders.
   그녀는 소리치며 명령했다.

6. Film makers ______ more film than is needed.
   영화 제작사들은 필요한 것보다 더 많은 장면을 찍는다.

7. One enjoys for its own ______.
   개인은 자신의 이익을 위해 즐긴다.

8. I _____ed to look up the word in the dictionary.
   나는 그 단어를 사전에서 찾아보려고 서둘렀다.

9. They respond _____ly or emotionally to people who tell the truth.
   그들은 진실을 말하는 이들에게 무례하고 감정적으로 대한다.

10. There is the danger that too much ________ity can limit your imagination.
    너무 과도한 특이성은 당신의 상상력을 제한할 수 있는 위험이 있다.

11. Please get ____ of your bad habit.
    제발 당신의 나쁜 습관을 버리세요.

12. Today the top _______s go to those who can operate with equal confidence in different realms.
    오늘날 최상의 보상은 다양한 분야에서 동일한 자신감을 가지고 일할 수 있는 사람에게 돌아간다.

repeat [ripíːt]	ⓢ 반복하다, 되풀이하다 repeatedly ⓟ 되풀이해서 repetition ⓝ 반복, 되풀이; 암송
repair [ripέəːr]	ⓢ 수선[수리] 하다; 치료하다 ⓝ 수선, 수리
rent [rent]	ⓝ 임대[임차]료, 집세 ⓢ 임대[임차]하다, 빌리다, 빌려주다
religious [rilídʒəs]	ⓐ 종교(상)의; 종교적인, 독실한 religion ⓝ 종교
regard [rigάːrd]	ⓢ (…으로) 간주하다; 존중하다 ⓝ 고려; 존중; 주목; 사항 regardless ⓐ 무관심한; 개의치 않는
refine [rifáin]	ⓢ 정제하다(= make up); 세련되게 하다 refined ⓐ 세련된; 정제된 refinement ⓝ 정제, 순화; 세련, 고상함
quit [kwit]	ⓢ (quit-quit) 그만두다, 끊다
prove [pruːv]	ⓢ (proved-proven) 증명[입증]하다; 판명되다 proof ⓝ 증거, 증명
properly [prάpərli]	ⓟ 적당하게, 알맞게; (…에) 타당하게 proper ⓐ 적절한; 제대로 된; 올바른
private [práivit]	ⓐ 개인적인, 사유의; 비밀의 privacy ⓝ 사생활, 사적 자유; 비밀 privately ⓟ 개인으로서; 은밀히
prior [práiər]	ⓐ 먼저의; …에 우선하는 priority ⓝ 우선(권)
primarily [praimérəli]	ⓟ 주로; 본래 primary ⓐ 제1의, 주요한; 초보의

기출단어로 기출문장을 완성해보세요.

1. Those who never make it are the ones who ______ too soon.
   그것을 절대 이룰 수 없는 사람은 너무 빨리 **그만두는** 사람들이다.

2. This is a simple action which indicates agreement by striking one's palms together ______edly.
   이것은 손바닥을 **반복**해서 침으로써 동의를 표시하는 간단한 동작이다.

3. There is twenty-four-hour ______ and round-the-clock shopping.
   24시간 **수선**과 24시간 쇼핑이 가능하다.

4. Nearly a billion gallons of crude oil are ______d.
   거의 10억 갤런의 원유가 **정제**된다.

5. When ______ organized, it is relatively straightforward.
   적당히 배열되었을 때, 그것은 상대적으로 곧다.

6. They strongly believe that what they do in their ______ lives is their own business.
   그들은 그들이 **사적인** 생활에서 하는 것은 자신들의 일이라고 굳게 믿는다.

7. I don't think we need to ______ this video tape.
   나는 우리가 이 비디오테이프를 **빌려야** 한다고 생각하지 않는다.

8. Narrow-mindedness, ______ impatience have turned into crises that have taken the lives of millions.
   좁은 식견과 **종교적** 성급함은 사람들의 목숨을 앗아가는 위기가 되고 있다.

9. ______ to the Renaissance, objects in paintings were flat.
   르네상스 **전의** 그림 속 사물들은 납작했다.

10. Design is ______ concerned with problem solving.
    디자인은 **첫째로** 문제해결과 관련이 있다.

11. Recent studies, however, have ______d this belief to be false.
    그러나 최근의 연구는 이 믿음이 그르다는 것을 **증명**했다.

12. This hole helps the kite fly fast ______less of the wind speed.
    이 구멍은 바람의 속도에 **상관없이** 연이 빨리 날도록 도와준다.

prey
[prei]
명 (특히 육식 동물의) 먹이; 희생(물)

pour
[pɔːr]
동 (액체를) 따르다, (퍼)붓다, 쏟아 붓다

pot
[pɑt]
명 냄비; 병, 항아리; 찻주전자
teapot 명 찻주전자

pollution
[pəlúːʃən]
명 오염, 공해
pollute 동 오염시키다

polish
[pɑ́liʃ]
동 닦다, 갈다
명 광택, 윤
polished 형 닦은, 연마한, 품위 있는

pole
[poul]
명 장대[기둥]; (천체, 지구의) 극

pleasant
[plézənt]
형 유쾌한, 즐거운
pleasantly 부 유쾌하게, 즐겁게

plate
[pleit]
명 접시, 판금
동 …에 도금하다

pesticide
[péstəsàid]
명 구충제, 살충제, 농약

passion
[pǽʃən]
명 열정; 열중, 애착
passionate 형 열렬한, 정열적인

passenger
[pǽsəndʒər]
명 여객(旅客), 승객
passerby 명 통행인

기출단어로 기출문장을 완성해보세요.

1. An old ____ becomes an ideal container for a bunch of roses picked from the garden.
   낡은 항아리는 정원에서 딴 장미를 보관할 수 있는 이상적인 보관함이다.

2. He was fueling his son with a ______ that would last for a lifetime.
   그는 평생 동안 지속될 열정을 그의 아들에게 붓고 있었다.

3. Instead, he told the ______s that he would send signals to kids.
   대신 그는 아이들에게 신호를 보내겠다고 승객들에게 말했다.

4. Deer were its natural _____.
   사슴이 그것의 자연적인 먹이다.

5. A warm climate year-round makes living here _______.
   일 년 내내 따뜻한 기후가 이곳에서의 삶을 즐겁게 만든다.

6. Growing up in Holland, he was taught to clear his _____.
   네덜란드에서 자라면서 그는 그의 접시를 깨끗이 비우도록 배웠다.

7. I think people who eat fruit peel prefer organic food encourage farmers to use less _______.
   나는 과일 껍질을 먹는 사람들이 농부들에게 농약을 적게 사용하도록 한다고 생각한다.

8. Food waste is a cause of _______.
   음식물 쓰레기는 오염의 원인이다.

9. Creeping plants cover the ______ed silver gate.
   덩굴 식물들이 윤기 나는 은빛 대문을 덮고 있다.

10. You can't come to the _____.
    당신은 극으로 올 수 없다.

11. I _____ed out my fancies and my dreams onto the paper.
    나는 나의 공상들과 꿈을 종이에 쏟아 부었다.

panic [pǽnik]	명 공포, 공황 동 (panic-panicked-panicked) 공포를 느끼다
outlook [áutlùk]	명 전망; 가망; 견지, 견해
ordinary [ɔ́:rdənèri]	형 보통의; 평범한 ordinarily 부 보통, 대체로
opinion [əpínjən]	명 의견, 생각, 견해 in one's opinion …의 의견으로는
old-fashioned [óuldfǽʃənd]	형 구식의, 유행에 뒤떨어진
obvious [ɑ́bviəs]	형 분명한, 명백한 obviously 부 명백히, 뚜렷이
nutritious [nju:tríʃəs]	형 영양분이 풍부한 nutrition 명 영양 공급[섭취]
novel [nɑ́vəl]	명 (장편) 소설 형 신기한, 새로운 novelist 명 소설가 novelty 명 신기함, 새로움
nevertheless [nèvərðəlés]	부 그럼에도 불구하고, 그렇지만(= yet)
neglect [niglékt]	동 무시[경시]하다, 등한시하다; (부주의로) 하지 않다 명 무시, 태만
neat [ni:t]	형 산뜻한, 솜씨 좋은 neatly 부 깔끔하게, 말쑥하게

기출단어로 기출문장을 완성해보세요.

1. This presents only one of several ________s on physics.
   이것은 물리에 있어 단지 몇 가지의 견해만을 제시할 뿐이다.

2. Although this may sound like an ________ first step, it is a step that many people ignore.
   이것이 당연한 첫 단계라고 들릴지 모르지만, 많은 사람들이 무시하는 단계이다.

3. There has been a rumor that the ________ is dying.
   소설이 죽어가고 있다는 설이 있었다.

4. People ________ed their work to play this attractive game.
   사람들은 이 매력적인 게임을 하려고 그들의 일을 게을리했다.

5. There, placed ________ly beside the empty dish, were fifteen pennies.
   비워진 접시 옆에는 깔끔하게 놓여진 15페니가 있었다.

6. It has some ________ value and contains dietary fiber.
   그것은 영양적 가치가 있으며 식이섬유를 함유하고 있다.

7. We are ________ able to enter into their behavior and their emotions.
   우리는 그럼에도 불구하고 그들의 행동과 감정 속으로 들어갈 수 있다.

8. We cannot dismiss Mr. Smith's ________ completely.
   스미스 씨의 의견을 전적으로 수용하지 않는 바는 아닙니다.

9. Literary fiction is destined to become an ________ genre to be preserved in a museum.
   문학적인 소설은 박물관에 보존되는 구식의 장르가 될 운명이다.

10. In ________ life, you can be very comfortable with modern technology.
    일상생활에서는 현대 기술이 있음으로써 매우 편안할 수 있다.

11. You might have ________ked and none of us would have made it.
    당신은 공포를 느꼈을 것이고 우리 중 그 누구도 그것을 해내지 못했을 것이다.

nearby [níərbài]	[형] 가까운 [부] 가까이로[에] near [부] 가까이 [형] 가까운
narrow [nǽrou]	[형] 좁은(↔ wide) [동] 좁아지다, 좁히다 narrow-minded [형] 속이 좁은, 편협한 narrow-mindedness [명] 편협한 마음
mysterious [mistíəriəs]	[형] 신비한, 불가사의한 mystery [명] 신비, 불가사의
moral [mɔ́(:)rəl]	[형] 도덕의 [명] (~s) 도덕; 교훈 morally [부] 도덕[도의]상; 도덕적으로 morality [명] 도덕, 윤리
modify [mάdəfài]	[동] (일부를) 변경[수정]하다; 수식하다 modification [명] (부분적) 변경, 수정
mist [mist]	[명] (엷은) 안개 misty [형] 안개 낀
mention [ménʃən]	[동] 언급[거론]하다, 말하다
mental [méntl]	[형] 정신의, 마음의; 관념적인(↔ physical) mentality [명] 정신 상태, 사고방식
mature [mətjúər]	[형] 성숙한, 익은(↔ immature) [동] 성숙[숙성]하다 maturity [명] 성숙(기)
lock [lɑk]	[명] 자물쇠 [동] 자물쇠를 채우다; 잠그다 doorlock [명] 출입문 자물쇠
loan [loun]	[명] 대부(금), 대여 [동] 빌려주다(= lend ↔ borrow)

기출단어로 기출문장을 완성해보세요.

1. The standard ________ period is 21 days.
   표준 대출 기간은 21일입니다.

2. A light ______ lay along the earth.
   옅은 안개가 땅에 깔려 있었다.

3. Suppose you ________ the name of your new neighbor to a friend.
   당신의 친구에게 새로운 이웃의 이름을 언급한다고 가정해보라.

4. He stole crops from ________ farmers.
   그는 주위의 농부들로부터 작물들을 훔쳤다.

5. They help us ________ the infinity of possible futures down to one.
   그들은 무한한 미래의 모습들을 하나로 좁히는 데 도움이 된다.

6. A ______________ black substance was discovered among its roots.
   신비로운 검은 물질은 그것의 뿌리에서 발견되었다.

7. We hope they'll learn to behave ________ly and ethically.
   우리는 그들이 도덕적이고 윤리적으로 행동하는 것을 배우길 바란다.

8. It is an internal ________ image that we call color.
   그것은 우리가 색이라고 부르는 내부의 정신적 이미지이다.

9. The ________ man thinks that troubles belong only to the present.
   성숙한 사람은 오직 현재에 문제를 일으키는 것만 생각한다.

10. They were securely ________ed into their barns.
    그들은 그들의 헛간에 안전하게 갇혀 있었다.

11. Also, aside from ________ing the current game, there is some concern.
    또한 현재의 게임을 고치는 것 말고도 다른 걱정이 있다.

literature [lítərətʃər]	㉣ 문학; 문헌 literate ㉳ 읽고 쓸 줄 아는; 교양 있는
literary [lítərèri]	㉳ 문학의, 문학적인 literal ㉳ (의미 등이) 글자 그대로의; (번역 등이) 원문에 충실한 literally ㉥ 글자 그대로, 엄밀하게
lift [lift]	㉢ 올리다, 들어 올리다 ㉣ 올림, 들어 올림; 승강기
leopard [lépərd]	㉣ 표범
lean [liːn]	㉢ 몸을 구부리다; 기대다 ㉳ 호리호리한, 지방이 적은
label [léibəl]	㉣ 라벨, 부호 ㉢ …에 라벨을 붙이다
justice [dʒʌ́stis]	㉣ 정의, 공정; 사법, 재판(관) justify ㉢ 정당화하다 justification ㉣ 정당화, 변명
invaluable [invǽljuəbəl]	㉳ 매우 가치 있는, 대단히 귀중한 invariably ㉥ 변함없이, 일정불변하게
interrupt [ìntərʌ́pt]	㉢ (일시적으로) 중단시키다[하다]; 방해하다 interruption ㉣ 중단; 방해(물)
intend [inténd]	㉢ …할 작정이다; 의도하다 unintended ㉳ 의도하지 않은

기출단어로 기출문장을 완성해보세요.

1. For that, I would like to ask for the kindness in your heart to forgive my un________ed offense.
   그런 이유로 저는 저의 의도되지 않은 무례를 용서해주시길 부탁드립니다.

2. This enable us to seek through ________ an enlargement of our experience.
   이것은 문학을 통해 우리가 경험의 확대를 추구할 수 있도록 해준다.

3. Its mission is to move the nation and the world towards social, racial, and economic ________.
   그것의 사명은 국가와 세계를 사회, 인종 간, 경제 정의를 향해 나아가게 하는 것이다.

4. We all know how ________ your advice and help will be.
   우리는 모두 당신의 충고와 도움이 얼마나 값질지 압니다.

5. He continued to ________ my work.
   그는 계속해서 나의 일을 방해했다.

6. Please allow me to offer my best wishes for your future ________ efforts.
   앞으로도 문학적 노력을 계속하시기를 진심으로 바랍니다.

7. We generally interpret these marks as ________s that do refer to their carriers.
   우리는 대개 이런 기호들을 그것의 배달자를 지칭하는 부호들로 이해한다.

8. Bands of blue-shirted farmers circle and ________ and swing.
   푸른 셔츠를 입은 농부들의 무리는 원을 그리고 (발을) 들어 올려 흔든다.

9. So the ________ began to attack dogs and cattle in the village.
   그래서 그 표범은 동네의 개와 가축들을 공격하기 시작했다.

10. Don't ________ back and announce, "I'm through," when others are not finished.
    다른 사람들의 식사가 끝나지 않았을 때 벽에 기대어 "다 먹었다"라고 말하지 말라.

instrument [ínstrəmənt]	ⓜ 기구, 도구; 악기
institute [ínstətjù:t]	ⓢ 설립하다; 제정하다 ⓜ 학회, 협회, 연구소 institution ⓜ 설립; (공공) 단체
insignificant [ìnsignífikənt]	ⓗ 대수롭지 않은, 하찮은
impact [ímpækt]	ⓜ 영향; 충격, 충돌
horrific [hɔ:rífik]	ⓗ 무서운, 소름끼치는 horrify ⓢ 무섭게 하다, 소름 끼치게 하다 horrified ⓗ 겁에 질린, 충격을 받은
horizon [həráizən]	ⓜ (the ~) 지평선, 수평선; (~s) (사고, 지식의) 범위[시야] horizontal ⓗ 수평의
honor [ánər]	ⓜ 명예, 영광 ⓢ 존경하다, 명예를 주다
homeless [hóumlis]	ⓗ 집 없는; 기르는 사람이 없는 ⓜ 집 없는 사람들, 노숙자

기출단어로 기출문장을 완성해보세요.

1. In a society that cherishes ______ or bravery, a battle wound would be more of a status symbol.

   명예나 용맹을 소중히 하는 사회에서 전쟁의 상처는 지위의 상징물로서 의미가 깊다.

2. A human is much more capable of operating those ______s correctly.

   인간은 그러한 도구들을 정확하게 다룰 수 있는 역량이 있다.

3. She quit school and found a job as a nurse's assistant in a hospital for ______ people.

   그녀는 학교를 그만 두고 노숙자들을 위한 병원에서 간호 보조사 직업을 구했다.

4. This has an ______ on the economy of a nation, causing the value of its money to rise and fall.

   이것은 돈의 가치를 떨어뜨리거나 올리면서 국가의 경제에 영향을 미친다.

5. Ekman studied the facial reactions of students to a ______ film about a teenage Aboriginal ritual ceremony.

   에크만은 청소년기의 원주민의 종교적 의식에 관한 무서운 영화를 본 학생들의 얼굴 표정 변화를 연구했다.

6. Secondary school should be a time for expanding ______s.

   중고등학교는 시야를 확장하는 시기여야 한다.

7. The basic design emerged from computer models built with help from the Swiss Federal ______ of Technology in Lausanne.

   기본 디자인은 스위스 로잔의 기술 학회의 도움을 받아 만들어진 컴퓨터 모델로부터 나왔다.

8. What a person thinks on his own is at best ______ and monotonous.

   사람이 스스로 생각하는 것은 기껏 해봐야 중요하지 않고 단조로울 뿐이다.

hide
[haid]

동 (hid-hidden) 감추다; 숨다

healing
[híːliŋ]

명 치유 형 치유하는, 낫게 하는
heal 동 낫다, 낫게 하다, 치유하다[되다]

haste
[heist]

명 서두름
hasty 형 (성)급한
hasten 동 서두르다; 촉진하다; 서둘러 가다
in haste 급히(= in a hurry)

harmful
[háːrmfəl]

형 해로운
harmless 형 해롭지 않은, 무해한
harm 명 (손)해
동 해치다
do harm 해를 끼치다

habitat
[hǽbətæ̀t]

명 서식지

gym
[dʒim]

명 체육관(= gymnasium)
gymnastics 명 체조

giant
[dʒáiənt]

형 거대한
명 거인
gigantic 형 거대한

generate
[dʒénərèit]

동 (전기 등을) 발생시키다; 낳다
generation 명 세대, 일대(一代) (약 30년); 발생

gain
[gein]

동 얻다, 획득하다; 늘다(↔ lose)
명 이익, 증가(↔ loss)
gain access to …에 접근하다, 면회하다
gain weight 체중이 늘다

fun
[fʌn]

명 즐거움, 재미
funny 형 익살맞은, 이상한
make fun of …를 놀리다

기출단어로 기출문장을 완성해보세요.

1. These new technologies have another benefit for biologists by allowing them to ______ access to the unknown world.
   이러한 새로운 기술들은 미지의 세계로의 접근을 가능하게 해줌으로써 생물학자들에게는 또 다른 이익을 가져다주고 있다.

2. One myth tells how a group of gods had a meeting to decide where to ______ the "truth of the universe" from people.
   한 신화에 인간들로부터 "우주의 진실"을 어디에 감출 것인지 결정하기 위해 얼마나 많은 신들이 모여 회의를 했는지 나온다.

3. There is ______ power in flowers.
   꽃에는 치유하는 힘이 있다.

4. Those with such faith assume that the new technologies will ultimately succeed, without ______ side effects.
   그러한 믿음을 가진 그들은 새로운 기술이 결국은 해로운 부작용 없이 성공할 것이라고 가정한다.

5. Because of indifference to and destruction of their natural ______s, some wild plants confront an uncertain future.
   야생 식물들의 자연 서식지에 대한 무관심과 파괴 때문에, 몇몇 야생 식물들은 불확실한 미래에 직면해 있다.

6. In order to ______ enough electricity, the craft will need a wingspan of 80 meters.
   충분한 전기를 발생시키려면, 비행기는 80미터에 달하는 날개 길이를 가져야 한다.

7. And finally, make ______ swinging arm circles.
   그리고 마지막으로 거대한 원을 팔을 돌려 만들어라.

8. I was playing badminton in the ______ yesterday.
   나는 어제 체육관에서 배드민턴을 하고 있었다.

9. It is the ______ that comes from cheering on our team.
   그것은 우리의 팀을 응원하는 것에서부터 오는 재미이다.

10. We should avoid coming to a ______y conclusion about it.
    우리는 그것에 대해 성급한 결론에 다다르는 것을 피해야 한다.

unction fʌ́ŋkʃən]	(명) 기능 (동) 기능을 하다 functional (형) 기능성의
ootwear fútwὲər]	(명) 신발류 footstep (명) 발소리, 발자국; 걸음걸이
loppy flɑ́pi]	(형) 헐렁한, 늘어진; 딱딱하지 않은
loat flout]	(동) 뜨다; 띄우다; 떠다니다 (명) 뜨는 것; 뗏목; 구명구
lap flæp]	(명) 덮개; 펄럭거림, 날개침 (동) 펄럭이다, 날개를 치다
aith feiθ]	(명) 신뢰; 신념, 신조; 충성 faithful (형) 충실한, 성실한
xpose ikspóuz]	(동) 드러내다, 노출시키다, 폭로하다 exposure (명) 노출, 폭로 exposed (형) (비바람, 공격, 재정적 손실 등에) 노출된
xchange ikstʃéindʒ]	(명) 교환 (동) 주고받다, 교환하다
volve ivɑ́lv]	(동) 진화하다[시키다]; 발전하다[시키다]

기출단어로 기출문장을 완성해보세요.

1. She told each person to take a wooden board, use it as a ________, and begin kicking slowly toward shore.
그녀는 각자에게 나무판자를 집어 뜨는 도구로 삼으라고 말하고는 해변을 향해 천천히 물을 차고 나갔다.

2. Some of us have ______ that we shall solve our dependence on fossil fuels.
우리들 중 일부는 화석연료에 대한 의존을 해결할 것이란 신념을 가지고 있다

3. You had better ________ your new ideas to the criticism of others.
당신의 새로운 생각을 다른 이들의 비판에 노출시키는 것이 좋다.

4. Darwin was the first to propose that long necks ________ in giraffes because they enabled the animals to eat the treetop leaves.
다윈은 기린의 긴 목이 그들이 위쪽의 나뭇잎을 먹을 수 있게 해주었기 때문에 진화했나고 제안한 첫 번째 사람이었다.

5. There is a long back ______ for the back of the neck, and ear ______s on both sides reveal the ears.
목의 뒷부분을 위한 긴 덮개가 있으며 양쪽으로 귀 가리개가 귀를 감싼다.

6. Design is primarily concerned with the ________ of a product.
디자인은 우선 제품의 기능과 관련이 있다.

7. ________ has a history which goes back thousands of years.
신발류는 수천 년에 이르는 역사를 가지고 있다.

8. Thanks to this, people can easily ________ one country's money with that of another.
이것 덕분에, 사람들은 한 나라의 돈을 다른 나라의 돈과 쉽게 교환할 수 있다

9. The players use a broomstick to throw an old bicycle tire that has been specially modified to make it ______.
선수들은 빗자루를 사용하여, 유연하게 만들기 위하여 특수하게 변형된 낡은 자전거 바퀴를 던진다.

estimate [éstəmèit]	ⓢ 평가하다, 어림잡다; 견적하다 ⓜ 평가; 견적(서) estimation ⓜ 견적, 추정; 평가
establish [istǽbliʃ]	ⓢ 설립하다; (법률을) 제정하다; 확립하다 establishment ⓜ 설립; 제정; 확립 well-established ⓗ 기초가 튼튼한; 안정된, 정착한
erase [iréis]	ⓢ 지우다, 삭제하다 eraser ⓜ 지우개; 지우는 사람
envy [énvi]	ⓜ 부러움, 선망 ⓢ 부러워하다, 선망하다 envious ⓗ 부러워하는, 질투하는
encounter [enkáuntər]	ⓢ (문제에) 부닥치다; 우연히 만나다[마주치다] ⓜ 마주침, 조우
efficient [ifíʃənt]	ⓗ 능률적인, 효율적인; 유능한 efficiency ⓜ 능률, 효율; 능력
drain [drein]	ⓢ 물을 빼다, 배수하다 ⓜ 배수구 drainage ⓜ 배수, 배수법
draft [dræft]	ⓜ 초안, 초고; 징병 ⓢ 초안을 작성하다; 징집하다
diverse [divə́ːrs]	ⓗ 다양한; 다른 diversity ⓜ 다양성 diversely ⓑ 다양하게
distinguish [distíŋgwiʃ]	ⓢ 구별하다, 두드러지게 하다 distinguishing ⓗ 남[딴 것]과 구분하는, (뚜렷이) 구별 짓는; 독특한, 특유의, 특색 있는 distinguished ⓗ 탁월한, 유명한; 뚜렷한, 현저한
discuss [diskʌ́s]	ⓢ 토론하다, 논의하다 discussion ⓜ 토론, 논의

기출단어로 기출문장을 완성해보세요.

1. These will be ________ed below in detail.
   이것들은 밑에서 자세하게 논의될 것이다.

2. One ________s a wide variety of genres from easy listening to jazz and classical music.
   쉽게 들을 수 있는 재즈부터 클래식 음악까지 굉장히 다양한 장르를 접하게 된다.

3. Get as many ________s as you can.
   가능한 한 많은 견적을 내보아라.

4. By thirty-five she had ________ed herself as a writer.
   그녀는 35살 즈음에 작가로서 자리를 확고히 했다.

5. It might also be of use as an ________r.
   그것은 또한 지우개로서 쓰일 수 있다.

6. You can convince yourself that the first ________ isn't your best writing.
   첫 초안이 당신의 최고의 글쓰기가 아니라는 것을 당신에게 확신시킬 수 있다.

7. The power of music is ________ and people respond in different ways.
   음악의 힘은 다양하고 사람들은 각기 다른 방식으로 반응한다.

8. We need to constantly ________ right from wrong.
   우리는 옳고 그름을 계속 구분할 필요가 있다.

9. It can be useful to get an outside consultant to recommend changes to make it more ________.
   외부 컨설턴트를 고용하여 회사가 보다 더 효율적이 되도록 변화를 권고하도록 하는 것은 유익할 수 있다.

10. The ________ed solvent is then mixed with water.
    배수된 용매는 그때 물과 섞인다.

11. Outside, she would tend a small flower garden, which was the ________ of the neighborhood.
    바깥에서 그녀는 작은 정원을 손질하곤 했는데, 그 정원은 이웃들의 부러움(의 대상)이었다.

dig [dig]	동 (dug-dug) 땅을 파다; …을 파헤치다 명 한 번 파기; 찌르기; 발굴(물)
despair [dispέər]	명 절망, 자포자기 동 절망하다, 단념하다
dentist [déntist]	명 치과 의사(= dental surgeon)
delay [diléi]	동 연기하다, 늦추다; 지체하다 명 지연
definite [défənit]	형 명확한(= clear); 한정된 definitely 부 명확하게; 틀림없이 definition 명 정의
decentralize [diːséntrəlàiz]	동 (권력, 조직 등을) 분산시키다; …을 지방분권화하다 decentralization 명 분산, 집중 배제; 지방 분권[분산]
damage [dǽmidʒ]	명 손해, 손상 동 손해를 입히다, 훼손하다; 해치다
daily [déili]	형 매일의, 나날의 명 일간 신문 부 매일, 끊임없이 day 명 날; 하루; 낮, 주간 daylight 명 일광; 낮 동 햇볕을 쬐다
cure [kjuər]	동 치료하다 명 치료(법); 회복 curable 형 고칠 수 있는
craft [kræft]	명 수공예; 기술, 솜씨; 배, 항공기, 우주선 craftsman 명 장인(匠人)
court [kɔːrt]	명 법정, 법원; 경기장, 코트; 궁정 동 환심을 사다
cottonwood [kɑ́tnwùd]	명 미루나무 (북미산 포플러의 일종)

기출단어로 기출문장을 완성해보세요.

1. A _______ might be built to reach this destination as well.
그 목적지까지 가는 우주선 또한 만들어질 것이다.

2. Are you mad about the shouting from the tennis _______s?
테니스 경기장에서 소리친 것 때문에 화났니?

3. Those chokecherry trees are small and weak in comparison to this _______.
저 벚나무들은 이 미루나무에 비해 작고 약하다.

4. Their use ranges from the drill in a _______'s office to saws for cutting rock.
그들의 용도는 치과(치과의사의 사무실)에서 쓰이는 드릴에서부터 돌을 자르는 톱까지 다양하다.

5. Get out there and start _______ging, and the benefits multiply.
나가서 파헤치기 시작해라, 그러면 이익이 갑절이 될 것이다.

6. Mathematics _______ly influenced Renaissance art.
수학은 르네상스 예술에 틀림없이 영향을 미쳤다.

7. Different transportation systems resulted in relatively _______d cities in Western Europe.
다른 교통 시스템은 서유럽의 도시들을 상대적으로 분산되게 만들었다.

8. The ability to _______ satisfaction is important.
만족을 연기하는 능력은 중요하다.

9. The diamond most directly affects our _______ lives as a tool.
다이아몬드는 가장 직접적으로 우리의 일상생활에 도구로서 영향을 미친다.

10. The reputation of an airline, for example, will be _______d if a survey is conducted just after a plane crash.
예를 들어 설문 조사가 비행기 사고 직후에 실시된다면 그 항공사에 대한 평판은 훼손될 것이다.

11. Support groups are a good _______ for isolation.
후원 그룹이 고독감의 좋은 치료가 될 수 있습니다.

12. In isolation, hope disappears, _______ rules.
고립되었을 땐 희망이 사라지고 절망이 지배한다.

correspond [kɔ̀ːrəspάnd]	⑤ 일치[부합]하다; 편지 왕래하다 correspondence ⑲ 편지 왕래; 일치 correspondent ⑲ 통신원 correspondingly ⑮ …에 상당하게; 대응하게 corresponding ⑱ …에 상당하는; 유사한; 통신하는; 거래하는
convince [kənvíns]	⑤ 확신[납득]시키다; 설득하다 convincing ⑱ 설득력 있는, 납득이 가게 하는
contemporary [kəntémpərèri]	⑱ (사람, 작품 등이) 동시대의; 현대의(= modern) ⑲ 동시대인
consequently [kάnsikwəntli]	⑮ 그 결과로서, 따라서 consequence ⑲ 결과; 영향 consequent ⑱ (…의) 결과로 일어나는
conduct [kάndʌkt]	⑲ (특히 도덕상의) 행위, 처신; 지도, 안내 ⑤ [kəndʌ́kt] 인도하다; 지휘하다; 안내하다; (특정한 활동을) 하다 conductor ⑲ 지휘자; 차장, 안내인
comprehend [kὰmprihénd]	⑤ 이해[파악]하다; 포함[포괄]하다 comprehension ⑲ 이해(력), 파악(력); 포괄 comprehensive ⑱ 포괄적인, 광범위한
commercial [kəmə́ːrʃəl]	⑱ 상업(상)의; 무역의 ⑲ 상업 광고 commerce ⑲ 상업; 통상, 무역
comment [kάmənt]	⑲ 논평, 의견; 주석, 해설 ⑤ 의견을 말하다, 논평[해설]하다
chop [tʃap]	⑤ (chopped-chopped) 잘게 자르다[썰다] chopstick ⑲ (~s) 젓가락
chew [tʃuː]	⑤ 씹다 chewy ⑱ (음식물이) 잘 씹히지 않는; 질긴
cheap [tʃiːp]	⑱ (값이) 싼, 염가의; 싸구려의, 가치 없는 ⑮ 싸게, 염가로

기출단어로 기출문장을 완성해보세요.

1. Some ________ artists share this feeling.
   몇몇의 현대 작가들은 이 기분을 공유한다.

2. In neutral context, a more valid survey can be ________ed.
   중립적인 맥락에서, 더 유효한 조사가 실시될 수 있다.

3. In a ________ society, things that can be brought by wealth.
   상업적 사회에서는 많은 것들을 돈으로 살 수 있다.

4. ________ gas price has encouraged much more car-reliant and spread-out urban areas.
   싼 기름 값은 훨씬 더 차에 의존하게 하고 도시지역을 널리 퍼지게 만들었다.

5. Market researchers often ________ that the elderly think of themselves as being much younger than they actually are.
   시장 연구자들은, 나이든 사람들은 자신이 실제보다 훨씬 더 젊다고 생각한다고 종종 말한다.

6. European grade 'good' ________s to 20 of the American system.
   유럽에서 '좋음'의 등급은 미국에서의 20과 일치한다.

7. ________, surveys should be conducted when the organization is not in the news.
   결론적으로, 설문조사는 기관이 뉴스에 나오지 않을 때 이루어져야 한다.

8. They would have value to people who would ________ them into salads or soups.
   그것들은 썰어서 샐러드나 스프를 만들 사람에게는 가치가 있을 것이다.

9. We ________ them by adding knowledge to the experience.
   우리는 경험에 지식을 더하는 것으로 그것들을 이해한다.

10. So Simmons became ________d that this was what drove the evolution of the neck.
    그래서 시몬스는 이것이 목의 진화를 만든 것이라고 확신하게 되었다.

11. This could be a dog's ________y toy.
    이것은 강아지의 씹는 장난감이 될 수 있다.

cast [kæst]	[동] (cast-cast) (빛, 그림자, 주사위, 표, 그물 등을) 던지다; 배역하다; 주조하다 [명] 깁스; (집합적) 배역
cancer [kǽnsər]	[명] (병리) 암(癌); (사회 따위의) 암; 해악, 악폐 [동] (암과 같이) 벌레 먹다, 좀먹다 [형] 암에 걸린
bubble [bʌ́bəl]	[명] 거품, 기포; 비눗방울; 물거품 같은 계획 [동] 거품이 일다; 끓다; 부글부글 소리를 내다 bubble over (어떤 감정이) 가득하다, 부글부글 넘치다
brief [briːf]	[형] 짧은, 간단한 briefly [부] 간단히
breathe [briːð]	[동] 숨 쉬다, 호흡하다; 숨을 돌리다, 휴식하다 breath [명] 숨, 호흡; 생기, 활기; (일)순간 breathtaking [형] 깜짝 놀랄 만한; 아슬아슬한
bound [baund]	[형] 꼭 …할; …행의 [동] 뛰어오르다 [명] (~s) 한계 boundary [명] 경계(선), 한계 be bound for …행이다 be bound to 반드시 …하다
bother [bɑ́ðər]	[동] 귀찮게 하다; (부정문) 애쓰다
border [bɔ́ːrdər]	[명] 국경(선), 경계(선) [동] 인접[접경]하다 borderline [형] 경계선상의 [명] 경계선, 국경선
blow [blou]	[동] (blew-blown) (바람이) 불다; (바람에) 흩날리다; 펄럭이다; (경적 따위를) 울리다 [명] 한 줄기 바람; 강풍 blowing [명] 분출하는 소리
battle [bǽtl]	[명] 전투, 다툼 [동] 싸우다, 분투하다 battlefield [명] 전쟁터

기출단어로 기출문장을 완성해보세요.

1. This hole helps the kite fly fast when the wind is ______ing hard.
   이 구멍은 바람이 세게 불 때 연이 빨리 날도록 도와준다.

2. Our parents ______ long shadows over our lives.
   우리의 부모님은 우리의 삶에 긴 그림자를 드리운다.

3. Researchers have found a treatment for ______ using wild mushrooms.
   연구진이 야생 버섯을 이용한 암 치료제를 찾아냈다.

4. Will they have air to ______ and food to eat?
   그들은 숨 쉴 공기와 먹을 음식이 있을까?

5. You might think you're removing all the pesticide on the fruit when you wash it, but some chemicals are ______ to remain on the surface of the peel.
   당신은 당신이 과일을 씻을 때, 과일 표면의 모든 살충제들을 제거하고 있다고 생각할지 모르지만, 약간의 화학물질들은 반드시 껍질의 표면 위에 남게 된다.

6. He introduced field hospitals, ambulance service, and first-aid treatment to the ______ field.
   그는 야전 병원, 구급차 서비스, 그리고 응급처치를 전장에 도입했다.

7. I'm sorry to ______ you so often.
   당신을 너무 자주 귀찮게 해서 미안해요.

8. They go secretly over the ______ to bring back priceless information to help the world to come.
   그들은 다음 세계를 도울 귀중한 정보를 가져오기 위해 비밀스레 국경을 넘는다.

9. I cried at her, my irritation already ______ing over.
   나는 그녀에게 소리쳤고 나의 짜증은 벌써 부글부글하고 있었다.

10. I opened my show at 11:05 with a ______ introduction about his background.
    나는 그의 배경에 대한 간단한 설명과 함께 나의 쇼를 11시 5분에 시작했다.

band [bænd]	명 떼; (동물, 가축의) 무리; 음악대, 악단, 밴드 동 (나라, 무리 등을) 결합시키다, 단결시키다
backward [bǽkwərd]	부 뒤쪽에[으로], 뒤를 향해; 거꾸로; (이전으로) 거슬러 올라가서 형 뒤쪽(으로)의, 뒤를 향한; 뒤진
award [əwɔ́ːrd]	동 (상 등을) 주다, 수여하다 명 상, 상금
automatically [ɔ̀ːtəmǽtikəli]	부 자동으로 automatic 형 자동의, 자동(방식)인 automation 명 자동화
attempt [ətémpt]	동 시도[기도]하다 명 시도, 기도, 노력 attempted 형 시도한, 미수의
atmosphere [ǽtməsfìər]	명 (지구, 천체를 둘러싼) 대기, 공기; 분위기
assembly [əsémbli]	명 집회; 조립 (부품) assemble 동 모으다; 조립하다; 모이다
ashamed [əʃéimd]	형 (…을) 부끄러워하여 be ashamed of …를 부끄러워하다
artifact [ɑ́ːrtəfæ̀kt]	명 인공물(人工物), 가공품; (고고) 공예품; 값싼 대량 생산품
arrow [ǽrou]	명 화살
arise [əráiz]	동 (arose-arisen) (문제, 사건 등이) 일어나다, 생겨나다; (잠자리 따위에서) 일어나다 arouse 동 (잠에서) 깨우다; (불러)일으키다

기출단어로 기출문장을 완성해보세요.

1. Now the reader could easily move ________ in the text .
   이제 독자는 쉽게 글(읽는 내용)에서 뒤로 갈 수 있게 되었다.

2. He won the Livingstone ______ in 2003.
   그는 2003년에 리빙스톤 상을 탔다.

3. That person will ____________ start to elaborate.
   그 사람은 자동적으로 상세한 설명을 시작할 것이다.

4. Natural objects do not come with labels, but these days, most physical ______s do.
   자연의 사물들에 꼬리표가 딸려오지는 않지만 요즘 대부분의 물리적인 인공물들에는 꼬리표가 딸려온다.

5. I felt ________ for not having visited him for the last five years.
   난 지난 5년 동안 그를 만나러 가지 않은 것이 부끄러웠다.

6. Make sure you buy two of the _____'s T-shirts before they sell out.
   그 악단의 티셔츠가 다 팔리기 전에 두 개를 사둬.

7. Questions have ______n from victims and their families about who is responsible for these avoidable accidents.
   이 피할 수 있는 사고의 책임이 누구에게 있느냐에 대하여 희생자들과 그 가족으로부터 의문이 생겨나고 있다.

8. This can also create an ____________ where children are better supervised.
   이것은 또한 아이들이 더 잘 지도받을 수 있는 분위기를 만든다.

9. All of us are similar bio-mechanical units that rolled off the same _______ line.
   우리 모두는 똑같은 조립공정에서 나온 비슷한 생화학적 단위다.

10. Everything depended on my final ______.
    모든 것은 나의 마지막 화살에 달려 있었다.

11. They repeatedly ________ed to make it clear to their public.
    그들은 반복적으로 그것을 대중에게 명확하게 하려고 시도했다.

argument [ɑ́ːrgjəmənt]	명 말다툼, 논쟁, 주장 argue 동 말다툼[논쟁]하다; 주장하다
appropriate [əpróupriit]	형 적당[타당]한 동 [əpróuprièit] 도용하다, 책정하다 appropriately 부 적절하게
apologize [əpɑ́lədʒàiz]	동 사과[사죄; 변명]하다 apology 명 사과, 사죄
angle [ǽŋgl]	명 각, 각도; 모퉁이; (사물을 보는) 각도, 관점 동 …을 어떤 각도로 움직이다[굽히다]
alternative [ɔːltə́ːrnətiv]	명형 대안(代案)(의); 양자택일(의) alter 동 변하다; 바꾸다 alternate 동 교체하다; 번갈아 하다 형 교대의; 하나 거른
alive [əláiv]	형 살아 있는, 생존해 있는(↔ dead) come alive 활기를 띠다; 신이 나다
aim [əim]	동 겨냥하다; 목표삼다; …할 작정이다 명 목적, 의도, 의향 aim at …를 지향하다
aggressive [əgrésiv]	형 공격적인, 침략적인; 적극적인, 진취적인 aggressively 부 공격적으로, 진취적으로
adopt [ədɑ́pt]	동 채용(채택)하다; 양자로 삼다 adoption 명 채택; 입양, 양자 결연
acquire [əkwáiər]	동 획득하다, 입수하다 acquisition 명 획득(물), 취득(물)
workload [wə́ːrklòd]	명 (사람, 기계가 일정 시간에 처리하는) 작업량

기출단어로 기출문장을 완성해보세요.

1. Nonviolence is the ______________ method.
   비폭력이 타당한 방법이다.

2. You don't have to ______________.
   사과할 필요 없어요.

3. When a society ______s a new food without the food culture surrounding it, people get sick.
   사회가 문화를 배제한 채 새로운 음식만을 채택하면 사람들은 그것에 질린다.

4. I'm the youngest child and thus less ______________ than my older brothers and sisters.
   나는 막내이고 그렇기 때문에 나의 형제자매들보다 덜 공격적이다.

5. I know a beautiful barn where the corners are not at right ________s.
   나는 모퉁이가 직각이 아닌 아름다운 헛간을 하나 알고 있다.

6. In contrast, students did not find its ______________ use.
   대조적으로 학생들은 그것의 대안적 용도를 발견하지 못했다.

7. His ______________ is not persuasive.
   그의 논지는 그다지 설득력 있지 않다.

8. As for women, '________ and time' is preferred to 'sustainability' in their job seeking.
   여성에게는 '작업량과 시간'이 '지속성'보다 구직에서 더 중요한 조건이다.

9. One has deliberately ________d a group of similar things.
   그 사람은 신중히 비슷한 여러 개의 것들을 취득했다.

10. In sum, classical music and jazz both _____ to provide a depth of expression.
    종합적으로 클래식과 재즈 음악 둘 다 표현의 깊이를 제공하는 것을 목표로 한다.

11. Now, life will come _______ again, providing the enjoyment and satisfaction it was meant to.
    이제, 인생은 그것이 원래 주어야 할 기쁨과 만족을 제공하며 다시 살아 움직일 것이다.

workforce [wə́ːrkfɔ̀ːrs]	명 전 직원들, 노동 인구
wire [waiər]	명 철사, 선; 전신(선) 동 철사를 달다; 전보를[전신을] 치다 wireless 형 무선의, 무선 전신의 명 무선 통신 동 무선으로 알리다
wipe [waip]	동 닦(아내)다; 파괴[일소]하다 wiper 명 닦는 사람; 닦는 것(타월, 스펀지 등)
wet [wet]	형 젖은, 비가 내리는 동 (wetted-wetted) 적시다 명 습기, 누기
well-known [wélnóun]	형 유명한; 잘 알려진; 친한
wallpaper [wɔ́ːlpèipər]	명 벽지 wallpaperization 명 (지폐 등의 가치 하락으로) 휴지화하기
visual [víʒuəl]	형 시각[시력]의; 눈에 보이는 visually 부 시각적으로, 눈에 보이게
violence [váiələns]	명 폭력 violent 형 폭력적인 nonviolence 명 비폭력(주의), 평화적 수단(에 의한 저항)
versus [və́ːrsəs]	전 …와 대비[비교]하여
vend [vend]	동 팔다 vending machine 명 자동판매기

기출단어로 기출문장을 완성해보세요.

1. There was a relevance to __________ and war.
   폭력과 전쟁 사이에는 연관성이 있다.

2. Well, the __________ and the curtains are quite out of date.
   글쎄요, 벽지와 커튼은 꽤 유행이 지났네요.

3. Some of their artificial mothers were made of cold, hard ______.
   가짜 어미의 일부는 차갑고 딱딱한 철사로 만들어졌다.

4. That's right — a _____ing machine from which you can get prescription drugs!
   그렇다. 처방전 약을 구할 수 있는 자동판매기이다.

5. This will enhance subtle information about light ________ dark differences.
   이것은 명대 암의 차이에 대한 미묘한 정보를 강화할 것이다.

6. The demand for the required _________ is expected to grow.
   필요한 노동력의 수요가 증가할 것으로 예상된다.

7. The problems related with _____ ink could now be avoided.
   젖은 잉크와 관련된 문제들은 이제 피할 수 있다.

8. Erik Erikson, ________ for his psycho-social development theory, says that the first issue an infant faces right after birth is trust.
   심리 사회학적 발달 이론으로 잘 알려진 에릭 에릭슨은 아기가 출생 직후 처음 직면하는 문제는 믿음이라고 말한다.

9. They should have _____d it up before they left.
   그들은 떠나기 전에 그것을 닦아내었어야 했다.

10. But at the same time it is to make it a ________ly coherent.
    그러나 동시에 그것은 시각적으로 통일성 있게 만들려는 것이다.

vehicle
[víːikəl]
명 탈것, 차량; 매개(물), 매(개)체(= medium)

valid
[vǽlid]
형 유효한, 타당한(↔ invalid)
validity 명 타당성

upper
[ʌ́pər]
형 더 위의, 상위의
명 높은 쪽에 있는 것; 상류 사회[계급]의 사람
uppermost 형 최고[최상]의

unwanted
[ʌ̀nwɑ́ntid]
형 원치 않는; 요구되지 않은, 불필요한; 쓸모없는

unlock
[ʌ̀nlɑ́k]
동 자물쇠를 열다
unlocked 형 자물쇠가 잠기지 않은

unfair
[ʌ̀nfɛ́ər]
형 불공평한, 부당한

unexpected
[ʌ̀nikspéktid]
형 예기치 않은

unchanged
[ʌ̀ntʃéindʒd]
형 변하지 않은, 불변의, 본래 그대로의

typical
[típikəl]
형 전형적인

tune
[tjuːn]
명 가락, 곡(曲), 선율(= melody); 조화
동 조율하다; 조화시키다[하다];
(방송 주파수를) 맞추다

treasure
[tréʒər]
명 보물, 보배
동 비축해 두다, 소중히 하다
treasury 명 국고, 보고

기출단어로 기출문장을 완성해보세요.

1. Your friend's judgment is simply ______.
당신 친구의 평가가 그저 불공정한 것일 수도 있다.

2. There will be less money available for an ______ situation.
예기치 않은 상황에서는 사용 가능한 돈이 더 적을 수도 있다.

3. So stay ______d.
그럼 채널을 고정해주세요.

4. He brought us a rich ______ of music.
그는 풍부한 음악의 보물을 우리에게 가져다주었다.

5. Greek alphabetic writing was a ______ of poetry and humor, to be read in private homes.
그리스의 문자는 가정에서 읽혀질 시와 유머의 매체였다.

6. Time itself remains ______.
시간 그 자체는 변히지 않은 채로 있다.

7. North American parents ______ly furnish a room as the infant's sleeping quarters.
북미의 부모들은 전형적으로 방 하나를 아이의 침실로 만든다.

8. Floppy Barrow builds ______ body muscles a lot.
플로피 배로우는 몸의 위쪽 근육을 많이 발달시켜준다.

9. So when you photograph people, remember to get closer to them to exclude ______ objects.
그래서 사람의 사진을 찍을 때, 원치 않는 사물들을 제외시키기 위해 잊지 말고 사람들에게 더 가까이 다가가라.

10. The doll had rings on her fingers and held a tiny key, which ______ed the box.
그 인형은 손가락에 반지들을 끼고 있었고, 상자의 자물쇠를 연 작은 키를 들고 있었다.

11. It may not be ______ to assume that the media make our time distinct from the past.
미디어가 현대를 과거로부터 구별할 수 있게 한다는 주장은 유효하지 않을지도 모른다.

trap [træp]	명 덫, 올가미 동 (trapped-trapped) 가두다, 덫으로 잡다
transmit [trænsmít]	동 보내다, (정보 등을) 전달하다; (빛, 열 등을) 전도하다 transmission 명 전도, 보냄, 전송, 송신
transform [trænsfɔ́:rm]	동 변형[변화]시키다 transformation 명 변형, 변화
tornado [tɔ:rnéidou]	명 토네이도, 폭풍
timekeeping [taimkí:piŋ]	명 시간 기록 timekeeper 명 시간을 기록하는 사람
tempt [tempt]	동 유혹하다, 생각이 나게 하다 tempting 형 유혹하는, 부추기는; 매력적인
target [tá:rgit]	명 과녁, 표적 형 표적[대상]이 되는, 목표의 동 목표로 삼다[정하다]
sweep [swi:p]	동 (swept-swept) 쓸다(= brush), 휩쓸다; 바라보다
swan [swɑn]	명 백조
swallow [swɑ́lou]	동 삼키다; (감정을) 억누르다 명 제비
sustainability [səstèinəbíləti]	명 지속성, 지탱성 sustainable 형 지속 가능한 sustain 동 유지[지속]하다; (손해, 상처를) 입다 (= suffer)
surgeon [sə́:rdʒən]	명 외과 의사 surgery 명 수술

기출단어로 기출문장을 완성해보세요.

1. But the ________ing beautiful view made the hard climb worthwhile.
   그러나 아름다운 경치를 바라보는 것이 그 어려운 등반을 값지게 만들었다.

2. But their ________ was less impressive than their looks.
   그러나 그들의 시간 기록은 외관에 비해 덜 인상적이었다.

3. One day you'll feel ________ed to start using it.
   언젠가 당신은 그것을 사용하기 시작하도록 유혹당할 것이다.

4. A long time ago, a dissatisfied horse asked the gods for a neck like a ________.
   예전에, 불만에 찬 말이 신에게 백조 같은 목을 갖게 해달라고 부탁했다.

5. When I came back, I ________ed hard at what I saw.
   내가 돌아왔을 때, 나는 내가 본 것에 대해 감정을 억누르기 힘들었다.

6. As for men, '________' is the second most favored factor in choosing a job.
   남자에게 있어서 '지속성'은 직업 선택 시 두 번째로 고려되는 요소이다.

7. Light is ________ted from a laser.
   빛이 레이저로부터 방출된다.

8. She begins the long ________ation to butterfly.
   그것은(애벌레는) 나비로의 긴 변형을 시작한다.

9. But there was no ________.
   그러나 그곳에 회오리바람은 없었다.

10. But I slowly aimed at the ________.
    그러나 나는 천천히 표적을 겨냥했다.

11. He joined the Army of the North as a military ________.
    그는 북군에 군대의 외과의사로 참여했다.

12. Don't be caught in the ________.
    덫에 잡히지 마라.

surf [sə:rf]	⑱ (해안 · 바위 등에) 밀려드는 파도 ⑧ 파도타기(놀이)를 하다, 서핑을 하다
superstition [sù:pərstíʃən]	⑱ 미신, 미신적인 행위[관습] superstitious ⑲ 미신적인, 미신을 믿는
sufficient [səfíʃənt]	⑲ 충분한, 족한
substance [sʌ́bstəns]	⑱ 물질, 물체; (사물의) 본질, 실체 substantial ⑲ 실질적인; 상당한, 많은
stuff [stʌf]	⑱ (집합적) 것[물건, 재료, 활동, 생각] ⑧ 채우다, 쑤셔 넣다
struggle [strʌ́gəl]	⑧ 투쟁하다, 분투하다 ⑱ 투쟁, 분투
stripe [straip]	⑱ 줄무늬 striped ⑲ 줄무늬가 있는
steep [sti:p]	⑲ 가파른
stamp [stæmp]	⑧ 짓밟다, 날인하다 ⑱ 우표, 인지
souvenir [sù:vəníər]	⑱ 기념품
solid [sɑ́lid]	⑲ 고체의, 단단한 ⑱ 고체 solidness ⑱ 고체, 단단함 solidify ⑧ 응고하다, 응고시키다

기출단어로 기출문장을 완성해보세요.

1. Many ________s such as rich versus poor are fought under deeply held beliefs.
   가진 자와 빈곤한 자의 대립과 같은 많은 투쟁들이 강한 믿음 아래서 일어난다.

2. One has flowers and the other has ______s.
   한 개는 꽃무늬가 있고 다른 한 개는 줄무늬가 있다.

3. This is a nice ________ shop.
   이것은 멋진 기념품 가게다.

4. They are soaked in water, which removes all the soluble ______s in the beans.
   그것들은 콩 속의 용해 가능한 고체들을 다 없애는 물에 담가진다.

5. Any bump or line will be ____________ to depict a feature.
   어느 혹이나 선도 특징을 묘사하는 데에는 충분할 것이다.

6. Nowadays, many young people seem to prefer ______ing the Internet to reading books.
   요즈음, 많은 젊은이들이 책읽기보다 인터넷 서핑을 선호하는 것 같다.

7. The mountain is _____est at the summit.
   산은 정상부에서 가장 가파르다.

8. Words had to be written on the same side as the picture, leaving the back for an address and a ________.
   글자는 그림과 같은 쪽에 쓰여야 했으며 뒷부분은 주소와 도장을 위해 남겨져야 했다.

9. A mysterious black ____________ was discovered among its roots.
   신비로운 검은 물질이 그것의 뿌리 사이에서 발견되었다.

10. There is also the possibility of damage your ______.
    또한 당신의 물건을 상하게 할 가능성이 있다.

11. According to ancient ________________, moles reveal a person's character.
    고대의 미신에 의하면 사마귀는 사람의 성격을 드러낸다.

solar [sóulər]	형 태양의 solar-powered 형 태양열의
soak [souk]	동 담그다, 적시다; 빨아들이다, 흡수하다
slide [slaid]	동 (slid–slid) 미끄러지다; 미끄러지게 하다 명 미끄러짐, 사태
sincere [sinsíər]	형 진실한, 진심의(= genuine) sincerity 명 진실, 진심 sincerely 부 진심으로(= truly)
countless [káuntlis]	형 셀 수 없는, 셀 수 없을 정도로 많은, 무수한 count 동 세다, 계산하다; 중요하다; 의존하다 counter 명 계산대, 판매대 discount 명 할인 동 할인(하여 판매)하다
priceless [práislis]	형 매우 값비싼, 대단히 귀중한 price 명 값[가격], 대가
recommend [rèkəménd]	동 추천하다, 조언[권고]하다 recommendation 명 추천, 조언

기출단어로 기출문장을 완성해보세요.

1. Corn in Latin America is traditionally ground or ______ with limestone.

   중남미에서는 전통적으로 옥수수를 석회암으로 빻거나 석회암이 스며들게 한다.

2. If your determination is ______, then you will be able to put that emotion and memory aside and find peace of mind.

   당신의 결정이 진실되다면 당신은 감정과 기억을 밀어내고 마음의 안정을 찾을 수 있을 것이다.

3. In the Metro, you have to open the doors yourself by ______ing them.

   지하철에서 당신은 그것들을 미끄러트려서 스스로 문을 열어야 한다.

4. We shall solve our dependence on fossil fuels by developing new technologies for ______ energy.

   우리는 태양 에너지에 대한 신기술을 개발하여 화석 연료에 대한 우리의 의존을 해결할 것이다.

5. It is not ______ed to keep coffee in the refrigerator because the environment in a refrigerator is too humid.

   냉장고 안의 환경은 습기가 지나치게 많기 때문에 커피를 냉장고에 보관하는 것은 권해지지 않는다.

6. They are our advance scouts, going secretly over the border to bring back ______ information to help the world to come.

   그들은 다가오는 세상을 돕기 위한 매우 귀중한 정보를 가져오기 위해 비밀스럽게 경계를 넘나드는 우리의 선발대인 것이다.

7. Dozens of wildflowers of ______ varieties cover the ground to both sides of the path.

   무수한 품종의 많은 야생화들이 길 양쪽을 덮고 있다.

specialize [spéʃəlàiz]	[동] 특수화[전문화]하다, 전공하다 specialist [명] 전문가, 전공자 specialty [명] 전문, 전공 specially [부] 특별히, 특히 special-interest [형] 특정한 관심사의
arm [ɑːrm]	[명] 팔 [동] 무장시키다 arms [명] 무기 army [명] 군대; 육군
congratulate [kəngrǽtʃəlèit]	[동] 축하하다, 축하의 말을 하다 congratulation [명] 축하, 경축
cross [krɔːs]	[동] 건너다, 횡단하다 [명] X표; 십자가 crosser [명] (몇 개의 영역을) 넘나드는 사람 cross-referencing [명] (한 책 안의) 앞 뒤 참조 crosswalk [명] 횡단보도
energy [énərdʒi]	[명] 힘, 에너지 energetic [형] 정력적인, 활기에 찬 energy-saving [형] 에너지를 절약하는
examine [igzǽmin]	[동] 조사하다; 시험하다 examination [명] 시험, 조사, 검사
eye [ai]	[명] 눈, 시력, 시각 eyebrow [명] 눈썹 eyesight [명] 시각, 시력 eye-catching [형] 남의 눈을 끄는 eye-like [형] 눈 같은, 눈처럼 보이는
fishing [fíʃiŋ]	[명] 낚시질; 어업 fisherman [명] 어부, 낚시꾼
found [faund]	[동] 설립하다; …에 기초를 두다 foundation [명] 기초; 설립

기출단어로 기출문장을 완성해보세요.

1. After the fall of Napoleon, Larrey' medical reputation saved him, and he was named a member of the Academy of Medicine at its ________ing in 1820.
   나폴레옹의 몰락 후에, 래리의 의학적 명성은 그를 구해주었으며, 그는 1820년 의학 협회 설립시 회원으로 임명되었다.

2. If we can't go ________ or to the elephant show, then what can we do? It's already eleven thirty now.
   낚시도 못 가고 코끼리 쇼도 못 본다면 그러면 뭘 할 수 있지? 벌써 11시 30분인데.

3. No, why don't you do them on different colors? It'll be more ________ that way.
   아니, 그것들을 다른 색깔로 (복사)하는 게 어때? 그렇게 하면 사람들의 눈을 더 많이 끌 거야.

4. Let us call these people boundary ________s.
   이런 사람들을 영역을 넘나드는 사람들이라고 합시다.

5. Before you do this, you'll surely be asked about your medical history and given a short physical ________.
   당신은 이것(헌혈)을 하기 전에, 확실히 당신의 병력에 대해 질문을 받을 것이며 간단한 신체검사도 받게 될 것이다.

6. It can make us feel happy or sad, helpless or ________etic.
   그것(음악)은 우리를 기쁘거나 슬프게, 무기력하거나 활기차게 만들 수 있다.

7. ________ions! Finally, you beat your competitors.
   축하해! 결국 네가 네 경쟁자들을 물리쳤구나.

8. It was so large that a grown man could not put his ________s around it.
   그것(나무)은 너무 커서 성인도 그것의 둘레를 팔로 두를 수 없었다.

9. The time for ________d study is in university and graduate school, not earlier.
   전문화된 공부를 할 시기는 대학과 대학원 재학 기간이지 그 이전이 아니다.

gloomy [glúːmi]	ⓗ 우울한; 어두운
graduate [grǽdʒuèit]	ⓓ 졸업하다 ⓜ 졸업생 graduation ⓜ 졸업, 졸업식
honest [ɑ́nist]	ⓗ 정직한 honesty ⓜ 정직
housing [háuziŋ]	ⓜ 주택; 주택 공급 house-building ⓗ 주택 건설의
hungry [hʌ́ŋgri]	ⓗ 배고픈 hunger ⓜ 굶주림, 배고픔
making [méikiŋ]	ⓜ 만들기, 생산 makeup ⓜ 화장; 구성
marketer [mɑ́ːrkitər]	ⓜ 장 보러 가는 사람; 마케팅 담당자; 시장 상인 marketing ⓜ 마케팅; 매매 marketplace ⓜ 시장, 장터
matter [mǽtər]	ⓜ 문제; 물질 ⓓ 중요하다; 문제되다
multi [mʌ́lti]	ⓗ 하나 이상인, 다채로운 multi-cultural ⓗ 다(多)문화의 multi-lives ⓜ 다채로운 삶, 다중의 삶 multi-media ⓗ 여러 전달 매체를 사용하는 ⓜ 다중 매체를 사용한 커뮤니케이션 multiracial ⓗ 다(多)민족의 multitask ⓓ 한꺼번에 여러 일을 처리하다 multi-tasking ⓜ 다중 처리

기출단어로 기출문장을 완성해보세요.

1. The first time was a good, ________ performance that pleased the audience.
   첫 번째는 청중들을 만족시키는 훌륭하고 정직한 공연이었다.

2. Environmental scientists chose two Chicago public ________ projects, both of which had some buildings with lots of trees nearby, and some with practically none.
   환경 과학자들은 두 곳의 시카고 공공 주택 단지를 선택했는데, 두 곳 모두 근처에 많은 나무를 가진 건물들과 사실상 나무가 전혀 없는 건물들을 가지고 있었다.

3. Fiber also helps to lessen calorie intake, because people don't feel ________ even though they eat less.
   섬유소는 또한 칼로리 섭취량을 줄이는데도 도움을 주는데, 왜냐하면 사람들이 적게 먹어도 배고프다고 느끼지 않기 때문이다.

4. But she would never think of covering them up with cream or ________.
   하지만 그녀는 결코 크림이나 화장으로 그것들을 감추려고 하지 않는다.

5. Today, suppliers of roses include large supermarket chains, wholesalers who sell directly at many locations, and direct telephone ________s.
   오늘날 장미 공급자들은 대형 슈퍼마켓 체인점, 많은 지역에서 직접 꽃을 파는 도매업자, 그리고 전화로 직접 매매하는 사람들을 포함한다.

6. Once there is a threat to its supply, however, water can quickly become the only thing that ________s.
   그러나 일단 공급에 위협이 있게 되면, 물은 곧바로 문제되는 유일한 것일 수 있다.

7. They live ________ because that is more interesting and, nowadays, more effective.
   그들은 다중의 삶을 사는데, 그 이유는 그것이 보다 흥미롭고 오늘날, 보다 효율적이기 때문이다.

8. ________ and miserable
   우울하고 슬프다(글의 분위기 묘사)

9. The ________ ceremony will be held next Friday.
   졸업식은 다음 주 금요일에 열릴 것입니다.

parent [pɛ́ərənt]	ⓜ 부모 중 한 명 parents ⓜ 부모 parental ⓗ 부모의
pen [pen]	ⓓ (글 등을) 쓰다; 우리에 가두다 ⓜ 펜촉, 펜
penny [péni]	ⓜ 1페니; 잔돈 penniless ⓗ 무일푼의; 아주 가난한
perfect [pə́ːrfikt]	ⓗ 완벽한 perfectly ⓑ 완벽하게 perfection ⓜ 완벽; 완성
print [print]	ⓓ 인쇄하다; 프린트하다 ⓜ 활자, 출판 print-oriented ⓗ 인쇄 지향적인
rock [rɑk]	ⓜ 암석; 록음악 ⓓ 흔들다 rock-climbing ⓜ 암벽 등반
secondary [sékəndèri]	ⓗ 이차적인; 중등 교육의 second-hand ⓗ 중고의; 간접적인
speech [spiːtʃ]	ⓜ 말; 이야기; 연설 speechless ⓗ 말문이 막힌, 아연한
spite [spait]	ⓜ 악의, 심술 ⓓ 괴롭히다 in spite of …에도 불구하고
straight [streit]	ⓗ 곧은, 똑바른 ⓑ 곧장 straightforward ⓗ 똑바른; 간단한

기출단어로 기출문장을 완성해보세요.

1. Technical aspects of the work, such as dirt removal, are quite ______________.
   먼지 제거와 같은 작업의 기술적인 면은 아주 간단하다.

2. In ________ of their problems, traditional classrooms hold many advantages over online classes.
   문제점들이 있음에도 불구하고 전통적인 교실들은 온라인 교실보다 몇 가지 장점들이 있다.

3. When the little boy was finished, his father sat ________.
   어린 소년의 말이 끝났을 때 그의 아버지는 말문이 막힌 채 앉아 있었다.

4. I won't buy ____________ items again.
   나는 다시는 중고 물품을 사지 않을 거야.

5. But the second part is more difficult because it involves some ____________.
   하지만 두 번째 구간부터는 암벽타기가 있기 때문에 더 어려워.

6. Indeed, ________________ novelists seem doomed to disappear, as electronic media and computer games are becoming more influential.
   사실, 전자 매체와 컴퓨터 게임이 더 영향력을 갖게 됨에 따라, 인쇄 지향적인 소설가들은 사라질 운명에 처한 것처럼 보인다.

7. It looks as though he ________ly understood how to walk.
   그는 걷기를 완벽하게 터득한 것처럼 보인다.

8. I became ________ and finally stopped painting.
   나는 빈털터리가 되었고 마침내 그림 그리기를 중단했다.

9. Picking up a ________ slows you down long enough to remember the beautiful people in your life.
   펜을 잡으면 당신 삶 속의 아름다운 사람들을 기억할 만큼 당신은 충분히 느긋해질 것이다.

10. We feel an almost ________ pride on this day.
    우리는 오늘 거의 부모의 자부심과 같은 느낌을 받고 있단다.

sweet
[swiːt]

㉧ 단 ㉢ 단 것
sweety ㉢ 사탕과자
sweetheart ㉢ 애인
sweet-smelling ㉧ 달콤한 향기가 나는

symbol
[símbəl]

㉢ 상징
symbolic ㉧ 상징하는, 상징적인
symbolize ㉣ 상징하다

team
[tiːm]

㉢ 팀, 조(組)
teammate ㉢ 같은 팀의 사람

terrify
[térəfài]

㉣ 무서워하게 하다; 깜짝 놀라게 하다
terrified ㉧ 무서워하는, 겁먹은
terrific ㉧ 굉장한; 훌륭한

thereafter
[ðɛəræ̀ftər]

㉥ 그 후에
therefore ㉥ 그런 까닭에, 따라서

thirsty
[θə́ːrsti]

㉧ 목이 마른; 갈망하는
thirst ㉢ 목마름, 갈증

warm
[wɔːrm]

㉧ 따뜻한, 열렬한
㉣ 따뜻하게 하다
warmth ㉢ 따뜻함, 온기

warn
[wɔːrn]

㉣ 경고하다, 주의를 주다
warning ㉢ 경고, 주의

whole
[houl]

㉧ 전체의, 모든
wholesale ㉢ 도매 ㉧ 도매의
wholesaler ㉢ 도매업자

wine
[wain]

㉢ 포도주, 와인
winery ㉢ 포도주 양조장

기출단어로 기출문장을 완성해보세요.

1. There is healing power in flowers and in trees, fresh air, and __________ soil.

   꽃과 나무들, 신선한 공기 그리고 달콤한 향기가 나는 토양은 치유 능력이 있다.

2. During the ______ of a day in the winter, the clouds hung low in the sky.

   어느 겨울 날 하루 종일 구름이 하늘에 낮게 드리워져 있었다.

3. Between the two ______ glasses was a small empty box.

   두 개의 와인 잔 사이에는 작은 빈 상자가 있었다.

4. In waters ______er than 73°F, you can forget about finding one.

   화씨 73도보다 더 따뜻한 물속에서, 당신은 그것을 찾아볼 수 없을 것이다.

5. He eventually became principal surgeon of the French Army and __________ followed Napoleon Bonaparte in almost all his campaigns in Egypt, Italy, Russia, and finally at Waterloo.

   그는 결국 프랑스군의 수석군의관이 되었고 그 후에 이집트, 이탈리아, 러시아, 그리고 마지막으로 워털루 등 나폴레옹 보나파르트의 모든 출정에서 그를 수행했다.

6. Doctors ______ about the increasing number of overweight children.

   의사들은 비만 아동들의 수가 증가하는 것에 대해 경고한다.

7. That sounds ______. I really love wildflowers.

   그거 굉장하겠는걸. 난 정말 야생화가 좋거든.

8. While satisfying my ______, I thought about the many travelers who must have come to the same well and drunk from the same gourd.

   갈증을 해소하면서, 나는 틀림없이 바로 그 우물에서 바로 그 조롱박으로 물을 마셨을 많은 여행객들에 대해서 생각했다.

9. What is considered a status ______ will differ among countries.

   신분의 상징으로 간주되는 것은 나라마다 다를 것이다.

10. Then I heard my __________s shouting, "You did it!"

    그때 나는 내 팀 동료들이 "네가 해냈어!" 하고 외치는 것을 들었다.

part 3

저렙과 고렙을 가르는 핵심 영단어

Put off for one day and ten days will pass.

하루를 미루면 열흘이 간다.

simulate
[símjəlèit]

㊀ 흉내 내다; 가장하다; 모의실험[훈련]을 하다
simulation ㊔ 가장; 시뮬레이션, 모의실험

silly
[síli]

㊔ 어리석은, 지각없는
㊔ 바보, 멍청이

sight
[sait]

㊔ 시각, 봄
㊀ 발견하다
catch sight of …을 찾아내다

shopkeeper
[ʃápkìːpər]

㊔ 가게 주인, 소매상인
shopkeeping ㊔ 소매업
shopper ㊔ 쇼핑객

shock
[ʃak]

㊔ 충격, 쇼크
㊀ 충격을 주다
shocking ㊔ 충격적인, 소름 끼치는
be shocked to …에 충격을 받다, 놀라다

shield
[ʃiːld]

㊔ 방패
㊀ 보호하다

shelter
[ʃéltər]

㊔ 주거, 피난처, 대피소
㊀ 피난처를 제공하다, 대피하다

seed
[siːd]

㊔ 씨, 열매, 종자
㊀ 씨를 뿌리다

scholar
[skálər]

㊔ 학자
scholarly ㊔ 학자적인, 학문적인
scholarship ㊔ 장학금

scale
[skeil]

㊔ 저울, 천칭; 규모, 정도; 비늘; 자, 척도
㊀ (산 따위에) 올라가다; 사다리로 오르다

sash
[sæʃ]

㊔ 장식 띠; 창틀, 새시, 유리창
㊀ 창틀을 달다

기출단어로 기출문장을 완성해보세요.

1. In America a numerical system based on a ______ of 1 to 70 has been introduced.
   미국에서는 1에서부터 70까지의 척도를 기반으로 한 숫자 시스템이 소개되었다.

2. I was ______ed to find out that it could imply something negative.
   나는 그것이 무언가 부정적인 것을 내포할 수 있다는 것을 알고 충격받았다.

3. One particular Korean kite is the rectangular ______ kite.
   한국 연 중의 특별한 하나는 네모난 방패연이다.

4. They are made to ______ the behavior of a human body in a motor-vehicle crash.
   그들은 자동차 충돌사고에서 인체의 반응을 모의실험하도록 제작됩니다.

5. I would get incredibly mad about something, usually something ______.
   나는 대개 이리석은 것에 대해 엄청나게 화가 나곤 했었다.

6. Mr. Gonzales has helped people find a ______ for their spirits.
   곤잘레스 씨는 사람들이 그들의 정신을 위한 피난처를 찾는 것을 도와주었다.

7. They see the ______s of the future.
   그들은 미래의 씨앗을 본다.

8. An eighteenth-century ______ said, “Water, which is essential for life, costs nothing.”
   18세기의 어떤 학자는 “물은, 생명에 있어서 필수적인 것이지만, 아무 비용이 들지 않는다.” 라고 말했다.

9. Silk ______es are attached to the ear flaps.
   비단 장식 띠는 귀 덮개에 부착된다.

10. Colonists necessarily observed that yesterday’s ‘savage’ might be today’s ______.
    이주민들은 지난날의 ‘야만인’이 오늘날의 가게 주인일 수도 있다는 것을 필연적으로 알아차렸다.

11. I caught ______ of Willie Mays.
    나는 윌리 메이스를 찾아냈다.

ropewalk
[róupwɔ̀:k]

명 밧줄을 만드는 공장
rope 명 밧줄, 로프
ropemake 동 밧줄을 만들다
ropemaker 명 밧줄을 만드는 사람

root
[ru:t]

명 뿌리, 근원
동 뿌리박게 하다

ridiculous
[ridíkjələs]

형 우스꽝스러운, 어리석은
ridicule 명 비웃음, 조롱
동 비웃다, 조롱하다

rhyme
[raim]

명 (시의) 운, 각운
nursery rhyme 자장가

revolution
[rèvəlú:ʃən]

명 혁명, 대변혁; 회전, 공전
revolutionize 동 혁명을 일으키다
revolutionary 형 혁명의, 혁명적인

revise
[riváiz]

동 수정하다, 개정하다
revision 명 수정, 개정

restrict
[ristríkt]

동 제한하다, 한정하다
restriction 명 제한, 한정

restore
[ristɔ́:r]

동 회복하다, 복구하다
restorer 명 (건물, 예술 작품, 가구 등의) 복원 전문가
restoration 명 복원, 복구; 부활; 회복

react
[ri:ǽkt]

동 반응하다
reaction 명 반응, 반작용, 반동
reactive 형 반응하는, 반작용이 있는

resist
[rizíst]

동 저항[반항]하다, 반대하다; 견디다
resistance 명 저항, 반항, 반대

1. These can be hard to ________.
   이것들은 저항하기 어려울 수 있다.

2. The old Sumerian cuneiform's vocabulary was ________ed to names, numerals and units of measure.
   고대의 수메리아 쐐기문자는 이름과 숫자와 도량의 척도로 한정되었었다.

3. Painting ________rs are highly trained in their techniques.
   그림 복원자들은 기술에 있어서 강도 높게 훈련받는다.

4. Wimbledon champ Pete Sampras, call the change "simply ________."
   윔블던 챔피언인 피트 샘프라스는 그 변화를 '단지 우스꽝스러울 뿐'이라고 말한다.

5. Records, especially nursery ________s, are just the thing for those periods at the end of the morning or afternoon.
   기록에 따르면, 특히 자장가는, 아침이나 오후의 끝 같은 시기를 위해 좋다.

6. During the ________, in 1792, he joined the Army of the North.
   1792년의 혁명 중에 그는 북군에 입대했다.

7. They were called ________s.
   그들은 새끼공장(밧줄을 만드는 공장)이라고 불려졌다.

8. Doctors should identify ________ causes of disease to come up with a personalized treatment.
   의사들은 개인화된 치료가 이루어질 수 있도록 질병의 근원을 확인해야 한다.

9. The first draft can be made more effective with additional thought and some ________ion.
   당신의 첫 번째 습작은 추가적인 생각들과 약간의 수정을 통해 더 효과적으로 만들어질 수 있다.

10. They will distort the truth to escape from your negative ________ion.
    그들은 당신의 부정적인 반응을 피하기 위해 진실을 왜곡할 것이다.

reputation [rèpjətéiʃən]	명 평판; 명성, 명망 repute 동 (…이라고) 평가[간주]하다
refund [ri:fʌ́nd]	동 환불하다, 반환하다 명 [rí:fʌnd] 반환[금]
refer [rifə́:r]	동 언급하다(= mention); 참조하다, 조회하다 reference 명 언급; 참조(문)
rectangular [rektǽŋgjələr]	형 직사각형의; 직각의
recover [rikʌ́vər]	동 회복하다, 되찾다 recovery 명 회복
recall [rikɔ́:l]	동 기억해 내다; 소환하다; (불량품을) 회수하다 명 [rí:kɔ̀:l] 기억; 복귀 요청; 회수
rainstorm [réinstɔ̀:rm]	명 폭풍우
pursue [pərsú:]	동 추구하다; 추적하다 pursuit 명 추구; 추적
pumpkin [pʌ́mpkin]	명 호박 (식물 및 열매); 호박 줄기[덩굴]
pull [pul]	동 끌다, 당기다 명 끌어당기기
prose [prouz]	명 산문; 산문체

기출단어로 기출문장을 완성해보세요.

1. Americans carve ________s but they never use the stem.
   미국인들은 호박을 파지, 절대 줄기를 사용하진 않는다.

2. So, a designer of door handles might simply mark them 'push' and '________.'
   그러므로 문 손잡이의 디자이너는 단순히 '미시오', '당기시오'의 표시만 할 것이다.

3. After the fall of Napoleon, Larrey's medical ________ saved him.
   나폴레옹의 몰락 후에, 래리의 의학적 명성은 그를 구해주었다.

4. OK. I'll go to the store and ask for a ________.
   알았어, 내가 가게로 가서 환불을 요청할게.

5. We rarely interpret marks on paper as ________ences to the paper itself.
   우리는 종이에 새겨진 마크를 종이 그 자체에 대한 참조라고는 거의 해석하지 않는다.

6. The old Sumerian cuneiform could not be used to write normal ________.
   고대의 수메리아의 쐐기문자는 일반적 산문을 쓰기 위해서는 쓰일 수 없었다.

7. The ________ will be here sooner than you think.
   폭풍우는 당신이 생각하는 것보다 더 빨리 여기 올 것이다.

8. There will be time for revising and polishing any ideas you want to ________ later.
   나중에 여러분이 추구하는 생각을 수정하고 다듬는 시간이 있을 겁니다.

9. But Peter hasn't ________ed fully.
   그러나 피터는 완전히 회복되지 않았다.

10. I ________ being annoyed that my mother wasn't following her.
    나는 내 어머니가 자기를 따르지 않았다고 화냈던 것을 기억한다.

11. I like the ________ one best.
    나는 사각형의 것이 제일 좋아.

propose [prəpóuz]	동 제안하다; 청혼하다 proposal 명 제안, 청혼 proposition 명 명제, 제안
profit [prɑ́fit]	명 이익, 수익 동 이익[득]을 얻다 profitable 형 이익이 되는, 유리한
principle [prínsəpl]	명 원리, 원칙
principal [prínsəpəl]	형 주요한, 으뜸가는 명 교장, 우두머리
prevail [privéil]	동 만연[유행]하다; 이기다, 우세하다 prevalent 형 유행하는, 널리 퍼진 prevalence 명 (the …) 널리 행하여짐, 보급, 유포; 시대풍조, 유행
prescription [priskrípʃən]	명 규정, 법규; 처방(전) prescribe 동 규정하다, 지시하다; (약을) 처방하다
prejudice [prédʒədis]	명 편견, 선입관 동 편견을 품게 하다
precise [prisáis]	형 (치수 등이) 정확한, 정밀한 precision 명 정확(도), 명확 precisely 부 정확히, 정밀하게
precious [préʃəs]	형 귀중한, 소중한; 값비싼
practical [prǽktikəl]	형 실제의, 실용적인 practically 부 사실상(은), 실제로는

1. That's true. I'm not making the ________ I expected.
   맞아요, 난 내가 기대했던 만큼의 이익을 내고 있지 않아요.

2. One of the main ________s I follow when I draw outside is not to draw the objects what others have drawn.
   내가 밖에서 그림을 그릴 때 따르는 원칙 중 하나는 다른 사람이 그렸던 것은 그리지 않는 것이다.

3. Renaissance artists achieved perspective using geometry, which resulted in a ________ representation of the real world.
   르네상스 예술가들은 기하학을 이용한 구도를 얻어내었는데, 그것은 실제 세계의 정확한 표현을 결과로 낳았다.

4. More Koreans now understand the full value of their ________ wild plants.
   지금은 더 많은 한국인들이 그들의 귀중한 야생식물의 진정한 가치를 이해하게 되었다.

5. You don't necessarily need a ________ for this.
   이 약은 반드시 처방전이 필요하지는 않다.

6. He is completely dependent on the ________s of his times.
   그는 완전히 그의 시대의 편견들에 의존하고 있다.

7. He eventually became ________ surgeon of the French Army.
   그는 끝내 프랑스 군의 으뜸가는 외과의사가 되었다.

8. It derives from the ________ belief.
   그것은 만연하는 믿음으로부터 나온다.

9. In ________ situations where there is no room for error, we have learned to avoid vagueness in communication.
   실수의 여지가 없는 실제 상황에서 우리는 대화의 모호함을 피하라고 배워왔다.

10. I ________ that our children focus on areas in which they excel.
    나는 아이들이 자신이 앞서는 분야에 집중해야 한다고 제안한다.

pottery [pátəri]	명 도기 potter 명 도공, 도예가
possess [pəzés]	동 가지다; 소유하다; (마음을) 사로잡다 possession 명 소유, 점유, 소유물
pop [pɑp]	동 뻥하고 소리 나다, 터지다, 튀다 명 발포; 대중음악, 유행가 popping 명 뻥 하는 소리
poisoning [pɔ́izəniŋ]	명 (강 따위에) 독을 풀기[넣는 일], (병리) 중독 poison 명 독 동 독살하다, 중독시키다 poisonous 형 유독한
pharmacy [fɑ́ːrməsi]	명 약국; 조제술[학]; 약학
persuasive [pərswéisiv]	형 설득력 있는 persuade 동 설득하다; 믿게 하다 persuasion 명 설득, 타이르기; 확신
permit [pəːrmít]	동 (permitted-permitted) 허락하다, 용인하다 명 [pə́ːrmit] 면허[허가]증; 면허, 허가 permission 명 허가, 면허(장), 승인
paw [pɔː]	명 (개 · 고양이 등의 갈고리 발톱이 있는) 발
passive [pǽsiv]	형 수동적인, 소극적인
passage [pǽsidʒ]	명 통과; 경과, 진행; (문장의) 한 단락
particle [pɑ́ːrtikl]	명 소량, 미량; 작은 조각; 소립자

1. Yes, my Puppy's got something wrong with his ______.
   예, 내 강아지 발에 무슨 문제가 있나 봐요.

2. You will have avoided being merely a ______ observer.
   당신은 단지 수동적 관찰자에 머무는 것을 피할 것이다.

3. But it can also happen that one's memories grow much sharper even after a long ______ of time.
   그러나 심지어 긴 시간의 경과 이후에 인간의 기억이 훨씬 더 정확해지는 경우도 있다.

4. You mean, over there in the section on ancient ______?
   저쪽 고대 도기 구역을 말하는 겁니까?

5. What has been preserved of their work belongs among the most precious ______ions of mankind.
   그들의 작품 중에서 보전된 것은 인류의 가장 소중한 소유물들에 속한다.

6. I'll be back after stopping by the ______.
   나는 약국에 들렀다 올 거야.

7. One example is the virus—a ______ that can be stored like chemicals in a bottle.
   하나의 예는 병 안의 화학물질처럼 저장될 수 있는 입자인 바이러스이다.

8. The ball curved cleanly into the basket, stiffly ______ping the chain-link net.
   공은 딱딱하게 체인으로 연결된 그물에 튀면서 깨끗하게 농구골대로 휘어들어갔다.

9. I have food ______.
   나 식중독에 걸렸어.

10. Police do issue ______s to qualified hunters.
    경찰은 자격조건이 합당한 사냥꾼들에게만 면허증을 내주고 있다.

11. His argument is not ______.
    그의 주장은 설득력 있지 않다.

overweight [óuvərwèit]	명 초과 중량 형 [òuvərwéit] 규정 체중[중량]을 초과한 동 [òuvərwéit] 과적하다(↔ lightweight) 명 표준 중량 이하의 사람 형 경량의
overnight [óuvərnàit]	형 밤을 새는 부 밤새, 하룻밤 동안 명 전날 밤 동 하룻밤을 지내다
overlook [òuvərlúk]	동 간과하다; 눈감아주다; 내려다보다
overall [óuvərɔ̀:l]	형 전체의; 전반적인 부 전체적으로
outer [áutər]	형 밖의, 바깥[외부]의 outing 명 소풍, 피크닉, 산책
option [ápʃən]	명 선택권; 선택(의 자유), 임의 optional 형 선택의
offend [əfénd]	동 화나게 하다, 불쾌감을 주다; 위반하다; 죄[과오]를 범하다 offensive 형 화나게 하는, 불쾌한; 공격적인 offense 명 [əféns] 위반, 범죄; 무례 [ɔ́(:)fens] 공격
odd [ɑd]	형 이상한; 잡다한; 홀수의(↔ even 짝수의) odd-looking 형 괴상하게 보이는
obtain [əbtéin]	동 (노력에 의해) 획득하다; 얻다 obtainable 형 얻을 수 있는
nourish [nə́:riʃ]	동 영양분을 주다, 육성[강화]하다 nourishment 명 영양분, 자양분 nourishing 형 영양가 높은, 자양분이 많은
neutral [njú:trəl]	형 중립의 명 중립(자), 중립국 neutrality 명 중립, 국외(局外) 중립
navy [néivi]	명 해군; 군함; 군청색(navy blue)

1. You are known as someone who is easily ________ed.
   당신은 쉽게 화가 나는 사람으로 알려져 있다.

2. You should notice something ______.
   당신은 무언가 이상한 것을 알아채야 한다.

3. Is it any wonder that we're tired, ________?
   우리가 피곤하고 과체중이라는 게 놀랍습니까?

4. Let's go hiking on the mountain and stay ________.
   산에 하이킹 가서 하룻밤 있다 옵시다.

5. Grandparents shouldn't ________ the value of incidental learning experiences.
   조부모들은 우연히 배우는 경험들의 가치를 간과해서는 안 된다.

6. They live in the world of ________ity.
   그들은 중립의 세계에 산다.

7. I'll stick with something more traditional like ______ blue.
   나는 군청색 같은 보다 전통적인 것을 고수할 것이다.

8. The ________ change in the enrollment was smaller for youth ages 14-17 than for youth ages 18-19.
   등록의 전반적인 변화는 18-19세보다 14-17세에서 더 적었다.

9. The ________ doors opened.
   바깥쪽 문이 열렸다.

10. These two possibilities are presented to us as ________s.
    이 두 가지 가능성이 우리에게 선택권으로 제시된다.

11. But it's not the way we ________ them at all.
    그러나 그것은 우리가 그것들을 얻는 방법이 결코 아니다.

12. When mixed with coconut milk, it makes a delicious and ________ing pudding.
    코코넛 우유와 섞였을 때, 그것은 맛있고 영양가도 높은 푸딩이 된다.

muscle [mʌ́səl]	명 근육 muscular 형 근육질의, 근육의
mummy [mʌ́mi]	명 미라
moreover [mɔːróuvər]	부 게다가, 더욱이
modest [mádist]	형 겸손한, 삼가는 modesty 명 겸손, 조심(성)
miserable [mízərəbəl]	형 비참한 misery 명 비참
misconception [mìskənsépʃən]	명 오해; 잘못된 생각
minimal [mínəməl]	형 최소의, 극소의 명 최소값 minimalize 동 최소로 하다, 극소화하다 minimize 동 최소화하다, 축소하다
military [mílitèri]	형 군(사)의 명 (the ~) 군대
merciful [mə́ːrsifəl]	형 (남에게) 자비로운, 인정 많은 mercifully 부 인정 많게, 자비롭게 mercy 명 자비, 관용 merciless 형 무자비한, 잔인한

기출단어로 기출문장을 완성해보세요.

1. And at night there is the beat of the big drums and the ________ band as the whole town dances in the great open square of the Plaza.
   그리고 밤에는 넓게 공개된 광장에서 마을 사람 전부가 춤을 추면 큰 북과 군악대의 소리가 울려 퍼진다.

2. I'd say it's staying ________.
   나는 그것이 겸손하게 있는 것이라고 말하겠다.

3. Right away, the ________ gods changed him into a creature having all the new features.
   바로, 자비로운 신들은 그를 모든 새로운 특징을 가진 생물체로 탈바꿈시켜주었다.

4. After four ________ forced lunches with friends, she suddenly enjoyed the fifth one as she found herself laughing at a joke.
   친구들과 함께한 4번의 강제된 비참한 점심식사 후에 그녀는 갑자기 5번째 식사에서는 농담에 웃으며 즐기고 있는 자신을 발견했다.

5. ________, these differences often cause local conflicts to grow into larger wars.
   게다가, 이러한 다양성은 자주 지역적 갈등이 더 큰 전쟁으로 발전하도록 만든다.

6. We became so interested in the ________ies.
   우리는 미라에 굉장히 흥미를 가지게 되었다.

7. You find something that uses the same part of the body — even the same ________s.
   당신은 몸의 동일한 부분과 심지어 동일한 근육을 사용하는 어떤 것을 찾는다.

8. And not just plain folk hold these ________s.
   그리고 평범한 사람들만 이러한 잘못된 생각을 가지고 있는 것은 아니다.

9. Poor distribution combined with ________ offerings provided little incentive to purchase the new product.
   최소의 제공편수와 결합된 빈약한 배급은 새 상품을 구매할 유인을 거의 제공하지 않았다.

media [míːdiə]	명 미디어; 수단, 방편
meanwhile [míːn*h*wàil]	부 그 동안에, 이럭저럭하는 사이에; 한편으로는
minority [minɔ́ːriti]	명 소수 (집단); 소수민족; 미성년(기) minor 형 보다 작은; 중요하지 않은 명 미성년자; 부전공
masterpiece [mǽstə*r*pìːs]	명 (최고) 걸작, 대표작; 명작 master 명 주인, 지배자; 정통한 사람(= expert); 석사 동 정복[지배]하다; 터득하다
mall [mɔːl]	명 쇼핑몰
magnitude [mǽgnət*j*ùːd]	명 큼, 대량, 방대함; 크기; 중요성
loud [laud]	형 소리가 큰, 큰 목소리의 부 큰 소리로 loudly 부 큰 소리로, 소리 높이
legal [líg*ə*l]	형 합법적인; 법률의
leak [liːk]	동 새다; 새게 하다 명 새는 구멍
landscape [lǽn*d*skèip]	명 풍경(화)
laboratory [lǽb*ə*rətɔ̀ːri]	명 실험실, 연구소[실] (= lab)

기출단어로 기출문장을 완성해보세요.

1. It's Saturday and you are to meet your friends at the ______ at 12:00.
   오늘은 토요일이고 당신은 친구들을 **쇼핑몰**에서 12시에 만나기로 되어 있다.

2. Our entertainment is multi-______.
   우리의 여흥은 다중**매체**이다.

3. The benefits, ______, are nonexistent.
   한편으로는 이익은 존재하지 않는다.

4. It has helped secure professional positions for ______ies in a number of different fields.
   그것(RPC라는 단체)은 여러 다른 분야에서 **소수 그룹**을 위해 전문직의 자리를 마련하도록 도왔다.

5. To be a mathematician you don't need an expensive ______.
   수학자가 되기 위해서 당신은 비싼 **실험실**을 가질 필요는 없다.

6. The ______ of a place all affect the lives of the people who live there.
   어떤 곳의 **경치**는 그곳에 사는 사람들의 생활에 영향을 미친다.

7. Or would you think of the painter of a contemporary ______?
   아니면 당신은 이 현대적 **걸작**의 화가를 생각하시겠습니까?

8. They have equal ______s and point in opposite directions.
   그들은 동일한 **크기**를 가지며 반대방향으로 향해 있다.

9. Actions speak ______er than words.
   행동이 말보다 더 **큰 소리**로 말한다.

10. Neither '______ authority' nor 'magical power' is stated in either sentence.
    '**법적** 권력'과 '마법적 힘' 그 어느 것도 문장에 쓰여 있지 않다.

11. When the roof ______s, only the parent worries about what contractor to employ.
    지붕이 **샐** 때는 부모님만이 어떤 계약자를 고용할지 걱정한다.

kettle [kétl]	명 주전자, 솥
jaw [dʒɔː]	명 (이빨이 있는 위, 아래) 턱
irresistible [ìrizístəbəl]	형 저항할 수 없는; 억누를[억제할] 수 없는 irresistibly 부 저항할 수 없게
invisible [invízəbəl]	형 눈에 보이지 않는 invisibly 부 눈에 보이지 않게[보이지 않을 정도로]
intelligent [intélədʒənt]	형 영리한, 총명한, 지적인 intelligence 명 지능, 지성, 이해력; 정보
inspiration [ìnspəréiʃən]	명 영감; (창조적) 자극; 고무, 감화 inspire 동 (사상, 감정 등을) 불어넣다; 영감을 주다; 고무[격려]하다
insist [insíst]	동 (강력히) 주장하다, 고집하다; 강요하다 insistent 형 강요하는; 끈질긴, 고집스러운 insistence 명 (강력한) 주장; 강요
innocent [ínəsnt]	형 무죄의(↔ guilty); 순진한 innocence 명 무죄, 순진함
inner [ínər]	형 안의, 내적인
infant [ínfənt]	명 유아; 초기 형 유아의; 초기의 infancy 명 유년기; 초기 (단계)

기출단어로 기출문장을 완성해보세요.

1. You'll see that this is nothing more than an ________ habit.
당신은 이것이 단지 악의 없는 습관에 지나지 않는다는 사실을 알게 될 것이다.

2. He had an ____________ urge to go to see his beloved wife.
그는 그의 사랑하는 아내를 보고 싶은 저항할 수 없는 충동을 느꼈다.

3. It sees the brain as a steam ______ in which negative feelings build up pressure.
그것은 뇌를 부정적 감정들이 압력을 만드는 증기 주전자로 본다.

4. The rapid opening of the leaf fish's large __s enables it to suck in the unfortunate individual very easily.
나뭇잎물고기가 큰 턱을 빨리 여는 것은 불운한 개체를(먹잇감을) 굉장히 쉽게 빨아들이는 것을 가능케 한다.

5. You can no longer see a life beyond the ________ walls that imprison you.
당신은 자신을 구속하는 보이지 않는 벽 너머의 삶을 더 이상 보지 못한다.

6. We want our children to develop a conscience—a powerful ______ voice.
우리는 우리의 아이들이 양심, 즉 강력한 내면의 목소리를 개발하기를 원한다.

7. Yet parent-______ 'co-sleeping' is the norm for approximately 90 percent of the world' population.
하지만 부모와 유아가 '같이 자는 것'은 세계 인구의 약 90%의 사람들에게는 표준이다.

8. In fact, the movie business and the athletic world are full of ______________, educated, and informed men.
사실, 영화 산업과 스포츠 업계는 똑똑하고, 교육받고, 정보에 밝은 사람들로 넘친다.

9. Richard Wagner found ______________ on this site.
리처드 와그너는 이곳에서 영감을 찾았다.

10. He asked why she had been so ______ent about going slowly and quietly.
그는 그녀가 왜 느리고 조용하게 가는 것에 대해 그렇게 고집스러웠는지 물었다.

inexpensive [ìnikspénsiv]	[형] 비용이 많이 들지 않는, (별로) 비싸지 않은
indoor [índɔ̀ːr]	[형] 실내[옥내]의
inaccurate [inǽkjərit]	[형] 부정확한, 정밀하지 않은(= inexact) inaccurately [부] 부정확하게
impulse [ímpʌls]	[명] 충동; 자극; 추진(력) impulsive [형] 충동적인, 감정에 끌린
imply [implái]	[동] (implied-implied) 암시하다; 포함하다 implication [명] 내포, 암시; 연루, 영향
impatience [impéiʃəns]	[명] 성급함, 조바심 impatient [형] 참지 못하는; 성마른; 안달하는
immigrant [ímigrənt]	[명] 이민자 immigrate [동] 이주해 오다 immigration [명] (입국) 이민, 이민자 수
humid [hjúːmid]	[형] 습기 있는, 눅눅한 humidity [명] 습기, 습도
hometown [hóumtàun]	[명] 태어난 곳, 고향 homely [형] 가정적인, 제집 같은 homepage [명] 홈페이지
hire [háiər]	[동] 고용하다(↔ fire), 일을 시키다 hiring [명] 고용; 임대차 [형] 고용의; 임대차의

기출단어로 기출문장을 완성해보세요.

1. One grandmother ______s her grandchildren to help with gardening chores.
한 할머니가 정원의 허드렛일을 돕도록 자기의 손자들에게 일을 시킨다.

2. Researchers at Solar ______ in Lausanne, Switzerland, are developing a solar-powered aircraft.
스위스 로잔의 태양 추진력 연구소에 있는 연구원들은 태양에너지로 가는 비행선을 만들고 있다.

3. There are now a number of good, ______ car security devices available on the market.
시장에는 품질 좋고, 비싸지 않은 차량용 안전장치들이 많다.

4. Favorite dogs, used to walking around the village at night, were now called ______s before sunset.
밤에 마을 주위를 배회하곤 했던, (먹잇감으로) 좋아했던 개들은 이제 해가 지기 전에 집안으로 불러들여졌다.

5. ______s are importing their mother tongues.
이민자들은 그들의 모국어를 수입하고 있다.

6. This ______ity can cause the coffee to quickly spoil.
이러한 습기가 커피를 빨리 상하게 할 수 있다.

7. In my ______, nobody would buy a melon.
내 고향에서는 아무도 멜론을 사지 않았다.

8. I was shocked to find out that it could ______ something negative, which I certainly did not mean.
나는 그것(flattering이라는 단어)이 부정적인 의미를 내포하고 있다는 걸 알고 충격을 받았는데, 이는 결코 내가 의도한 바가 아니었다.

9. Sundials and water clocks ______ly told us all we needed to know about time.
해시계와 물시계는 우리가 시간에 대해서 알아야 하는 모든 것들에 대해 부정확하게 알려주었다.

10. Narrow-mindedness, religious ______ have turned into crises.
좁은 식견과 종교적 성급함은 위기들로 변했다.

hesitancy [hézətənsi]	명 주저(= hesitation) hesitant 형 머뭇거리는, 주저하는 hesitate 동 망설이다, 주저하다 hesitatingly 부 주저하며
hardship [há:rdʃip]	명 고난, 곤란, 고생
hangar [hæŋər]	명 격납고(格納庫), 차고
groundless [gráundlis]	형 기초[근거]가 없는, 사실무근의 ground 명 지면, 땅; 기초, 근거
grateful [gréitfəl]	형 감사하는(↔ ungrateful)
grant [grænt]	동 (요청 등을) 들어주다; 인정하다 명 (정부) 보조금
glow [glou]	명 부드러운 빛, 백열광; 따뜻함, 달아오름 동 빛나다(= shine, gleam)
glance [glæns]	동 힐끗[얼핏] 보다 명 일별
genuine [dʒénjuin]	형 진짜의, 진품의; 진정한 genuinely 부 진정으로, 성실하게; 순수하게
gender [dʒéndər]	명 (사회적) 성, 성별(= sex)
gap [gæp]	명 갈라진 틈, 차이

기출단어로 기출문장을 완성해보세요.

1. Thus, the youth may identify with the aged, one ________ with the other.
따라서 젊은이는 노인과, 하나의 성은 다른 것(성)과 공감할 수 있다.

2. Perhaps this evaluation is ________.
아마도 이러한 판단은 근거가 없을 수도 있다.

3. But the person receiving it will be touched and ________.
그러나 그것을 받는 사람은 감동하고 감사해할 것이다.

4. There were several reasons for this ________.
이 주저의 이유로는 몇 가지가 있었다.

5. There is a ________ between the labor supply and demand in the e-business industry.
전자 상거래 산업에서 인력 공급과 수요 사이에는 격차가 있다.

6. It lifted a half-meter or so off the deck of the ________.
그것이 격납고 갑판에서 0.5미터 정도 상승했다.

7. All your wishes are ________ed, and you will now live as you've wished all your life.
이제 네 모든 소원을 들어주었고, 너는 이제 네가 평생 동안 소원했던 대로 살 것이다.

8. This is similar to people getting wiser by overcoming the ________s.
이것은 고난을 극복하면서 사람들이 더 현명해지는 것과 비슷하다.

9. It was made calm by the ________ of the firelight.
그것은 불빛의 부드러운 빛으로 인해 차분해졌다.

10. She would ________ up at the clock.
그녀는 시계를 힐끗 보곤 했다.

11. Where there is ________ interest, one may work diligently without even realizing it.
진정한 흥미가 있을 때, 사람은 자신도 모르는 채로 열심히 일한다.

fundamentally [fʌ̀ndəméntəli]	㉡ 근본[기본]적으로 fundamental ㉧ 근본적인, 기본적인; 중요한, 필수의
freezer [fríːzər]	㉢ 냉동 장치, 냉동고 freezing ㉧ 몹시 추운 freeze ㉣ (froze-frozen) 얼(리)다
frame [freim]	㉢ 틀, 뼈대 ㉣ 틀을 잡다, (액자로) 만들다 framework ㉢ 뼈대, 체제
foretell [fɔːrtél]	㉣ (foretold-foretold) 예언하다 (= predict, forecast, foresee)
flexible [fléksəbəl]	㉧ 구부리기 쉬운; 융통성 있는, (정신 등이) 유연한
flag [flæg]	㉢ 기(旗), 깃발 ㉣ 기를 올리다; 기로 장식하다
fence [fens]	㉢ 울타리, 담장
female [fíːmeil]	㉢ 여성, 여자 ㉧ 여성의, 암컷의
fantastic [fæntǽstik]	㉧ 공상적인; 굉장한 fantasy ㉢ 공상, 환상
false [fɔːls]	㉧ 그릇된, 틀린; 거짓(말)의, 가짜의 falsehood ㉢ 허위, 거짓말

1. Just a change simple of language seemed to invite the students to process and store information in a much more ________ format.

   단지 간단한 언어의 변화가 학생들이 보다 융통성 있는 형태로 정보를 처리하고 저장하도록 하는 듯 보였다.

2. The ankle-high grass is greener than that on the other side of the ______.

   무릎까지 오는 잔디가 담장 저편에 있는 잔디보다 푸르다.

3. This view is ____________.

   경치가 환상적이다.

4. Most of us could come up with many other examples - message drums, smoke signals, church bells, ship ___s.

   우리 대부분은 통신용 북, 연기 신호, 교회 종, 배의 깃발 같은 다른 많은 예들을 떠올릴 수 있다.

5. But their primitiveness would only confirm our sense that we live in a ________ different world.

   그러나 그것들의 원시성은 우리가 근본적으로 다른 세계에 살고 있다는 우리의 느낌을 확인할 뿐일 것이다.

6. Recent studies, however, have proved this belief to be ______.

   그러나 최근의 연구에서 이 믿음은 틀렸다는 것을 증명하였다.

7. The above chart shows the top five preferred factors for male and ______ job seekers aged 55 to 79 in 2006.

   위의 도표는 2006년에 55세에서 79세 사이의 남성 및 여성 구직자들이 가장 선호하는 5가지 요소들을 보여주고 있다.

8. On the wall of our dining room was a _____d quotation:

   우리 집 거실 벽에는 다음과 같은 글이 액자로 걸려 있다:

9. We desperately need people who can _______ the future.

   우리에게는 미래를 예언할 수 있는 사람이 절실히 필요하다.

10. A better place to store coffee is in a ________.

    커피를 저장하기 더 좋은 장소는 냉동고 안이다.

facial [féiʃəl]	ⓗ 얼굴의 face ⓜ 얼굴 ⓓ 직면하다 face-to-face ⓗ 정면으로 마주 보는 ⓑ 정면으로 맞서서
extraordinarily [ikstrɔ̀ːrdənérəli]	ⓑ 비상하게, 엄청나게 extraordinary ⓗ 이상한; 비범한
explosion [iksplóuʒən]	ⓜ 폭발, 파열; 폭발적 증가 explosive ⓗ 폭발적인, 폭발성의 ⓜ 폭약 explode ⓓ 폭발하다, 폭발시키다
exit [égzit]	ⓜ 출구; 나감, 퇴장 ⓓ 나가다, 퇴장하다
executive [igzékjətiv]	ⓗ 실행[집행]하는; 행정상의 ⓜ 중역, 이사; 행정부 execute ⓓ 수행[실행]하다, 달성하다; 처형하다 execution ⓜ 수행, 달성; 처형 executive secretary 비서실장; 사무국장
exclude [iksklúːd]	ⓓ 제외하다, 배척하다 exclusion ⓜ 제외, 배제, 배척 exclusive ⓗ 배타적인, 제외하는; 독점적인 exclusively ⓑ 배타[독점]적으로; 전적으로
evaluate [ivǽljuèit]	ⓓ (가치, 수량 등을) 평가하다; 견적하다 evaluation ⓜ 평가; 견적
ethically [éθikəli]	ⓑ 윤리적으로, 도덕적으로 ethics ⓜ 윤리, 도덕 ethical ⓗ 윤리[도덕]의, 윤리[도덕]적인
escape [iskéip]	ⓓ 달아나다, 탈출하다 ⓜ 도망, 탈출
equilibrium [ìːkwəlíbriəm]	ⓜ 평형 상태, 평형, 균형

1. A violin creates tension in its strings and gives each of them an ______________ shape.
   바이올린은 바이올린 현에 장력을 만들고 이는 각 현을 평형 모양이 되게 한다.

2. The ___________ sion of new technology generally leads to social change that will soon follow.
   새로운 기술의 배척은 일반적으로 곧이어 따라 올 사회적인 변화를 이끌어낸다.

3. You can _____________ the problem and come up with the best way to solve it.
   당신은 문제를 평가하고 문제를 풀 수 있는 최선의 방법을 생각해 낼 수 있다.

4. Mom was an _________________ clean person.
   엄마는 유별나게 깨끗한 사람이었다.

5. Many things can produce infrasound, from earthquakes and thunderstorms to trains and underground ________s.
   지진과 뇌우로부터 기차와 지하 폭발에 이르기까지 많은 것들이 초저주파음을 만들어낼 수 있다.

6. We actually require a more simplified presentation to identify _________ features unambiguously.
   우리는 얼굴의 생김새들을 분명하게 확인하기 위하여 실제로 더 단순화된 표시를 요한다.

7. We hope they'll learn to behave morally and _________.
   우리는 그들이 도덕적으로 그리고 윤리적으로 행동하는 것을 배우기를 희망한다.

8. They will distort the truth to _______ from your negative reaction.
   그들은 당신의 부정적인 반응으로부터 빠져나오기 위해 진실을 왜곡할 것이다.

9. One of the toughest parts of isolation is a lack of an expressive _________.
   고립의 가장 어려운 점들 중 하나는, 표출할 수 있는 방출구가 없다는 것이다.

10. Your skills led to your being promoted to ______________ secretary in 1992.
    귀하의 솜씨로 인하여 귀하는 1992년 사무국장으로 승진하였습니다.

enemy
[énəmi]
㉳ 적(適)

embassy
[émbəsi]
㉳ 대사관

editorial
[èdətɔ́ːriəl]
㉻ 편집의
㉳ 사설
editor ㉳ 편집자, 주필
edition ㉳ 판(版)
edit ㉣ (책, 신문, 영화 등을) 편집하다

earthquake
[ə́ːrθkwèik]
㉳ 지진; (사회 · 정치적) 대변동
earth ㉳ 지구, 대지; 흙

dust
[dʌst]
㉳ 먼지
㉣ 먼지를 털다
dusty ㉻ 먼지투성이의

dribble
[dríbəl]
㉣ (물이) 똑똑 떨어지다, 줄줄 흐르다; 공을 드리블 하다
㉳ 방울; 소량; 드리블

dozen
[dʌ́zn]
㉳ 한 다스, 12개짜리 한 묶음
㉻ 12개의, 한 다스의
dozens of 수십 개의

dot
[dɑt]
㉳ 점, 반점, 얼룩; 종지부; (점 같은) 작은 것
㉣ …에 점을 찍다, 점선을 긋다

dissatisfied
[dissǽtisfàid]
㉻ 만족하지 않은, 불만인, 불만스러운
dissatisfactory ㉻ 불만족스러운, 마음에 안 차는

dip
[dip]
㉣ (dipped-dipped) 살짝 담그다; 내려가다; 퍼[떠]내다
dipper ㉳ 국자, 퍼[떠]내는 기구

기출단어로 기출문장을 완성해보세요.

1. A forest fire in Brazil affects the weather in Moscow by creating huge ______ clouds.
   브라질의 산불은 거대한 먼지 구름을 만듦으로써 모스크바의 날씨에 영향을 준다.

2. How about the line graph with ______?
   점으로 되어 있는 그래프는 어때?

3. A long time ago, a ______ horse asked the gods for longer thinner legs.
   옛날 옛적에 불만 가득한 말이 신들에게 더 길고 얇은 다리를 요구했다.

4. Feeling thirsty, I took the gourd, ___ped some water, and drank.
   목이 말라, 난 조롱박을 집어 물을 좀 떠서 마셨다.

5. I ______d awkwardly around the free-throw line.
   나는 자유투 라인 부근에서 서투르게 드리블을 했다.

6. ______s of wildflowers of countless varieties cover the ground to both sides of the path.
   셀 수 없이 다양한 종류의 수십(송이)의 야생화가 길 양쪽을 덮고 있다.

7. She's in an ______ board meeting at the moment.
   그녀는 그때 편집장 회의 중이었다.

8. The officer at the ______ said the photos needed to be one centimeter longer on each side.
   대사관의 직원이 사진의 각 면이 1센티미터씩 더 길어야 한다고 말했다.

9. Under those circumstances, the destruction of our ______ might have been a victory for us.
   그러한 상황에서는 우리의 적을 파괴하는 것은 우리에게 승리가 될 수 있었다.

10. These new technologies made possible the warning of ______ and the monitoring of underground nuclear-explosion tests.
    이러한 신기술들은 지진에 대한 경고와 지하 핵폭발 실험에 대한 감시를 가능케 했다.

dictate [díkteit]	ⓢ 받아쓰게 하다; 명령하다, 지시하다; …에 영향을 주다 dictator 명 독재자 dictation 명 받아쓰기, 구술
diabetes [dàiəbíːtis]	명 당뇨병
detergent [ditə́ːrdʒənt]	명 세제
deserve [dizə́ːrv]	동 …할 가치가 있다; …을 받을 만하다
derive [diráiv]	동 끌어내다, 얻다; 비롯되다, 유래하다
densely [dénsli]	부 밀집하여, 빽빽이; 짙게 dense 형 밀집한; 짙은; 우둔한 density 명 밀도
delicious [dilíʃəs]	형 맛좋은, 맛있는; 아주 즐거운, 유쾌한
deficient [difíʃənt]	형 (요소, 특성이) 결핍되어 있는, 부족한 명 불완전한 사람[것] deficiency 명 …의 부족, 결핍; 영양 부족[실조]
decade [dékeid]	명 10년
cupboard [kʌ́bərd]	명 찬장, 식기장
crucial [krúːʃəl]	형 결정적인, 중대한

1. The doctor also carries out some special tests to detect such dangerous diseases as cancer and ____________, if necessary.
의사는 또한, 만약 필요하다면, 암이나 당뇨와 같은 위험한 질병들을 찾아내는 특별한 테스트들을 행한다.

2. The air feels fresher, the flowers smell sweeter, food tastes more ____________.
공기는 더 신선하고, 꽃에서는 더 달콤한 향기가 나고, 음식은 더 맛있다.

3. Each plant is ____________ in an essential amino acid.
각 식물은 필수 아미노산이 부족하다.

4. The requirements of fashion have ________d some curious designs.
패션의 요구는 호기심을 끄는 디자인에 영향을 주었다.

5. No longer were the shores ________ wooded.
해변은 더 이상 빽빽하게 나무가 들어서 있지 않았다.

6. Most people have a vase or two in a ____________.
대부분의 사람들은 찬장에 꽃병 한두 개쯤은 가지고 있다.

7. Social contact, therefore, plays a ________ role in the process of diffusion.
그러므로, 사회적 교류는 전파의 과정에 중요한 역할을 한다.

8. Its light began traveling ________s ago.
그 빛은 수십 년 전에 여행을 시작했다.

9. The use of ____________ to clean the fruit can also cause additional water pollution.
과일을 씻기 위해 세제를 사용하는 것도 추가적인 수질 오염을 일으킬 수 있다.

10. They ________ your attention and care.
그들은 당신의 관심과 보살핌을 받을 만하다.

11. This belief ______s from a nineteenth-century understanding of emotions.
이 믿음은 19세기의 감정에 대한 이해에서 비롯되었다.

credit [krédit]	명 신용; 명성; 외상 (거래) 동 신용하다 credible 형 믿을 수 있는, 신용할 수 있는
crash [kræʃ]	동 충돌[추락]하다 명 충돌, 추락
courage [kə́:ridʒ]	명 용기, 대담함 courageous 형 용기 있는, 담력 있는
conventional [kənvénʃənəl]	형 인습[관습]적인; 전통적인; 틀에 박힌 convention 명 (종교, 정치, 사회단체 등의) 대회, 집회; 인습, 관행
continent [kántənənt]	명 대륙, 육지 continental 형 대륙의, 대륙성의
constitute [kánstətjù:t]	동 구성하다; 설립하다, 제정하다 constitution 명 헌법; 체격; 구성; 설립
conscience [kánʃəns]	명 양심; 도덕심
conclusion [kənklú:ʒən]	명 결론; 결말, 종결(= end) conclude 동 결론을 내리다; 결말[종결]짓다
companion [kəmpǽnjən]	명 친구, 벗

기출단어로 기출문장을 완성해보세요.

1. The ________ is left open.
결론은 개방된 상태로 남겨진다.

2. If you are accompanied by a single ________ you are half yourself.
만약 네가 친구와 함께 있다면 너는 너 자신의 반쪽만 갖추게 된다.

3. This is one of the ways you can save lives with a little time and ________.
이것은 당신이 아주 적은 시간과 용기로 생명을 구할 수 있는 방법들 중의 하나이다.

4. It is a most imperfect conception of human beings that limits ________ medicine's effectiveness.
그것은 전통적인 의약품의 효능을 제한하는 인간에 대한 매우 불완전한 생각이다.

5. But a ________ does not develop by itself, so the job of building one is ours.
양심은 저절로 키워지지 않기 때문에 양심을 쌓는 일은 우리의 몫이다.

6. Our new owner deserves a lot of the ________ for hiring a great coach.
우리의 새로운 구단주는 훌륭한 감독을 고용한 점에서 상당히 신용할 만하다.

7. The rain was ________ing down on the windows with incredible violence.
비가 믿을 수 없을 만큼 격렬하게 창문을 두드렸다.

8. There are the explorers who discover new worlds, adding ________s to the Earth.
새로운 세상을 발견하고 지구에 대륙을 추가하는 탐험가들이 있다.

9. The specific combinations of foods in a cuisine and the ways they are prepared ________ a deep reservoir of accumulated wisdom about diet and health and place.
어떤 요리에 사용되는 음식과 그 음식의 요리법의 특정 조합은 음식과 건강 그리고 지역의 지혜가 축적된 풍요로운 보고를 만든다.

coast [koust]	명 해안, 해변; 연안 지역 동 미끄러져 내려가다; 연안을 운항하다 coastal 형 연안의, 해안을 따라 있는, 근해의
classify [klǽsəfài]	동 (classified-classified) 분류하다, 구분하다 classification 명 분류
chore [tʃɔːr]	명 일상적 집안일(= housework); 지루한 일
chin [tʃin]	명 아래턱, 턱끝 동 턱걸이 하다
cherish [tʃériʃ]	동 소중히 하다
channel [tʃǽnl]	명 (텔레비전) 채널; 경로; 수로, 해협
chalk [tʃɔːk]	명 분필, 백묵 동 …을 분필로 쓰다
certificate [sərtífəkit]	명 증명서; 면허증 certify 동 증명[보증]하다
cell [sel]	명 (수도원, 교도소 따위의) 작은 방; (정치, 사회, 종교 단체 따위 대조직의) 기본 조직; 세포; 전지
celebrity [səlébrəti]	명 유명인, 연예인, 명사

기출단어로 기출문장을 완성해보세요.

1. Every day, opportunities exist in the form of errands, meal preparation, and ______s.
   매일 심부름이나 식사 준비, 허드렛일의 형태로 기회는 있다.

2. In a society that ______es honor or bravery, a battle wound would be more of a status symbol.
   명예나 용기를 소중히 여기는 사회에서는 전투에서 입은 부상이 지위의 상징으로 보다 더 높이 여겨질 것이다.

3. The typical equipment of a mathematician is a blackboard and ______.
   수학자의 전형적인 장비는 칠판과 분필이다.

4. The ______s within our body are continually being replaced.
   몸속의 세포들은 계속해서 대체된다.

5. Margo was on holiday with friends, three miles off the Kenyan ______ in the Indian Ocean, in a fishing boat.
   미고는 인도양에 있는 케냐 해안으로부터 3마일 떨어진 곳의 고기잡이배에서 친구들과 함께 휴가 중이었다.

6. It is a human trait to try to define and ______ the things we find in the world.
   우리가 세상에서 발견하는 것을 정의하고 구분하는 것은 인간의 한 특성이다.

7. The sashes are tied under the ______ to hold the hat tightly in place.
   끈은 모자를 제자리에 단단히 잡아두기 위해 턱 밑에 묶인다.

8. It will be on ______ 12 at 9:30 this evening, as scheduled.
   예정된 대로 그것은 오늘 밤 9시30분에 12번 채널에서 방송될 것이다.

9. Now they will proudly receive their graduation ______s.
   이제 그들은 자랑스럽게 그들의 졸업 증명서를 받을 것이다.

10. You happen to know about the ______'s "extracurricular" interest.
    당신은 우연히 그 유명인사의 "과외의" 흥미에 대해 알게 된다.

category
[kǽtəgɔ̀ːri]
명 범주, 부문
categorize 동 분류하다

capital
[kǽpitl]
명 수도, 중심지; 자본(금); 대문자
형 으뜸가는
capitalism 명 자본주의

capacity
[kəpǽsəti]
명 (최대) 수용력, 용량; 능력

candle
[kǽndl]
명 양초; 등불, 불빛
candlestick 명 촛대(= candleholder)

cabin
[kǽbin]
명 (숲 속의) 통나무집; (배, 비행기의) 선실[객실]

burst
[bəːrst]
명 (갑작스러운) 파열, 폭발; 돌발, 격발, 분출
동 (burst-burst) 터지다, 터뜨리다

burden
[bə́ːrdn]
명 짐, 부담
동 짐[부담]을 지우다
burdensome 형 부담이 되는

bulb
[bʌlb]
명 전구(= light bulb); 알뿌리, 구근

built-up
[bíltʌ̀p]
형 짜 맞춘, 조립한; 건물이 빽빽이 들어찬
built-up area 명 건물 밀집 지역, 도시화된 지역
built-in 형 박아 넣은, 붙박이로 맞추어 넣은

기출단어로 기출문장을 완성해보세요.

1. The winter storm blew against the windows throwing snow high against the sides of the small log ______.

   한겨울의 폭풍이 작은 통나무 오두막집의 양 옆에 눈을 높게 쌓이게 하면서 창문을 세차게 때렸다.

2. Electric ______s transmit light but keep out the oxygen that would cause their hot filaments to burn up.

   전구는 빛을 전달하지만 뜨거운 필라멘트가 타버리게 할 수도 있는 산소는 못 들어오게 한다.

3. The behavior found in native cultures was the expression of a ______ that may exist in all of us.

   토착문화에서 발견되는 행동은 우리 모두에게 존재할지 모르는 능력의 표현이다.

4. I found myself in a large room, where the ______s were lit.

   나는 촛불이 켜진 큰 방안에 내가 있는 것을 깨달았다.

5. He replaced the missing piece with a ______ of a static of the same duration.

   그는 그 없어진 부분에 같은 시간 동안 폭발 잡음을 넣었다.

6. The three ______ies in the competition are Black Tea, Oolong Tea, and Green Tea.

   경쟁은 홍차, 우롱차, 녹차 3부분으로 합니다.

7. Others wish to move ______ from one area to another.

   다른 사람들은 자본을 한 지역에서 다른 지역으로 이동시키기를 원한다.

8. The French government was reluctant to shoulder the financial ______ of developing national networks for television broadcasting.

   프랑스 정부는 텔레비전 방송을 위한 전국적인 네트워크를 개발하는 재정적인 부담을 떠맡는 걸 꺼렸다.

9. In Western Europe, investment policies favoring ______ areas over undeveloped greenfields have produced relatively compact cities.

   서 유럽에서는 미개발 녹지 공간보다는 도심 지역에 혜택을 주는 투자 정책이 비교적 압축된 형태의 도시를 만들어냈다.

browse [brauz]	동 (소 따위를) 방목하다; 이리저리 뒤지다; (컴퓨터를) 검색하다 명 어린 잎 따위를 먹기; 아무데나 여기저기 읽기; 데이터의 열람, 검색
brilliant [bríljənt]	형 빛나는, 눈부신(= bright); 재기 넘치는 brilliantly 부 찬란히, 번쩍번쩍하게
bride [braid]	명 신부
brave [breiv]	형 용기 있는, 용감한(= courageous) 명 용감한 사람, 용사 동 (곤란 따위에) 용감히 맞서다; …에 도전하다 bravery 명 용기, 용감성; 훌륭함
bond [bɑnd]	명 결속, 유대; 공채, 채권; 속박
blossom [blɑ́səm]	명 꽃 동 꽃피다
bilingual [bailíŋgwəl]	형 2개 국어를 쓰는 명 2개 국어를 쓰는 사람
bias [báiəs]	명 편견, 편애(= prejudice) biased 형 불공평한, 편향된, 불공정한
bend [bend]	동 (bent-bent) 구부리다, 구부러지다, 숙이다

기출단어로 기출문장을 완성해보세요.

1. Every advance in human understanding since then has been made by ______ individuals daring to step into the unknown darkness.

   인간 이해에 대한 진보는 미지의 어둠으로 한 발 디딘 용감한 인물들에 의해 가능했다.

2. When the plant flowers, it heats its ________s to above 86°F for as long as four days.

   그 식물이 꽃을 피울 때 꽃에 4일간 화씨 86도 이상의 열을 가한다.

3. In neutral context, a more ____ed survey can be conducted about an organization's reputation, products, or services.

   중립적인 상황에서는, 기관의 평가, 생산물, 서비스에 대한 더 불공평한 조사가 이루어질 수 있다.

4. It could not _____ with the wind the way the chokecherry trees could.

   그것은 초크체리 나무가 할 수 있었던 것처럼 바람에 휘어질 수 없었다.

5. Now the reader could easily move backward in the text to find a previously read passage or ______ between widely separated sections of the same work.

   이제 독자는 이전에 읽은 문구를 찾기 위해 쉽게 뒤로 이동하거나 같은 작품에서 멀리 떨어진 부분 사이에서 이것저것을 쉽게 찾아볼 수 있었다.

6. Most of those steps were small and difficult, but a few were ________ and beautiful.

   대부분의 단계들은 사소하고 어려웠지만, 몇몇은 눈부시고 아름다웠다.

7. They consider ________ speech communities inefficient.

   그들은 2개 국어를 사용하는 사회를 비효율적이라고 생각한다.

8. Every process of decaffeination starts with steaming the green beans to loosen the _____s of caffeine.

   카페인을 제거하는 모든 방식은 푸른 원두에 스팀을 가해서 카페인의 결합을 느슨하게 해주는 데서 시작된다.

9. She had a ________'s flowers in her hair.

   그녀의 머리에는 신부의 꽃이 있었다.

behalf [bihǽf]	명 측, 편, 지지, 이익; 점(點), 면(面)(= respect) on behalf of …을 대신하여
bear [bɛər]	명 곰 동 (bore-borne) 참다, 견디다; 지니다; 떠맡다 polar bear 북극곰
barber [bɑ́ːrbər]	명 이발사 동 …의 이발을[면도를] 하다; (이발소를) 운영하다 barbershop 명 이발소(= barber's shop)
backyard [bǽkjɑ́ːrd]	명 뒤뜰, 뒷마당; 자주 가는 곳, 근처; 세력[영향]권, 활동 무대
awkward [ɔ́ːkwərd]	형 어색한, 불편한 awkwardly 부 어색[불편]하게
automobile [ɔ́ːtəməbìːl]	명 자동차 auto-making 명 자동차 생산
attack [ətǽk]	동 공격하다; (열, 병 등이) 엄습하다 명 공격; 발병
atom [ǽtəm]	동 원자 atomic 형 원자의
artificial [ɑ̀ːrtəfíʃəl]	형 인공의, 모조의; 거짓된, 꾸민
approval [əprúːvəl]	명 승인, 인가; 찬성 approve 명 승인[인가]하다; 찬성하다
appeal [əpíːl]	동 (지지, 도움 등을) 호소하다, 간청하다; …의 흥미를 끌다 명 호소; 매력

기출단어로 기출문장을 완성해보세요.

1. She opened the door and stepped out into the ________.
   그녀는 문을 열고 뒤뜰로 나갔다.

2. When every now and then his kicking became ________ and noisy, Margo ordered him to stop.
   때때로 그의 발차기가 어색하고 시끄러워졌을 때, 마고는 그만하라고 하였다.

3. Sunlight was far better than any ________ lighting available.
   햇빛이 어떤 인공적인 빛보다도 훨씬 나았다.

4. This can be done softly to show polite ________.
   이것은 정중하게 찬성한다는 것을 보여주기 위해 차분하게 할 수 있다.

5. On ________ of all the executives, we wish you well.
   다른 모든 회사 중역 분들을 대신하여, 우리는 당신의 건강을 기원합니다.

6. A United Nations report says that the number of polar ______s is rapidly decreasing.
   UN의 보고서에 의하면 북극곰의 수가 급격히 감소하고 있다.

7. He moved to Marysville, Kansas, after a successful career as a ________ in Los Angeles.
   LA에서 이발사로 성공한 후 그는 캔자스 메리스빌로 옮겨갔다.

8. Korea has grown to be the sixth largest ________ producer in the world.
   한국은 세계에서 6번째로 큰 자동차 생산국으로 성장하였다.

9. Because of this, the ants come out of the ground and ______ the caterpillar.
   이것 때문에, 개미들은 땅 밖으로 나와서 애벌레를 공격한다.

10. The thought ________ed to him as he powered up the aircar and it lifted a half-meter or so off deck of the hangar.
    그가 비행선의 동력을 올리고 그것이 격납고 간판에서 0.5미터 남짓 상승했을 때도 그 생각이 그의 마음을 사로잡았다.

11. Although an apple may appear red, its ______s are not themselves red.
    사과가 빨갛게 보일지는 몰라도, 그것의 원자는 빨갛지 않다.

antique [æntíːk]	ⓜ 골동품 ⓗ 골동품의
anticipate [æntísəpèit]	ⓜ 예상[기대]하다 anticipation ⓜ 예상, 기대 anticipated ⓗ 기대하던, 대망의 unanticipated ⓗ 기대하지 않은, 예견하지 못한
ankle [ǽŋkl]	ⓜ 발목 ankle-high ⓗ 발목 높이의
aircraft [ɛ́ərkræ̀ft]	ⓜ 항공기 aircar ⓜ 비행선 airfare ⓜ 항공 요금
afford [əfɔ́ːrd]	ⓓ …할 수 있다, …할 여유가 있다
adolescence [æ̀dəlésəns]	ⓜ 사춘기, 청년기 adolescent ⓗ 사춘기 남녀의, 청년의
adjust [ədʒʌ́st]	ⓓ 조절하다, 조정하다; 맞추다; 적응[순응]하다 adjustment ⓜ 조절, 조정
acoustic [əkúːstik]	ⓗ 청각의, 음향의; (건재 따위가) 방음의; (악기가) 앰프를 사용하지 않는
accommodation [əkɑ̀mədèiʃən]	ⓜ 숙박 (시설); 편의 accommodate ⓓ …의 편의를 도모하다; (사람을) 수용하다

보고 또 보고, 단어랑 정들었어요

기출단어로 기출문장을 완성해보세요.

1. Now, for another minute, ________ the TV set so that you can hear the sound but you can't see any picture.
   이제, 몇 분 동안, TV를 소리는 들리고 화면은 나오지 않게 조정해보아라.

2. We can't _____ it.
   우린 그걸 살 수 없어.

3. If we want to describe our society in terms of age, we may come up with four age groups—childhood, ________, maturity, and old age.
   우리가 우리의 사회를 나이를 기준으로 설명한다면, 우리는 아마 네 개의 나이 그룹을 생각할 수 있을 것이다—유년기, 청년기, 성년기 그리고 노년기.

4. Researchers are developing a solar-powered, single-pilot ________.
   연구원들은 태양 동력의 조종사 한 명이 조종하는 비행기를 개발하고 있다.

5. The registration fee is $150, which includes ________s and meals.
   숙박과 식사를 포함해서 등록비는 150달러이다.

6. According to McLuhan, television is fundamentally an ________ medium.
   맥루한에 따르면, TV는 본질적으로 청각적인 매체이다.

7. Over the years various systems of grading coins have been developed by ________ coin specialists.
   몇 년에 걸쳐서 옛 동전 전문가들은 동전의 등급을 매기는 여러 가지 체계들을 만들어냈다.

8. However, there is not basis for believing that technology will not cause new and un________d problems while solving the problems that it previously produced.
   하지만 기술이 이전에 이미 기술이 양산한 문제점을 해결하는 과정에 새로운 문제와 전혀 예견하지 못한 문제를 야기하지 않는다는 근거는 전혀 없다.

9. The ________ grass is greener than that on the other side of the fence.
   발목 높이의 잔디가 울타리 반대쪽의 잔디보다 더 파랗다.

abstract [æbstrǽkt]	ⓗ 추상적인; 이론적인 ⓓ 추출하다; 끌어내다; 요약하다 ⓜ [ǽbstrækt] 발췌, 요약; 추상(작품) abstraction ⓜ 추상(개념)
absorb [əbsɔ́ːrb]	ⓓ (액체, 기체를) 흡수하다; (사상 등을) 받아들이다
abroad [əbrɔ́ːd]	ⓑ 외국에, 해외로
colonist [kɑ́lənist]	ⓜ 식민지 개척자 colony ⓜ 식민(지); 이주(지) colonial ⓗ 식민지의
yard [jɑːrd]	ⓜ 뜰, 안뜰; 구내; 일터 ⓓ (가축 따위를) 울타리로 둘러싸다
wrist [rist]	ⓜ 손목; (의류의) 손목 부분 ⓓ 손목을 써서 움직이다[던지다]
worm [wəːrm]	ⓜ 벌레; 마음을 좀먹는 것, 고통 ⓓ (벌레처럼) 천천히 나아가다
work [wəːrk]	ⓜ 일, 노동; 공부, 연구 ⓓ 일하다, 작업하다(= labor); 공부하다; 작용하다 workable ⓗ 운용[활용]할 수 있는, 운전할 수 있는; 실행할 수 있는 workday ⓜ 일하는 날, 평일; 하루의 노동 시간 workplace ⓜ 직장; 작업장, 일터 metal-working 금속가공(업), 금속 세공술
woody [wúdi]	ⓗ 수목이 많은, 숲이 많은; 나무의, 목질의

1. ________s necessarily observed that yesterday's 'savage' might be today's shopkeeper, soldier, or servant.
   식민지 개척자들은 어제의 '야만인'이 오늘날의 가게주인, 병사 또는 하인일지 모른다는 점을 필연적으로 관찰했다.

2. Expecting the ________ heights along the river, I was thrilled as I boarded the boat.
   강가의 나무가 우거진 숲이 있는 언덕을 기대했기 때문에, 배에 올라탔을 때 나는 전율을 느꼈다.

3. Every ________ is different, and there is no universal solution.
   모든 일터는 다르므로 보편적인 해결책도 없다.

4. They watch and influence what governments do at home or ________.
   그들은 정부가 국내에서나 해외에서 하는 일을 관찰하고 영향을 준다.

5. Animals with nervous system similar to a ________'s cannot play soccer, much less chess.
   벌레와 같은 신경계를 가진 동물들은 축구를 할 수 없고 체스는 더더욱 할 수 없다.

6. One of the main principles I follow when I draw outside is to get information from ________ subjects.
   밖에서 그림을 그릴 때 내가 따르는 주요 원칙 중 하나는 추상적인 주제들로부터 정보를 얻는 것이다.

7. Then move your hands in circles around the ________.
   그리고 나서 손목을 이용하여 원을 그리세요.

8. When a dog plays in the ________, she laughs.
   강아지가 뜰에서 놀 때, 그녀는 웃는다.

9. Tables of contents became ________ references.
   목차도 참고자료로 사용할 수 있게 되었다.

10. Most of the photons are ________ed into the person.
    대부분의 광자들은 그 사람 속으로 흡수된다.

windshield
[wíndʃìːld]
명 (차의) 앞 유리

wild
[waild]
형 야생의, 자연 그대로의
wildly 부 걷잡을 수 없이; 극도로
wildflower 명 들꽃, 야생초
wildlife 명 야생 생물

wide
[waid]
형 넓은, 광범위한
widely 부 널리, 폭넓게
widespread 형 널리 보급된, 넓게 펼쳐진

whistle
[*h*wísəl]
명 호각[휘파람] (소리)
동 휘파람[호각]을 불다

whale
[*h*weil]
명 고래

well-earned
[wéləːrnd]
형 자기 힘[노력]으로 획득한; (보은 등이) 당연한

welfare
[wélfɛ̀ər]
명 복지

warranty
[wɔ́(ː)rənti]
명 근거, 보증, 보증서; 담보
warrant 명 정당한 이유, 보증
동 정당화하다, 보증하다

warlike
[wɔ́ːrlàik]
형 전쟁의, 호전적인
war 명 전쟁, 전투
형 전쟁의
동 …와 싸우다, 전쟁하다

voter
[vóutər]
명 투표자, 유권자
vote 동 투표하다, 투표로 선출[선정]하다
명 투표

vivid
[vívid]
형 생생한, 선명한; 생기가 넘치는
vividly 부 생생하게, 선명하게; 활발하게

기출단어로 기출문장을 완성해보세요.

1. Not predicting the future would be like driving a car without looking through the ______________.
   미래를 예측하지 않는 것은 차의 앞 유리로 밖을 보지 않고 운전하는 것과 같을 것이다.

2. Even though the Egyptians were ________, they found time for peaceful games.
   이집트인들이 호전적이었지만, 그들은 평화로운 게임을 할 시간을 찾았다.

3. We hope you enjoy your ________________ retirement.
   우리는 당신이 열심히 노력하여 얻은 은퇴 생활을 즐기기를 바란다.

4. He noticed a ________________ hunger for reading in the community.
   그는 그 지역사회에서 독서에 대한 널리 퍼진 열망을 알 수 있었다.

5. Stop blowing that _________ right now!
   휘파람 좀 그만 불어!

6. No longer were the shores densely wooded, nor could I see any _________ anywhere.
   해변은 예전처럼 빽빽이 나무가 서 있지도 않았고, 더 이상 야생 동물을 볼 수도 없었다.

7. It has succeeded in registering hundreds of thousands of ________s.
   이것은 수십만 명의 투표자들을 등록하게 하는 데 성공하였다.

8. One of the more amusing aspects of this age is the child's often _______ imagination.
   이 나이대의 더욱 재밌는 점들 중 하나는, 종종 있는 아이들의 생생한 상상이다.

9. Here Anita became interested in social ___________.
   이곳에서 애니타는 사회 복지에 대해서 관심을 가지게 되었다.

10. Over the last few decades, biologists have found that _____s.
    지난 몇 십년간, 생물학자들은 그 고래들을 찾았다.

11. And how about the ___________ period?
    품질 보증 기간은 얼마나 되나요?

vital [váitl]	형 생명의, 생명에 관한; 매우 중대한; 활기찬 vitality 명 활력, 원기
vertical [və́:rtikəl]	형 수직의, 바로 선
vague [veig]	형 (모양, 윤곽 등이) 분명치 않은; (말, 생각 등이) 명확치 않은, 애매한 vaguely 부 모호하게, 막연히 vagueness 명 모호함
unsuspecting [ʌ̀nsəspéktiŋ]	형 의심하지 않는, 수상히 여기지 않는, 신용하는 unsuspected 형 의심[혐의]받지 않은; 생각지도 않은, 뜻밖의 suspect 동 의심하다, 혐의를 두다 명 용의자
unsuccessful [ʌ̀nsəksésfəl]	형 성공하지 못한; 실패한
science [sáiəns]	명 과학 scientist 명 과학자 unscientific 형 비과학적인, 비합리적인 scientific 형 과학적인, 체계적인
unroll [ʌ̀nróul]	동 풀다; 펴지다
unrealized [ʌ̀nrí:əlàizd]	형 실현되지 않은, 인식되지 않은; 현금화되지 않은
unreal [ʌ̀nrí:əl]	형 실재하지 않는; 상상[가공]의, 비현실적인 unreality 명 비현실(성); 실재하지 않는 것
unpredictable [ʌ̀npridíktəbəl]	형 예언[예측]할 수 없는 명 예언[예측]할 수 없는 것

1. Environmental psychologists have long known about the harmful effects of __________, high-volume noise.
   환경심리학자들은 예기치 못한 큰 소음이 해로운 영향을 끼친다는 걸 오래전부터 알고 있었다.

2. As a result, their goals remain __________.
   그 결과로, 그들의 목표는 실현되지 않았다.

3. Another ______ factor is increasing one's responsiveness to the markets.
   또 다른 중요한 점은 시장에서 사람의 반응이 증가하는 것이다.

4. The smallmouth bass has a series of dark ______ bands along its sides.
   작은입 우럭은 몸통의 옆면에 거무스름한 수직 띠들이 있다.

5. Out of the dark came a __________ voice, "Who's there?"
   어둠 속에서 "거기 누구 있어요?"라는 희미한 목소리가 들려왔다.

6. It seizes the __________ prey with a lightning-fast snap of the jaws.
   그것은 전혀 의심하지 않는 먹잇감을 번개 같은 속도로 턱으로 잡아챘다.

7. That could be turned rather than ______ed like papyrus.
   그것은 파피루스처럼 펼쳐지는 것보다 넘겨질 수 있었다.

8. In __________ groups, individual members are not encouraged to do so.
   성공적이지 않은 그룹들에서는, 개인의 멤버들이 그렇게 하도록 장려되지 않는다.

9. When chatting with friends, some teenage girls are too expressive, talking and laughing loudly, playing to their __________ audiences.
   친구들과 수다를 떨 때, 어떤 십대 소녀들은 과장되게 표현하거나, 크게 웃고 얘기하며 가상의 청중들이 있는 것처럼 행동한다.

10. In some societies, herbal remedies are regarded as __________.
    일부 지역 사회에서는 한방 치료를 비과학적이라고 생각한다.

unnoticed [ʌ̀nnóutist]	ⓗ 주목되지 않는, 주의를 끌지 않는; 사람 눈에 띄지 않는 unnoticeable ⓗ 남의 주목을 끌지 못하는, 눈에 띄지 않는
unintentional [ʌ̀ninténʃənəl]	ⓗ 고의가 아닌, 무심코 한 unintentionally ⓑ 고의성 없이, 본의 아니게
undergo [ʌ̀ndərgóu]	ⓓ (underwent–undergone) 겪다, 받다, 경험하다
unimaginable [ʌ̀nimǽdʒənəbəl]	ⓗ 상상할 수 없는; 생각조차 못하는, 기상천외의 unimaginative ⓗ 상상력이 없는, 시적이 아닌
unforgettable [ʌ̀nfərgétəbəl]	ⓗ 잊을 수 없는, 언제까지나 기억에 남는
unfocused [ʌ̀nfóukəst]	ⓗ 초점이 맞지 않는; 목적이 불분명한; 하나에 집중하지 않는
unfamiliar [ʌ̀nfəmíljər]	ⓗ 익숙지 못한, 잘 모르는 unfamiliarity ⓜ 잘 모름, 익숙지 않음
unease [ʌ̀ní:z]	ⓗ 편치 않은; 걱정스러운 ⓜ 불안, 걱정, 불쾌감(= uneasiness)
undress [ʌ̀ndrés]	ⓓ …의 옷을 벗기다(= disrobe); 옷을 벗다 undressed ⓗ 옷을 벗은, 발가벗은, 잠옷 바람의
undoubtedly [ʌ̀ndáutidli]	ⓑ 의심할 여지없이
undifferentiated [ʌ̀ndifərénʃièitid]	ⓗ 차이가 생기지 않은, 획일적인(= uniform) differentiate ⓓ 구별하다; 구분 짓다

기출단어로 기출문장을 완성해보세요.

1. Tickling causes tension for most of us, such as feelings of ________.
간지럼은 우리들 대부분에게 편치 않은 느낌과 같은 긴장을 유발한다.

2. This is going to be an incredibly ________ tour.
이것은 믿기 힘들 정도로 잊을 수 없는 여행이 될 것이다.

3. Their goals of ten remain ________.
그들의 목표 중 열 개는 목적이 불분명했다.

4. People can notice facts which previously existed ________ among a mass of others.
사람들은 여러 사건들의 (기억) 속에 차이가 생기지 않은 채로 이전에 존재한 사실들을 간파할 수 있다.

5. A world without this is a almost ________.
이것 없는 세상은 거의 상상할 수 없다.

6. The earliest footwear was ________ born of the necessity to provide some protections.
초기 신발류는 의심할 여지없이 보호의 필요성에 의해서 생겨났다.

7. The younger members of Roman civilization would have dressed and ________ed their dolls.
어린 로마 시민들은 그들의 인형에게 옷을 입혔다 벗겼다 했다.

8. A group of students were shown an ________ rubbery object and told, "This could be a dog's chewy toy."
한 그룹의 학생들이 고무로 된 익숙하지 않은 물건을 보고 "이것은 개 껌이 될 수 있다" 고 말했다.

9. People are often considered to be rude ________ly.
사람들은 종종 본의 아니게 무례한 것으로 비추어진다.

10. Other heroes do their work quietly, ________ by most of us.
다른 영웅들은 그들의 일을 조용히, 우리들 대부분에게 눈에 띄지 않게 한다.

11. Learning to ski is one of the most humbling experiences an adult can ________ (that is one reason to start young).
스키를 배우는 것은 어른이 겪을 수 있는 가장 자존심상하는 경험 중의 하나이다(그것이 어려서 시작하는 이유이기도 하다).

undeveloped [ʌ̀ndivéləpt]	형 미발달의, 미발전의, 미개발의; 현상되지 않은 underdeveloped 형 저개발의, 후진국의
undeniably [ʌ̀ndináiəbli]	부 부인할 수 없게 undeniable 형 부정[부인]하기 어려운, 시비의 여지가 없는 deny 동 (denied-denied) 부정하다, 부인하다 denial 명 부정, 부인
uncut [ʌ̀nkʌ́t]	형 자르지 않은, 깎지 않은; 삭제하지 않은, 완전판의
unconsciously [ʌ̀nkɑ́nʃəsli]	부 무의식적으로 unconscious 형 모르는, 의식을 잃은 명 무의식
unclear [ʌ̀nklíər]	형 이해하기 힘든; 명백하지 않은, 막연한
uncertain [ʌ̀nsə́ːrtən]	형 불확실한, 확신이 없는 uncertainty 명 불확실(성), 확신이 없음
unceasing [ʌ̀nsíːsiŋ]	형 끊임없는, 쉴 새 없는, 연달은
unburdening [ʌ̀nbə́ːrdniŋ]	형 (마음의) 부담을 없애는, 편하게 하는
unavoidable [ʌ̀nəvɔ́idəbəl]	형 피하기[모면하기] 어려운, 불가피한
unattractive [ʌ̀nətrǽktiv]	형 사람의 눈을 끌지 않는, 애교 없는, 아름답지 않은

기출단어로 기출문장을 완성해보세요.

1. They had long been ______________ a part of him.
그것들은 오랫동안 무의식 속에서 그의 일부였었다.

2. The ______________ produce such as crooked carrots and odd-looking tomatoes was not valuable.
굽은 당근이나 오래된 것처럼 보이는 토마토처럼 매력적이지 않은 제품들은 가치가 없다.

3. Some wild plants confront an ________ future.
몇몇 야생 식물들은 불확실한 미래를 마주하게 되었다.

4. Today introductions are made in an ________ manner.
오늘날 소개는 불분명한 방식으로 이루어진다.

5. Absence is absolutely ____________.
부재가 절대적으로 불가피하다.

6. Investment policies favoring built-up areas over _______ed greenfields have produced relatively compact cities.
미개발 녹지공간보다는 도심지역에 혜택을 주는 투자 정책이 비교적 압축된 형태의 도시들을 만들어냈다.

7. It is those explorers, through their ________ trial and error, who have paved the way for us to follow.
그것은 끊임없는 시도와 실패를 통해서 우리가 따라갈 길을 만든 탐험가들이다.

8. But no psychologist has ever succeeded in proving the __________ effects of the supposed safety valves of tears and anger.
하지만 어떤 심리학자들도 눈물과 분노의 가상 안전밸브를 풀어 마음을 편안하게 하는 것의 효과를 입증하지 못했다.

9. Her response to the death of her lover was ________ charming.
애인의 죽음에 대한 그녀의 반응은 부인할 수 없게 매력적이었다.

10. An ______ movie might last four or five hours.
무삭제 영화는 4~5시간 정도로 길게 상영될 수도 있다.

unambiguous [ʌ̀næmbígjuəs]	형 모호[애매]하지 않은, 명백한 unambiguously 부 명백하게 ambiguous 형 애매한, 분명치 않은 ambiguously 부 애매하게
twist [twist]	동 (실 등을) 꼬다; 비틀다; 꼬이다; 뒤틀리다 명 꼬임; 뒤틀림 twisted 형 꼬인, 비틀어진
twinkle [twíŋkəl]	동 반짝반짝 빛나다, 반짝이다 명 반짝거림, 번득임
tutor [tjúːtər]	명 개인[과외] 교사 동 개인 교습을 하다
tumble [tʌ́mbəl]	동 굴러 떨어지다
tuition [tjuːíʃən]	명 (소그룹) 교습[수업]; 수업료(= tuition fee)
tropical [trápikəl]	형 열대의 명 열대어 tropic 형 열대(지방)의, 열대 특유의
triumph [tráiəmf]	명 승리(감) 동 승리하다 triumphant 형 의기양양한
tremendous [triméndəs]	형 막대한, 거대한; (구어) 대단한 tremendously 부 거대하게; 엄청나게
tray [trei]	명 쟁반, 쟁반 모양의 접시
trash [træʃ]	명 덫; 속임수, 음모 동 덫으로 잡다

기출단어로 기출문장을 완성해보세요.

1. Cultures sometimes vary __________ in this regard.
   이러한 면에서 문화는 가끔씩 엄청나게 다를 수 있다.

2. You don't need to pay your __________.
   넌 수업료를 낼 필요 없어.

3. How about these tea______s?
   이 차 쟁반들은 어때?

4. One person's __________ may be another's treasure.
   누군가의 쓰레기가 다른 누군가의 보물이 될 수 있다.

5. He watched the __________ing farmhouse lights below.
   그는 밑으로 보이는 농장 주택의 반짝거리는 불빛을 보았다.

6. He slips and slips, falls down, __________s again.
   그는 계속 미끄러지고, 넘어지고, 또 굴러 떨어진다.

7. The breadfruit grows on the __________ islands in the Pacific Ocean.
   빵나무 열매는 태평양의 열대 섬에서 자란다.

8. We have excellent math __________s available.
   저희는 훌륭한 수학 과외 교사가 있습니다.

9. We witness their struggles, __________s and failure.
   우리는 그들의 투쟁과, 승리와, 실패를 목격한다.

10. Their faces __________ed into vivid mixes of uncomfortable feelings.
    그들의 얼굴은 일그러져 몹시 불편한 여러 복합적인 감정을 보였다.

11. We actually require a more simplified presentation to identify facial features __________ly when presented in isolation.
    분리돼서 표시되었을 때 명백하게 얼굴 특징을 확인하기 위해 우리는 실제로 더 단순화된 설명이 필요하다.

translator [trænsléitər]	ⓜ 번역자; 통역자 translation ⓜ 번역; 해석 translate ⓢ 번역하다; …로 여기다, 해석하다
trait [treit]	ⓜ 특성, 형질
tragic [trǽdʒik]	ⓗ 비극의; 비참한 tragedy ⓜ 비극; 비극적 사건
tournament [túərnəmənt]	ⓜ 토너먼트, 승자 진출전, 선수권 대회
torso [tɔ́ːrsou]	ⓜ 나체 흉상, 몸통; 미완성 작품
timepiece [táimpìːs]	ⓜ 계시기(計時器), '시계'의 고어
thrill [θril]	ⓜ 흥분, 전율 ⓢ 흥분시키다 thrilling ⓗ 흥분시키는 thrilled ⓗ 흥분한, 감격한, 설레는
therapy [θérəpi]	ⓜ 치료(법) therapist ⓜ 치료사
terminate [tə́ːrmənèit]	ⓢ 끝내다, 종결시키다

기출단어로 기출문장을 완성해보세요.

1. The problems of musical ________ for two-year-olds
두 살 먹은 어린이들을 위한 음악 치료 문제

2. By the 17th century some geniuses, including Galileo and Pascal, had theorized about, but failed to build, better ________.
17세기 갈릴레오와 파스칼을 포함한 몇몇의 천재들은 계시기보다 좋은 이론을 세웠지만 만들지 못하였다.

3. Your hand is connected to your whole arm, the arm to the ________.
당신의 손은 당신의 팔 전체, 팔에서 몸통까지 연결되어 있다.

4. I was ________ed as I boarded the boat.
보트에 탔을 때 나는 전율을 느꼈다.

5. If you can speak another language, please serve as a ________.
외국어를 하실 수 있으신 분들은 통역자로 봉사해주십시오.

6. At Wimbledon, for example, Britain's Greg Rusedski hit the ball at 138 mph, the fastest recorded serve for the ________.
예를 들어, 윔블던 대회에서 영국의 그렉 루세드스키 선수는 그 대회에서 가장 빠른 서브로 기록된 시속 138마일의 속도로 공을 때렸다.

7. Subjects had the ability to ________ the noise with a "panic button."
피 실험자들이 소음을 "비상벨"로 없앨 수 있었다.

8. It is a human ________ to try to define and classify the things we find in the world.
우리가 세상에서 발견하는 것들을 정의하고 분류하려고 하는 것은 인간의 특성이다.

9. They have been motivated to conserve them after discovering the ________ realities these plants face.
그들은 이들 식물들이 맞는 비극적인 현실을 발견한 뒤에는 그들을 보호하도록 자극받았다.

temple [témpəl]	ⓜ 신전(神殿), 성당; 관자놀이
temperament [témpərəmənt]	ⓜ 기질, 성질 temper ⓜ (일시적) 기분; 성미, 기질
telegraphic [tèləgrǽfik]	ⓗ 전신기의, 전송(電送)의; 신호의 telegraphy ⓜ 전신(술); 전신법
tease [ti:z]	ⓢ 놀리다 ⓜ 놀림
symphony [símfəni]	ⓜ 교향곡, 심포니 symphonic ⓗ 교향악의; (음이) 조화를 이루는
swiftly [swíftli]	ⓑ 신속히, 빨리 swift ⓗ 빠른, 신속한
supreme [səprí:m]	ⓗ 최고의
supervise [sú:pərvàiz]	ⓢ (일, 노동자 등을) 감독하다, 관리하다 supervisor ⓜ 감독, 관리인
superior [səpíəriər]	ⓗ 나은, 우월한, 상위의(↔ inferior) ⓜ 윗사람, 상사 superiority ⓜ 우월성, 우월감
sunset [sʌ́nsèt]	ⓜ 해넘이, 일몰 ⓗ 쇠퇴하는, 사양의

기출단어로 기출문장을 완성해보세요.

1. The old Sumerian cuneiform was a mere ______ shorthand.
고대 수메리아의 쐐기 문자는 단순한 전보를 보내기 위한 속기였다.

2. He ______ed me saying, "Wow, you look like you are 11."
그는 나에게 "와, 너 11살처럼 보인다."라고 말하며 놀렸다.

3. Its hunting technique is not to ______ pursue its victim, but to wait for it.
그것의 사냥 기술은 재빨리 희생양을 쫓는 것이 아니라 기다리는 것이다.

4. You are in a state of ______ delight.
너는 지금 최고로 기쁜 상태이다.

5. In fact, people have been using birth order to account for personality factors such as an aggressive behavior or a passive ______.
사실, 사람들은 공격적인 행동이나 수동적인 성질과 같은 성격 요소들을 해명하기 위해 태어난 순서를 사용해왔다.

6. They're much better than musicals or ______ concerts.
그것은 뮤지컬이나 교향곡 콘서트보다 훨씬 낫다.

7. This can also create an atmosphere where children are better ______d.
이것이 또한 아이들이 더 잘 감독되는 분위기를 만들 수 있다.

8. Now many kinds of ______ coffee beans are being decaffeinated in ways that conserve strong flavor.
이제 많은 종류의 뛰어난 커피 콩들은 강한 향을 지키는 방법으로 카페인이 제거된다.

9. A friend of mine and his wife were watching a beautiful ______.
내 친구와 그의 부인은 아름다운 일몰을 보고 있었다.

10. Knowledge of writing was confined to professionals who worked for the king or ______.
쓰는 것을 아는 것은 왕이나 사원을 위해 일하는 전문가에게 한정되었다.

sunrise
[sʌ́nràiz]
명 해돋이, 일출

sundial
[sʌ́ndàiəl]
명 해시계

sun-baked
[sʌ́nbèikt]
형 햇볕에 구운, 햇볕에 말린, 햇볕이 강한

summit
[sʌ́mit]
명 정상; 정상 회담

summarize
[sʌ́məràiz]
동 요약하다
summary 명 요약

suburb
[sʌ́bəːrb]
명 (the ~s) 교외, 도시 주변의 주택지
suburban 형 교외의, 교외에 사는

subtle
[sʌ́tl]
형 미묘한(↔ obvious)

substitute
[sʌ́bstitjùːt]
동 대체하다, 대용하다
명 대리(인), 대용품
substitution 명 대용(품), 대리(인); 대체

submit
[səbmít]
동 (submitted-submitted) 제출하다; 굴복시키다; 항복하다
submission 명 항복, 복종; 제출

subconscious
[sʌbkɑ́nʃəs]
형 잠재의식의, 어렴풋이 의식하는
명 잠재의식

까먹었다구, mp3로 다시 한번

기출단어로 기출문장을 완성해보세요.

1. The mountain is steepest at the ______, but that's no reason to turn back.
산은 정상에서 가장 가파르지만 그것이 되돌아갈 이유는 아니다.

2. They ______ the major world and national news stories.
그들은 국내외 주요 뉴스들을 요약한다.

3. Cities in Western Europe tend to be economically healthy compared with their ______s.
서유럽의 도시들은 교외에 비해 경제적으로 탄탄하다.

4. We awoke the next morning to a magical ______.
우리는 다음 날 아침 멋진 일출에 잠에서 깼다.

5. For centuries, ______s and water clocks inaccurately told us all we needed to know about time.
몇 세기 동안, 해시계와 물시계는 우리가 시간에 대해서 알아야 할 필요가 있는 모든 것들을 부정확하게 말해주었다.

6. Music works on the ______.
음악은 잠재의식에 작용한다.

7. In Pamplona, a white-walled, ______ town high up in the hills of Navarre, is held in the first two weeks of July each year the World's Series of bull fighting.
나바르 언덕 높은 곳에 위치한 흰 색 벽과 햇살 따가운 소 도시 팜플로나에서는 해마다 7월 첫 2주 동안 투우 월드시리즈가 개최된다.

8. Could you be a ______ for me?
나 좀 대신해줄 수 있니?

9. This will, in some cases, enhance ______ information about light versus dark differences.
어떤 경우에는 이것이 명암의 차이에 대한 미묘한 정보를 부각시킬 것이다.

10. I want to ______ my new application tomorrow.
내일 새 신청서를 제출하고 싶어.

stunning [stʌ́niŋ]	형 멋진, 놀라운 stunned 형 놀라는 stun 동 (stunned-stunned) 크게 놀라게 하다; 기절시키다
stubbornly [stʌ́bərnli]	부 완강하게 stubborn 형 완고한 stubbornness 명 완고함
stream [striːm]	명 흐름, 내 동 흐르다, 흘러가다
straw [strɔː]	명 짚; 빨대 형 짚의
storage [stɔ́ːridʒ]	명 저장, 보관 store 명 가게, 상점 동 비축[저장]하다
stir [stəːr]	동 휘젓다; 움직이다; 불러일으키다, 자극하다 stirring 형 흥분시키는
stimulate [stímjəlèit]	동 자극[격려]하다 stimulation 명 자극, 격려 stimulus 명 자극(제)
stiffly [stífli]	부 딱딱하게, 뻣뻣하게; 완고하게 stiff 형 뻣뻣한, 경직된, 굳은
stationary [stéiʃənèri]	형 움직이지 않는, 주둔한 station 명 위치, 정거장 동 부서에 배치하다, 주재[주둔]시키다
stable [stéibl]	형 안정된, 견고한 명 마구간, 외양간 stability 명 안정(성); 견실함

기출단어로 기출문장을 완성해보세요.

1. It rewards insects with a ________ environment.
그것은 곤충에게 안정적인 환경을 제공한다.

2. The static and the sentence formed separate perceptual ________ due to differences in the quality of sound that caused them to group separately.
잡음과 문장이 음질의 차이 때문에 분리된 집단을 이루어서 분리된 지각의 흐름을 형성한 것이다.

3. Do you sell ________ hats, too?
밀짚모자도 파나요?

4. And what a person thinks on his own without being ________d by the thoughts and experiences of other people is at best insignificant and monotonous.
그리고 한 사람이 다른 사람들의 생각과 경험에 의해 자극을 받지 않고 혼자서 생각하는 것은 기껏해야 하찮거나 단조롭다.

5. The ball curved cleanly into the basket, ________ popping the chain-link net.
공은 그물 네트를 빳빳하게 튀기면서 깨끗이 농구 골대로 휘어들어갔다.

6. No, she's on the ________ bike.
아니, 저기 고정된 자전거 (타는 운동기구) 타고 있는 여자 말이야.

7. For instance, goldfish bowls look ________ filled with flower heads or petals, magnifying their contents.
예를 들어, 꽃과 잎사귀로 가득한 금붕어를 키우던 어항은 내용물을 확대하며 아주 멋지게 보입니다.

8. "Don't ________ up the water more than you have to."
필요 이상으로 물을 휘젓지 마라.

9. In fact, there's an extra monitor in the ________ room.
사실, 창고에 여분의 모니터가 있다.

10. Yet the vast majority of Americans remain ________ monolingual.
대다수의 미국인들은 여전히 고집스럽게 1개 국어를 사용하고 있다.

spray [sprei]	ⓜ 물보라, 스프레이; 작은 가지 ⓓ 물보라를 일으키다
spoil [spɔil]	ⓓ 망치다(= ruin), 버려 놓다, 못쓰게 만들다; 상하다
spirit [spírit]	ⓜ 정신; 마음; 영혼 spiritual ⓗ 정신적인; 영혼의
spill [spil]	ⓓ 엎지르다 ⓜ 유출
spectator [spékteitər]	ⓜ 구경꾼, 관객
spectacular [spektǽkjələr]	ⓗ 장관인, 구경거리의, 굉장한 spectacle ⓜ 장관, 구경거리; (~s) 안경
sparkle [spɑ́:rkəl]	ⓓ 반짝이다 ⓜ 반짝임, 광채 sparkling ⓗ 불꽃을 튀기는, 반짝거리는
sore [sɔ:r]	ⓗ 아픈, 슬픔에 잠긴 ⓜ 쓰리고 아픈 곳, 상처
shrug [ʃrʌg]	ⓓ 어깨를 으쓱하다 ⓜ 어깨를 으쓱하기
solitary [sɑ́litèri]	ⓗ 고독한; 혼자서 하는 solitude ⓜ 고독
snowstorm [snóustɔ̀:rm]	ⓜ 눈보라

1. The barking of a distant dog served to accentuate the ______________ scene.
   멀리 개 짖는 소리가 외로운 장면을 두드러지게 하는 데 기여했다.

2. Participants should bring comfortable clothes and shoes, insect ______________, and sun block for the outdoor activities.
   참가자들은 편안한 옷과 신발, 벌레 잡는 스프레이, 야외 활동을 위한 자외선 차단제를 가지고 와야 합니다.

3. This humidity can cause the coffee to quickly ______________.
   이러한 습기가 커피를 빨리 상하게 할 수 있다.

4. Kathmandu, which looks out on the ______________ing Himalayas, enjoys a warm climate year-round.
   반짝이는 히말라야를 조망하는 카트만두는 일 년 내내 따뜻한 기후를 즐긴다.

5. The ______________ came thick fog.
   눈보라가 두꺼운 안개처럼 다가왔다.

6. Either way, your ______________ experience will have been a fun one.
   어떤 경우이든 여러분의 구경꾼으로서의 경험이 하나의 재미가 될 것이다.

7. My throat's ______________, and I can't hit those high notes.
   목이 아파서 높은 음을 낼 수 없어요.

8. The show will be more dynamic and ______________ than before.
   그 쇼는 전보다 더 역동적이고 장관일 것이다.

9. We must work to resolve conflicts in a ______________ of reconciliation.
   우리는 조화의 정신에 입각하여 분쟁을 해결해야 한다.

10. Somebody ______________ed juice all over the bench.
    누군가가 벤치 전체에 주스를 흘려놓았다.

11. He just ______________ged and said, "Sorry, kid."
    그는 어깨를 으쓱하며 말했다. "미안하다, 꼬마야."

snap [snæp]	ⓢ (snapped-snapped) 확 잡다, 잡아채다; 짤깍 소리내다; 스냅 사진을 찍다; 덥석 물다; 날카롭게 말하다 명 스냅; 툭 소리냄; 덥석 물기; 스냅 사진 snapshot 명 스냅 사진; 엿봄; 단편 동 스냅 사진을 찍다
skip [skip]	동 (skipped-skipped) 건너뛰다, 빼먹다; 깡충깡충 뛰어가다
skeptical [sképtikəl]	형 회의적인, 의심하는 skeptic 명 회의론자 skepticism 명 회의; 회의론; 무신론
simultane-ously [sàiməltéiniəsli]	부 동시에; 일제히 simultaneous 형 동시에 일어나는, 동시의
silk [silk]	명 명주실, 비단 silky 형 명주의, 부드럽고 매끈매끈한
sidewalk [sáidwɔ̀ːk]	명 (포장한) 보도, 인도
sideboard [sáidbɔ̀ːrd]	명 (식당의 벽 쪽에 비치된) 찬장, 식기대
scratch [skrætʃ]	동 긁다, 할퀴다; (긁어서) 그리다, 새기다 명 할퀸 자국[상처], 찰과상

기출단어로 기출문장을 완성해보세요.

1. On the ___________ behind her, two tall glasses, soda water, champagne.

   그녀의 뒤편에 있는 식기 찬장에는 두 개의 큰 유리잔과, 소다수와, 샴페인이 있었다.

2. Elites in particular were ___________ of television.

   특히 엘리트 집단이 TV에 회의적이었다.

3. The great loneliness—like the loneliness a caterpillar endures when she wraps herself in a _______y cocoon and begins the long transformation to butterfly.

   그 엄청난 고독은 애벌레가 누에고치 속에서 자신을 감싸고 나비로의 기나긴 변형을 시작할 때 참아내는 고독한 상황과 같은 것이다.

4. Then, it seizes the unsuspecting prey with a lightning-fast _________ of the jaws, and swallows the prey down head first.

   그러면 그것은 번개같이 빠른 턱의 스냅으로 경계를 하고 있지 않던 먹이를 붙잡아 머리부터 먼저 삼킨다.

5. Whenever it snows, Brian always goes out and clears the snow off the ________s.

   눈이 올 때마다 브라이언은 항상 밖으로 나가서 보도에 쌓인 눈을 치운다.

6. We noticed our friend talking on the phone while ______________ answering the door, checking on dinner, and changing her baby's diaper.

   우리는 우리 친구가 동시에 노크에 응하고, 저녁을 점검하고, 아기의 기저귀를 갈면서 통화하고 있는 것을 알아차렸다.

7. That's not a good enough reason to _______ dinner.

   그건 저녁 식사를 건너뛸 만한 충분한 이유가 못 되는 것 같은데.

8. The first preserved example of Greek alphabetic writing, ________ed onto an Athenian wine jar of about 740 B.C., is a line of poetry announcing a dancing contest.

   그리스 알파벳 쓰기의 최초로 보존된 예는 기원전 740년경의 아테네 술병에 새겨진 것으로 무용 경연 대회에서 발표한 시의 한 구절이었다.

shift [ʃift]	ⓢ 옮기다; 바꾸다 ⓜ 변화, 이동; 교체, 교대 근무
shame [ʃeim]	ⓜ 부끄러움, 수치; 유감 shameless ⓗ 수치를 모르는, 뻔뻔스러운
shade [ʃeid]	ⓜ 그늘 ⓢ 그늘지게 하다
semester [siméstə*r*]	ⓜ 학기
selfless [sélflis]	ⓗ 사심 없는, 무욕의; 헌신적인 selfish ⓗ 이기적인, 제멋대로 하는
self-conscious [sélfkάnʃəs]	ⓗ 자의식이 강한; 남의 이목을 의식하는 self-consciousness ⓜ 자의식
self-confidence [sélfkάnfədəns]	ⓜ 자신감 self-confident ⓗ 자신 있는; 자신 과잉의
seize [si:z]	ⓢ 잡아채다(= grab); 장악[압수]하다
seemingly [sí:miŋli]	ⓑ 겉보기에(= apparently)
sew [sou]	ⓢ (sewed-sewed) 꿰매다, 깁다; 바느질하다

기출단어로 기출문장을 완성해보세요.

1. In a community built on trust and openness students feel secure and can develop the ________________.

   신용과 관대함이 토대가 된 사회에서 학생들은 안정감을 느끼고 자신감을 발달시킬 수 있다.

2. What a ________!

   얼마나 부끄럽던지!

3. The trees do a lot more than give ________.

   나무는 그늘을 만들어주는 것보다 더 많은 것을 제공한다.

4. Your school fees for this ________ are 4,900 dollars.

   당신의 학비는 이번 학기에 4,900달러에요.

5. Whatever their type, heroes are ________ people who perform extraordinary acts.

   그들이 어떤 유형이든, 영웅은 비범한 일들을 해내는 사심 없는 사람들이다.

6. One of the most important ________s will be an increased recognition of patient individuality, a concept now largely ignored.

   가장 중요한 변화 중 하나는 지금은 전체적으로 묵인되고 있는 환자의 개별성이라는 개념의 인식 확대일 것이다.

7. Then, it ______s the unsuspecting prey.

   그때, 그것은 경계하고 있지 않던 먹이를 붙잡는다.

8. This ________ reasonable explanation has held up for over a century.

   겉보기에 합리적으로 보이는 이 설명은 1세기 이상이나 신봉되어왔다.

9. Believing that everyone is watching them, teenagers are extremely ________________.

   모든 사람들이 그들을 바라보고 있다고 믿으면서 십대들은 극도로 남의 이목을 의식한다.

10. They were later made of pieces of animal skin ________n together and stuffed with feathers or hay.

    그것(공)들은 나중에 동물 가죽을 바느질하여 붙이고 깃털이나 건초를 그 안에 채워 넣어 만들어졌다.

search [səːrtʃ]	⑤ 찾다 ⑲ 수색, 조사
seafood [síːfùːd]	⑲ 해산 식품, 어패류 요리 ⑱ 해산물 요리의
sculpture [skʌ́lptʃər]	⑲ 조각(품)
scrub [skrʌb]	⑤ (scrubbed-scrubbed) 벅벅 문질러 닦다
script [skript]	⑲ 손으로 쓰기; 자체(字體); 필기체 활자; 대본 ⑤ 대본을 쓰다
satellite [sǽtəlàit]	⑲ 위성; 인공위성 ⑤ 위성 중계하다
saint [séint]	⑲ 성인(聖人), 성자
saddle [sǽdl]	⑲ 안장 ⑤ 안장을 얹다
sacrifice [sǽkrəfàis]	⑤ 희생하다; 제물로 바치다 ⑲ 희생; 제물

기출단어로 기출문장을 완성해보세요.

1. With his edible produce ________s, Elffers hopes to share that joy.
   엘퍼스는 그가 만든 먹을 수 있는 농산물 조각품들로 그 즐거움을 나누고 싶어 한다.

2. She would ________, mop, and dust everything.
   그녀는 모든 것을 문지르고 닦고 먼지를 떨어내곤 했다.

3. A related limitation was that few people ever learned to write this early ________.
   (이것에) 관계되었던 한계는 사람들이 거의 이러한 초기의 문자를 쓰는 것을 배우지 못했다는 것이다.

4. Thanks to ________, we can find out instantly about events that occur on the other side of the world.
   인공위성 덕분에, 우리는 정반대편의 세계에서 일어나는 사건들을 즉시 알 수 있게 되었다.

5. Busan has beautiful beaches and lots of great ________ restaurants.
   부산에는 아름다운 해변이 있고 훌륭한 해산물 음식점도 많다.

6. Even if this neighbor were a ________, you would be likely to interpret his behavior in ways that fit your expectation.
   이 이웃이 성자라고 하더라도, 당신은 그의 행동을 당신의 기대에 맞춰서 해석하려고 할 것이다.

7. A dissatisfied horse asked the gods for a ________ that would grow upon him.
   불만 가득한 말이 신들에게 몸에서 저절로 자라나는 안장을 요구했다.

8. Their glory lies not in their achievements but in their ________s.
   그들의 영광은 그들의 성과에 기인하는 것이 아니고 그들의 희생에 근원을 둔다.

9. Just as people ________ for books in bookstores, you can find and select what you want with a computer.
   사람들이 서점에서 책을 찾는 것과 같이 여러분이 원하는 것을 컴퓨터로 찾고 고를 수 있다.

sacred [séikrid]	ⓗ 신성한; 종교적인
rural [rúərəl]	ⓗ 시골의
runway [rʌ́nwèi]	ⓜ 통로, 활주로
royal [rɔ́iəl]	ⓗ 왕의; 왕립의 royalty ⓜ 왕위; 왕족; 인세, 사용료
round-trip [ráundtríp]	ⓗ 일주 여행의; 왕복 여행의 round trip ⓜ 왕복 여행
rot [rɑt]	ⓓ (rotted-rotted) 썩다, 부패하다(= decay) rotten ⓗ 썩은, 부패한
roar [rɔːr]	ⓓ 으르렁거리다, 고함치다, 크게 웃다 ⓜ 으르렁거리는 소리
roam [roum]	ⓓ (정처 없이) 걸어다니다, 돌아다니다 ⓜ 돌아다님, 산책
riverboat [rívərbòut]	ⓜ 강(江)배 riverfront ⓜ (도시의) 강변 지대, 강기슭

기출단어로 기출문장을 완성해보세요.

1. They are communicating with pilots and telling them which ________s to use to take off or land.

   그들은 기장들에게 이 · 착륙 시 어느 활주로를 사용할지 이야기하면서 의사소통한다.

2. Kings found it so enjoyable that it was known as 'the ______ game.'

   왕들은 그것이 재미있다는 것을 알게 되어 이는 '왕의 경기'라고 알려졌다.

3. The prize is a __________ airplane ticket to any destination in the world.

   상품은 세계 어느 목적지라도 갈 수 있는 왕복 항공권이다.

4. A water plant called the ________ lotus regulates its temperature.

   신성한 로터스라는 수중 식물은 자신의 온도를 조절한다.

5. The storm boomed and ______ed outside the long-range aircar.

   폭풍우는 에어카의 긴 선체의 바깥쪽을 때리고 으르렁거렸다.

6. Such long-distance communication is a must for animals such as giraffes or elephants that ______ over wide areas.

   그러한 장거리 의사소통은 기린이나 코끼리와 같이 넓은 지역을 돌아다니는 동물들에게는 필수적이다.

7. Flying over ________ Kansas in an airplane one fall evening was a delightful experience for passenger Walt Morris.

   월트 모리스라는 승객에게는 어느 가을 저녁 비행기를 타고 시골 캔자스 지역을 날아가는 것이 아주 기분 좋은 경험이었다.

8. I took a __________ from my hometown after 20 years absence.

   나는 20년의 부재 끝에 고향에서 강배를 탔다.

9. I looked down upon the ______ting, dead tree-stems.

   나는 썩어가고 있는 죽은 나무뿌리들을 내려다보았다.

ritual [rítʃuəl]	명 (종교적) 의식, 의례 형 (종교적) 의식의, 의례적인
retouch [riːtʌ́tʃ]	동 손질하다, 수정하다, 염색하다 명 손질, 수정
retirement [ritáiərmənt]	명 퇴직, 은퇴 retire 동 퇴직[은퇴]하다 retiree 명 퇴직자
restful [réstfəl]	형 편안한, 평온한
reservoir [rézərvwɑ̀ːr]	명 저수지, 저장소, 보고; 저장, 축적
resemble [rizémbəl]	동 …와 닮다, 유사하다
remote [rimóut]	형 (시간, 공간적으로) 먼, 외딴; 관계가 먼 명 리모콘
remodel [riːmɑ́dl]	동 개작[개조, 개축]하다; (행실 등을) 고치다 remodelling 명 주택 개보수, 리모델링
rely [rilái]	동 (relied-relied) 의존하다, 믿다 reliant 형 의존하는 reliance 명 의존
reluctant [rilʌ́ktənt]	형 마음 내키지 않는; 마지못해 하는 reluctance 명 싫음, 마지못해 함

기출단어로 기출문장을 완성해보세요.

1. They admit it is extremely difficult to determine what should and should not be ________ed.
   그들은 무엇이 (수정)되어야 하고 수정되지 말아야 하는지를 결정하는 것은 굉장히 어렵다는 것을 인정한다.

2. Early jazz mainly ________ed on live performance.
   초기의 재즈는 주로 라이브 공연에 의존했다.

3. The French government was ________ to shoulder the financial burden.
   프랑스 정부는 재정적 부담을 짊어지는 것을 꺼려했다.

4. They studied the facial reactions of students to horrific film about a teenage Aboriginal ________ ceremony.
   그들은 십대 원주민의 종교적 의식을 다루는 공포 영화에 대한 학생들의 얼굴 반응을 연구했다.

5. In a place so ________, it was extremely difficult to be a 'friend to man.'
   그렇게 멀리 떨어진 곳에서, '사람의 친구'를 찾는 것은 굉장히 어려웠다.

6. Post-modern museum and the newly ________ed aquarium plays a big role in the comeback of Chattanooga.
   포스트모던 박물관과 새롭게 개조한 수족관은 채터누가가 복구되는 데 큰 역할을 하였다.

7. Play is physically ________ and relieves tensions as we share our emotions with others.
   놀이는 육체적으로 편안하며 우리가 다른 사람과 감정을 나누기 때문에 긴장을 완화시켜 준다.

8. They constitute a deep ________ of accumulated wisdom.
   그들은 축적된 지혜의 거대한 저장소를 구축한다.

9. We hope you enjoy your well-earned ________.
   우리는 당신이 열심히 노력하여 얻은 은퇴 생활을 즐기기를 바란다.

10. Our heads do not ________ steam kettles.
    우리의 머리는 증기 주전자를 닮지 않았다.

reliable [riláiəbəl]	ⓗ 믿을 수 있는
regional [ríːdʒənəl]	ⓗ 지역적인; 지방의 region ⓜ 지역, 지대; 영역
refuse [rifjúːz]	ⓓ (제의, 초대, 허가 등을) 거절하다, 사절하다; 거부하다 ⓜ [réfjuːs] 쓰레기 refusal ⓜ 거절, 거부
refuel [riːfjúːəl]	ⓓ …에 연료를 보급하다; 연료의 보급을 받다 refueling ⓜ 급유
reform [riːfɔ́ːrm]	ⓓ 개혁하다[되다], 개선하다[되다]; 다시 만들다 ⓜ 개혁, 개선
reconsider [rìːkənsídər]	ⓜ 재고하다; 다시 생각하다
recite [risáit]	ⓓ 암송하다; 낭송[낭독]하다 recital ⓜ 독주회, 리사이틀, 독창회; 암송
recipe [résəpìː]	ⓜ 조리법, 요리법; 처방전
rechargeable [riːtʃáːrdʒəbəl]	ⓗ 충전할 수 있는 rechargeable battery: 충전지 recharge ⓜ 재습격, 역습; 재충전 ⓓ 재습격하다, 재충전하다
reception [risépʃən]	ⓜ 받아들이기; 리셉션; 수신

기출단어로 기출문장을 완성해보세요.

1. Just remember to plug ______________ battery in when you go to bed.
잠자러 갈 때 충전지를 콘센트에 꽂는 걸 잊지 마라.

2. It's time for us all to ____________ the seriousness of the problem and to do something about it.
이제 우리가 이 문제의 심각성에 대해 다시 생각하고 무언가를 해야 할 때이다.

3. It requires sensitivity to ____________ and individual differences.
그것은 지역적이고 개인적인 차이점들에 대한 예민함을 필요로 한다.

4. The smell of gasoline goes into a car's tank during a ______ stop.
가솔린의 냄새가 연료를 재주입하는 동안 자동차의 연료탱크 안으로 들어간다.

5. Artists during the Renaissance ________ed painting.
르네상스 시대의 화가들은 그림을 개혁했다.

6. I can ________ the names of nearly every baseball player on the team.
나는 팀의 거의 모든 야구 선수들의 이름을 암송할 수 있다.

7. He will give her a ________.
그가 그녀에게 조리법을 알려줄 것이다.

8. When things are darkest, successful people ____________ to give up because they know they're almost there.
상황이 가장 암울할 때 성공하는 사람들은 자신들이 그곳에(성공에) 거의 다 다랐다는 것을 알기 때문에 포기하기를 거부한다.

9. A recent study suggests that perceived age may be a more ____________ predictor of marketing success on the gray market than actual age.
최근의 연구에서는 노인 시장에서의 판매 성공을 예측하는 데에는 실제 나이보다 인식된 나이 쪽이 더 믿을 만하다고 밝혀졌다.

10. Unwanted signals, such as noise in the ______________ or recording of sound
소리의 수신 또는 녹음 시에 발생하는 소음과 같은 원치 않는 신호음

rebound [ribáund]	ⓢ 되튀다, 반향하다; 다시 일어서다 명 [ribáund] 되튐, 반발
reassemble [rì:əsémbəl]	동 다시 모으다[모이다]; 새로 짜 맞추다
reap [ri:p]	동 수확하다, (보상을) 받다[얻다]
realm [relm]	명 왕국, 영토; 범위, 영역, 분야
radar [réidɑ:*r*]	명 레이더, 전파 탐지법
rabbit [rǽbit]	명 집토끼, 토끼
puppy [pʌ́pi]	명 강아지
punish [pʌ́niʃ]	동 벌주다, 처벌하다 punishment 명 형벌, 처벌
punctually [pʌ́ŋktʃuəli]	부 시간대로, 정각에 punctual 형 시간을 엄수하는, 기한을 지키는

1. Today the top rewards go to those who can operate with equal confidence in different _______s.
   오늘날에 최고의 보상은 다양한 영역에서 같은 자신감으로 일할 수 있는 사람에게로 간다.

2. If you demand that children tell you the truth and then _______ them because it is not very satisfying, you teach them to lie to you to protect themselves.
   만약 당신이 아이들에게 진실을 말하게 하고 그것이 만족스럽지 않다고 벌을 준다면, 당신은 그들에게 자신들을 보호하기 위해 거짓말을 하라고 가르치는 것이다.

3. A few moments later, _______ as always, she heard the car approach and stop outside.
   잠시 후에 항상 그렇듯이 정확한 시간에 그녀는 차가 다가와 밖에서 멈추는 소리를 들었다.

4. I mean those people looking at the _______ screen.
   내 말은 레이더 화면을 보고 있는 저 사람들 말이야.

5. He _______ed his shot and passed the ball to my mother, who had been watching us from the foul line.
   그는 그의 슛을 리바운드해서 파울 라인에서 우리를 지켜보던 어머니에게로 패스했다.

6. The farmer sowed seeds and _______ed what he sowed.
   농부는 씨앗을 뿌리고 자신이 뿌린 것을 거두어들였다.

7. From there they were taken to Arizona and were _______d by workers in the Arizona desert.
   그곳에서 그들은 애리조나로 데려가졌고, 애리조나 사막에서 일꾼들에 의해 재조립되었다.

8. Your eyes are as red as a _______'s!
   너의 눈이 토끼의 눈만큼 빨갛다.

9. Julie takes the _______ to an animal hospital.
   줄리는 강아지를 동물 병원에 데려갔다.

punch [pʌntʃ]	[동] 주먹으로 세게 치다; 구멍을 뚫다 punch in 입력하다
pump [pʌmp]	[명] 펌프, 양[흡]수기 [동] 펌프로 (물을) 퍼 올리다[퍼내다]; 뿜어내다
pulse [pʌls]	[명] 맥박
pulp [pʌlp]	[명] 과육, 펄프
protest [prətést]	[동] 항의하다, 이의를 제기하다; 주장하다 [명] 항의; 이의 제기; 주장
prosper [práspər]	[동] 번영[번창]하다 prosperity [명] 번영, 번창
profound [prəfáund]	[형] 심오한; 깊은
procedure [prəsí:dʒər]	[명] 절차, 순서 proceed [동] 나아가다; 계속[속행]하다 proceeding [명] 진행 (방식); 처리; (~s) 소송 절차
praise [preiz]	[동] 칭찬하다; 찬미하다 [명] 칭찬

기출단어로 기출문장을 완성해보세요.

1. Therefore, don't forget to ________ others.
   그러니까 다른 사람들을 칭찬하는 걸 잊지 마라.

2. The goal of medicine as it is currently practiced is to develop ________s and drugs that work equally well on all patients.
   현재 사용되는 약의 목적은 모든 환자에게 동등한 효과를 발휘하는 절차와 약을 개발하는 것이다.

3. And often what they seek is not so much ________ knowledge as quick information.
   그리고 종종 그들이 찾는 것은 심오한 지식이라기보다는 빠른 정보이다.

4. She called me up to ________ that the tornado watch had kept her in her basement for five hours, and nothing happened.
   그녀는 토네이도 경보로 5시간 동안 자기 집 지하실에 있었는데, 아무 일도 일어나지 않았다고 나에게 항의하려고 전화했다.

5. We are ________ing huge quantities of CO_2 into the atmosphere, almost one-third of which comes from cars.
   우리는 대기 중에 엄청난 양의 CO_2를 뿜어내고 있는데, 이의 1/3은 자동차에서 나온다.

6. You will cause plankton to release tiny ________ of light.
   당신은 플랑크톤이 미세한 빛의 파동을 일으키게 할 것이다.

7. The demand for them will increase as we ________.
   그것들에 대한 수요는 인간이 번성함에 따라 더욱 증가할 것이다.

8. You go to a vending machine, ________ in your ID number and get your medicine.
   자동판매기에 가셔서, ID 번호를 입력하시고, 여러분의 약을 받으십시오.

9. The ________ of breadfruit looks and feels much like new bread.
   빵나무 열매의 과육은 새로 구운 빵처럼 보이고 느껴진다.

pat [pæt]	ⓢ (patted-patted) (손바닥으로) 가볍게 두드리다[쓰다듬다]
alarm [əlɑ́ːrm]	ⓢ 놀라게 하다 ⓜ 경보기, 자명종; 놀람 alarmed ⓗ 놀란 alarming ⓗ 놀라운
aside [əsáid]	ⓑ 따로 두고, 제쳐 놓고; 옆으로 put… aside …을 제쳐 놓다
astronomer [əstrɑ́nəmər]	ⓜ 천문학자 astronomical ⓗ 천문학의 astronomy ⓜ 천문학
bargain [bɑ́ːrgən]	ⓜ 싼 물건, 특가품; (매매) 계약 ⓢ 흥정하다
belong [bilɔ́(ː)ŋ]	ⓢ 속하다, 소속[소유]이다 belonging ⓜ 소유물, 소지품; 소유
check-up [tʃékʌ̀p]	ⓜ 건강검진; 점검, 검사; 대조
circulate [sə́ːrkjəlèit]	ⓢ 순환하다; 유통하다 circulation ⓜ 혈액 순환; 유통
consult [kənsʌ́lt]	ⓢ 상담하다, 의견을 듣다; 참고하다, 찾아보다 consultation ⓜ 상담, 의논; 진찰을 받음; 찾아보기 consultant ⓜ 의논 상대, 컨설턴트, 고문

기출단어로 기출문장을 완성해보세요.

1. If you missed this ＿＿＿＿＿ical show, you're really out of luck.
   만약 당신이 이 우주[천문] 쇼를 놓쳤다면, 당신은 정말 운이 없는 것이다.

2. Surely I could convince people to pay half of what the grocery store charged and to feel lucky about the ＿＿＿＿＿.
   사람들은 식료품 가게의 절반 가격을 지불하고 산 싼 물건에 대해 분명 운이 좋다고 느끼게 될 것이다.

3. What has been preserved of their work ＿＿＿＿＿s among the most precious possessions of mankind.
   그들의 작품으로부터 보존되어 왔던 것은 인류의 가장 귀중한 소유물에 속한다.

4. The information from both ＿＿＿＿＿s and tests provides important insight into the patient's overall physical condition.
   건강검진이나 테스트에서 나온 정보들은 환자의 전반적인 신체 상태에 대한 중요한 통찰력을 제공한다.

5. In the chemical process, a solvent ＿＿＿＿＿s through the beans.
   화학적인 방식에서는 용매가 원두 사이로 순환한다.

6. Then the company can re-plan its strategy on the basis of the ＿＿＿＿＿'s advice.
   그러면, 그 회사는 고문의 조언에 근거하여 회사의 전략을 다시 세울 수 있다.

7. How can you make the person you are talking to on the phone feel special when you cannot ＿＿＿ their back or give them a little hug?
   당신이 전화로 이야기하는 사람의 등을 두드려주거나 작은 포옹을 해줄 수 없을 때 어떻게 그 사람이 특별하다고 느끼게 해줄 수 있을까?

8. ＿＿＿＿＿s are more than just an annoyance.
   (차량)경보기는 단순한 성가심 이상이다.

9. You will be able to put that emotion and memory ＿＿＿＿＿ and find peace of mind.
   당신은 그 감정과 기억을 제쳐 놓고, 평안을 찾을 수 있을 겁니다.

chief [tʃiːf]	형 최고의, 주요한 명 …장[우두머리], 추장 chiefly 부 주로
endure [endjúər]	동 견디다, 참다, 인내하다; 지탱하다, 지속하다 endurance 명 인내; 지구력; 노고
frustrate [frʌ́streit]	동 좌절[실망]시키다; 헛되게 하다 frustrated 형 실망한, 욕구 불만의, 좌절한 frustration 명 좌절, 실패, 욕구 불만 frustrating 형 불만스러운, 좌절감을 주는
issue [íʃuː]	동 (명령 등을) 내리다, 발표[발행]하다 명 문제, 쟁점; (잡지의) 호
low [lou]	형 낮은, 약한 부 낮게, 싸게 lower 동 낮추다, 내리다 형 아래의, 낮은 low-pitched 형 (소리가) 깊은, 낮은
misunderstand [mìsʌndərstǽnd]	동 (misunderstood-misunderstood) 오해하다, 잘못 생각하다 misunderstanding 명 오해; 의견 차이, 불화
resolve [rizάlv]	동 해결하다; 결심[결의]하다 resolution 명 결의, 결심; 해결
scatter [skǽtər]	동 (씨앗 등을) 뿌리다; 흩어지다 scattered 형 드문드문 있는, 산재한; 산발적인
section [sékʃən]	명 부분, 구역; (책이나 신문의) 절[난]

기출단어로 기출문장을 완성해보세요.

1. According to the study, violence and property crimes were nearly twice as high in ______s of the buildings where vegetation was low, compared with the ______s where vegetation was high.
연구에 따르면, 폭력과 절도범죄의 발생률은 나무가 많은 빌딩들이 있는 구역에 비해 나무가 적은 빌딩들이 있는 구역에서 두 배 가까이 더 높았다.

2. When the transmitted light hits the dew drops, it becomes ______ed.
(레이저에서) 방출된 빛이 이슬방울에 부딪칠 때, 그 빛은 흩어진다.

3. We must work to ______ conflicts in a spirit of reconciliation.
우리는 조화의 정신에 입각하여 분쟁을 해결해야 한다.

4. There are many everyday ______ings which are classified as "folk" understandings.
'평민들의' 생각으로 분류되는 많은 일상적인 오해들이 있다.

5. The ______est enrollment rate is seen in children ages 3-4 among all age groups for each year.
매년 모든 연령대 중에서 3세~4세 아이들이 가장 낮은 취학률을 보인다.

6. Of course, police should ______ some additional warnings or take other preventive actions.
물론, 경찰이 몇몇 부수적인 경고를 주거나 다른 예방 조치를 취해야 했다.

7. Which condition was more ______ing?
어떤 상황이 더 좌절감을 주었는가?

8. They ______ day after day, and just when they're about to make it, decide they can't take any more.
그들은 매일 인내하다가 막 성공하려고 할 때 더 이상 참을 수 없다고 결정을 내린다.

9. Let's suppose that the same fire ______ has asked you to paint a picture on the side of his firehouse.
동일한 소방서장이 당신에게 소방서 한 쪽에 그림을 그릴 것을 요청했다고 가정해보자.

sort [sɔːrt]	명 종류 동 분류하다 sort of 다소, 얼마간; 말하자면, 일종의
weaken [wíːkən]	동 약화시키다, 약화되다 weak 형 약한 weakness 명 약점, 약함
agent [éidʒənt]	명 대리인; 정보원 agency 명 대행사
alike [əláik]	형 서로 같은; 비슷한; 마찬가지의 부 똑같이, 같이
blame [bleim]	동 …의 탓으로 돌리다 명 책임
blank [blæŋk]	형 공백의; 멍한; 빈칸
bottom [bɑ́təm]	명 하부, 아래쪽; 밑바닥; 바닥 시세[경기] 동 …의 기초를 두다; …을 근거로 삼다 형 밑바닥의; 기본적인
break [breik]	동 (broke-broken) 깨뜨리다; 꺾다; 어기다 명 파괴; 짧은 휴식 breakable 형 깨지기 쉬운 breakdown 명 붕괴; 고장; (신경) 쇠약
code [koud]	명 법; 암호, 부호 동 부호화하다 encode 동 암호화하다 decode 동 (암호를) 해독하다

기출단어로 기출문장을 완성해보세요.

1. Yet, there have been moments when its great strength was also its ________.
하지만 그 강함이 약점이 되었던 순간들도 있었다.

2. It was ________ of embarrassing, because someone I had been attracted to told me that I looked like I was in elementary school.
그것은 일종의 당혹감이었는데, 그 이유는 내가 매력을 느꼈던 어떤 사람이 나에게 초등학생처럼 보인다고 말했기 때문이다.

3. In other words, children and adults ________ want to hear positive remarks.
즉, 아이들과 어른들 똑같이 긍정적인 말을 듣고 싶어 한다.

4. The travel ________ said that airfare is now based on the length of the stay.
여행사 직원이 말하기를 지금 항공 운임은 체류 기간에 달려 있대요.

5. Suddenly, your mind may seem as ________ as the paper.
갑자기 너의 마음이 그 종이처럼 비어 있는 것 같을지도 모른다.

6. They ________ police for not taking proper measures.
그들은 적절한 대책을 세우지 않았다고 경찰을 비난한다.

7. People cooked their food in large pots, and hasty eaters then ________ tiny branches off trees to pickout the hot food.
사람들은 큰 솥에 음식을 요리했고, 급하게 먹는 이들은 뜨거운 음식을 꺼내기 위해 나무에서 작은 가지들을 꺾었다.

8. The ________ of the Nambawi is bordered with fur, and the hat is decorated with flower and bird patterns.
남바위의 아래쪽은 솜털로 둘러져 있고, 이 모자는 꽃과 새 문양으로 장식되어 있다.

9. Recently new building ________s came into effect in our city.
최근에 새로운 건축 법안이 우리 시에서 시행되었다.

colorful [kʌ́lərfəl]	ⓗ 색채가 풍부한, 화려한 colorless ⓗ 빛깔이 없는; 특징이 없는
dietary [dáiətèri]	ⓗ 식사의; 규정식의, 식이(요법)의; 저칼로리의 diet ⓜ 식품; 다이어트 ⓓ 식이 요법을 하다
dining [dáiniŋ]	ⓜ 정찬, 식사 dining room ⓜ 식당
document [dɑ́kjəmənt]	ⓜ 문서 documentary ⓜ 다큐멘터리 ⓗ 문서의; 기록자료가 되는
drama [drɑ́:mə]	ⓜ 극, 연극 dramatic ⓗ 극적인, 연극의 dramatically ⓑ 극적으로; 눈부시게
elevate [éləvèit]	ⓓ (들어)올리다; 승진시키다; 향상시키다 elevation ⓜ 높이, 고도 elevator ⓜ 엘리베이터, 승강기
endless [éndlis]	ⓗ 끝이 없는; 영원히 계속하는 endlessly ⓑ 끊임없이; 무한정
firelight [fáiərlàit]	ⓜ 불빛; 난로 불빛 fire station ⓜ 소방서 fireplace ⓜ 벽난로
first-aid [fə́:rstéid]	ⓗ 구급의, 응급치료의 first-class ⓗ 최고의; 1등석의 first-grade ⓗ 1학년의, 1등급의

기출단어로 기출문장을 완성해보세요.

1. Put the newspaper on the ______ room table.
신문을 식탁(식당 테이블) 위에 놓아라.

2. It's like watching a ______, or moving back in time.
다큐멘터리[기록영화]를 보는 것 같거나 과거로 되돌아가는 것 같아요.

3. Newton was the first to point out that light is ______ less, and that consequently color has to occur inside our brains.
뉴턴은 빛이 무색이며, 결국 색깔은 우리의 머릿속에 연상된다는 것을 처음으로 지적하였다.

4. In fact, fruit peel contains essential vitamins and is a source of ______ fiber.
사실, 과일 껍질은 필수적인 비타민을 함유하고 있고 식이섬유의 원천이다.

5. He introduced field hospitals, ambulance service, and ______ treatment to the battlefield.
그는 야전 병원, 구급차 서비스, 그리고 응급처치를 전장에 도입했다.

6. It was made calm by the glow of the ______ that played on familiar things that had long been unconsciously a part of him.
그것(그 방)은 그도 모르게 오랫동안 그의 일부가 된 친숙한 물건들 위에 일렁이는 불빛으로 평온하게 만들어져 있었다.

7. For example, Van Gogh's paintings have been reproduced ______ly on posters, postcards, coffee mugs, and T-shirts.
예를 들어 반 고호의 그림들은 포스터와 우편엽서, 커피 잔, 티셔츠 등으로 끊임없이 재생산되어 왔다.

8. "There is a good reason to make this trip to the Island of Paradise," Captain Koppe told himself as he stepped out of the ______ or car into the covered rooftop hangar of his house.
"파라다이스 섬으로 이번 여행을 하는 데는 충분한 이유가 있어"라고 코페 선장은 자기 집 지붕이 덮인 격납고로 들어가는 엘리베이터카에서 내리면서 혼잣말을 했다.

9. However, on the phone the effect is ______ tically different.
그러나 전화라면 효과가 극적으로 다르다.

format [fɔ́ːrmæt]	명 구성 방식, 서식, 체제 동 (formatted-formatted) 서식을 만들다
former [fɔ́ːrmər]	형 이전의 the former 명 전자
fund [fʌnd]	명 기금, 자금 fundraising 명 모금 fundraiser 명 기금 모금자; 기금 모금 행사
genius [dʒíːnjəs]	명 천재
goods [gudz]	명 상품, 화물
handle [hǽndl]	동 다루다, 손을 대다 명 손잡이
heartfelt [hɑ́ːrtfèlt]	형 진심에서 우러난, 진심 어린 heart-shaped 형 하트 모양의
hence [hens]	부 그러므로, 따라서
higher-pitched [háiərpítʃt]	형 고음의, 높은 음조의 high-tech 형 첨단 기술의, 최첨단의 high-volume 형 높은 음량의

기출단어로 기출문장을 완성해보세요.

1. This infrasound, as a means of communication, has special merit: It can travel a greater distance than ________ noise.
   의사소통의 수단으로서의 이 초저주파음은 특별한 장점을 가지고 있는데, 그 소리는 고음의 소리보다 훨씬 더 먼 거리를 간다.

2. Just a simple change of language seemed to invite the students to process and store information in a much more flexible ________.
   단지 단순한 언어의 변화가 학생들을 훨씬 더 융통성 있는 체제로 정보를 처리하고 저장하게 안내하는 것 같았다.

3. Starting in the 1960s, people began flooding into Chattanooga, a ________ factory town, to explore its caves, rivers, and cliffs.
   1960년대부터 시작해 사람들이 동굴과 강과 절벽을 탐사하기 위해 이전에 공장 도시였던 채터누가로 모여들었다.

4. You will have to use your emergency ________.
   당신은 비상금을 사용해야만 할 것이다.

5. ________, the time spent on regular examinations is a sensible investment in good health.
   그러므로 정기 검진에 들인 시간은 좋은 건강에 대한 현명한 투자이다.

6. Once a week, write a ________ letter.
   일주일에 한 번 진심 어린 편지를 써라.

7. The use of direct requests for ________ing children
   아이들을 다루기 위한 직접적 요구의 사용

8. Some are concerned with the import or export of ________ or services between one country and another.
   몇몇은 상품의 수입, 수출 또는 한 나라와 다른 나라 사이의 서비스에 관련되어 있다.

9. By the 17th century some ________es, including Galileo and Pascal, had theorized about, but failed to build, better timepieces.
   17세기쯤에 갈릴레오와 파스칼을 포함한 일부 천재들이 더 좋은 시계에 대한 이론을 만들었지만 그것을 만드는 데는 실패했다.

hunt [hʌnt]	ⓢ 사냥하다, 추적하다 ⓜ 사냥 hunter ⓜ 사냥꾼 hunting ⓜ 사냥, 수렵
mail [meil]	ⓜ 우편 ⓢ 우편물을 보내다 mailbox ⓜ 우체통, 우편함
mix [miks]	ⓢ 섞다 ⓜ 혼합물 mixture ⓜ 혼합, 혼합물
motor [móutər]	ⓜ 모터, 발동기 motor-vehicle ⓜ 자동차류
near-sighted [niərsáitid]	ⓗ 근시의, 근시안적인
optimistic [ɑ̀ptəmístik]	ⓗ 낙관적인 optimism ⓜ 낙천주의 optimist ⓜ 낙천주의자
otherwise [ʌ́ðərwàiz]	ⓑ 그렇지 않으면, 달리
property [prɑ́pərti]	ⓜ 재산, 소유물
risk [risk]	ⓜ 위험, 위험 요소 ⓢ 위태롭게 하다, 위험을 감수하다 risky ⓗ 위험한

기출단어로 기출문장을 완성해보세요.

1. They are not willing to ______ the possible disappointment of picking the loser.

   그들은 질 팀을 골라 실망할지도 모르는 위험을 감수하지 않으려고 한다.

2. Heavy reliance on ______ taxes to fund public schools have encouraged much more car-reliant.

   공립학교들에 자금을 대기 위해 재산세에 과도하게 의지하는 것이 훨씬 더 자동차에 의존하게 장려한 셈이 되었다.

3. Similarly, corn in Latin America is traditionally ground or soaked with limestone, which makes available a B vitamin in the corn, the absence of which would ______ lead to a deficiency disease.

   마찬가지로, 중남미에서는 옥수수가 전통적으로 석회암으로 갈거나 적시어지는데, 이는 옥수수의 비타민 B를 이용 가능하게 해주며, 그렇지 않으면 이 비타민의 부재가 결핍증을 일으킬 수 있다.

4. Elites in particular were ______ of television.

   특히 엘리트 집단이 TV 방송에 낙관적이었다.

5. I was five years old when my father introduced me to ______ sports.

   아버지가 자동차 경주를 나에게 소개시켜주셨을 때 나는 5살이었다.

6. Someone who reads only newspapers and books by contemporary authors looks to me like a ______ person.

   단지 신문과 현대의 저자들이 쓴 책을 읽는 사람은 나에게는 근시안적인 사람처럼 보인다.

7. In return, the caterpillar makes a special honey ______ture which the ants eat.

   이에 대한 보상으로, 애벌레는 개미들이 먹는 특별한 꿀 혼합물을 만들어낸다.

8. So just drop it in the ______ box.

   그러니까 그냥 그걸 우체통에 넣어라.

9. Its ______ing technique is not to swiftly pursue its victim, but to wait for it.

   그것의 사냥 기법은 재빠르게 먹이를 뒤쫓는 것이 아니라 먹이를 기다리는 것이다.

roof [ru:f]	ⓜ 지붕; 천장 rooftop ⓜ 옥상 ⓗ 옥상의
route [ru:t]	ⓜ 길; 항로, 노선 routine ⓜ 판에 박힌 일, 일상 ⓗ 일상적인
sleepless [slíːplis]	ⓗ 잠 못 이루는, 불면증의 sleeplessness ⓜ 불면
smooth [smuːð]	ⓗ 매끄러운, 부드러운
take-off [téikɔ̀(ː)f]	ⓜ (항공기의) 이륙 take-out ⓜ 가지고 가는 음식 ⓗ 가지고 가는 음식을 전문으로 파는
tear [tεə*r*]	ⓜ 눈물; 찢어진 곳 ⓓ (tore-torn) 찢다
thoughtful [θɔ́ːtfəl]	ⓗ 사려 깊은; 친절한
underwater [ʌ́ndə*r*wɔ̀ːtə*r*]	ⓗ 물속의, 바다 속의 ⓑ 물속에, 바다 속에 ⓜ 수면 밑

기출단어로 기출문장을 완성해보세요.

1. ________ sailing after the storm, the aircar arrived at the orbit of the Island of Paradise.

   폭풍후가 지나간 후에는 순항을 하여 비행선은 파라다이스 섬 유역에 도착했다.

2. From ________ to landing, we pilots are in a setting which is not our own, and we should be very careful all the time.

   이륙에서 착륙까지, 우리 조종사들은 우리 자신의 것이 아닌 환경에 있기 때문에 항상 굉장히 조심해야 한다.

3. Many people believe that they will be free of their anger if they express it, and that their ______s will release their pain.

   많은 사람들은 그들이 화를 표현한다면 화로부터 자유로워질 것이고 그들의 눈물이 그들의 고통을 해방시킬 것이라고 믿는다.

4. I try to stay away from houses or barns that have unusual angles of the ______, or objects that look incorrect in size, perspective, or design.

   나는 이상한 각도의 지붕을 가지고 있는 집이나 헛간, 혹은 크기나 원근, 디자인에서 부정확하게 보이는 물체들로부터 떨어져 있으려 노력한다.

5. What ______ is probably the fastest?

   어느 길이 가장 빠를까요?

6. Lower the temperature a little to about 37℃, and you have the ideal cure for ________ness.

   온도를 약 섭씨 37도까지 약간 낮추면 당신은 불면증에 대한 이상적인 치료법을 갖게 된다.

7. However, if you cover up your flashlight, you will be surprised at how much light there is ________.

   그러나 회중전등을 가려버리면, 우리는 얼마나 많은 빛이 바다 속에 존재하는지에 놀랄 것이다.

8. Wow, that's very ________.

   와우, 그거 정말 사려 깊은데.

unlike [ʌ̀nláik]	ⓗ …와 다른; …답지 않은 ⓑ …와 다르게
water-based [wɔ́:tərbeist]	ⓗ 수성의, 수용성의; 물을 기반으로 하는 water-processed ⓗ 물 처리된 water-saving ⓗ 물을 절약하는
whisper [*h*wíspər]	ⓓ 속삭이다 ⓜ 속삭임 whispering ⓜ 속삭임 ⓗ 속삭이는 듯한
wing [wiŋ]	ⓜ 날개; 진영, 당파 wingspan ⓜ 날개 길이, 날개 폭

기출단어로 기출문장을 완성해보세요.

1. Finally, he had no choice but to lean toward his partner and ________ out of the corner of his mouth, "Where are we?"

   마침내, 그는 짝에게 어쩔 수 없이 몸을 기울이고 입을 조그맣게 벌려서, "어디냐?" 라고 속삭였다.

2. The one with ______s.

   날개 달린 거요.

3. Every process of decaffeination, whether chemical-or ________, starts with steaming the green beans to loosen the bonds of caffeine.

   화학적이든 물을 기반으로 하든 모든 카페인 제거 과정은 푸른 원두를 쪄서 카페인의 결합을 느슨하게 하는 것으로 시작된다.

4. ________ the average middle school class size, there was little change in the average elementary school class size from 1996 to 2002.

   중학교 평균 학급 크기와 다르게 초등학교 평균 학급 크기는 1996년에서 2002년 사이에 약간의 변화가 있었다.

part 4

수렁에 빠뜨리는 고난이도 영단어

Never, never, never give up.

절대로, 절대로, 절대로 포기하지 마라.

poverty [pávərti]
명 가난, 빈곤

portray [pɔːrtréi]
동 묘사[표현]하다; 초상화를 그리다
portrait 명 초상화; 인물에 대한 묘사

porch [pɔːrtʃ]
명 현관, 포치

pollen [pálən]
명 꽃가루, 화분

polar [póulər]
형 극(지방)의
polar bear 북극곰

plumber [plʌ́mər]
명 배관공; 비밀 정보의 누설을 방지하는 사람
plumb 명 추(錘); 수직
형 수직의, 정확한
동 헤아리다

planet [plǽnət]
명 행성; (the ~) 지구

pioneer [pàiəníər]
명 개척자, 선구자
동 개척[선도]하다

pill [pil]
명 환약, 알약

photocopy [fóutoukàpi]
명 사진 복사
동 사진으로 복사하다
photograph 명 사진
동 …의 사진을 찍다, 촬영하다
photographer 명 (신문 · 잡지 등의) 사진가, 촬영자

phosphorescence [fàsfərésəns]
명 인광(을 발함), 발광성; 푸른 빛

기출단어로 기출문장을 완성해보세요.

1. If children make too much noise or throw a ball on her ________, she thinks they are wonderful.
   아이들이 너무 많은 소음을 내거나 그녀의 현관으로 공을 던지면, 그녀는 그들이 훌륭하다고 생각한다.

2. Certain insects fly into the flower to feed on nectar and ________.
   특정 곤충들은 꽃에게 날아와 꽃꿀과 꽃가루에게 먹이를 준다.

3. When should I take these ______s?
   이 알약을 언제 복용해야 하나요?

4. Many creatures use ________________ at night.
   많은 생명체들이 밤에는 발광성을 이용한다.

5. Did you call a _________?
   배관공에게 전화했니?

6. A second god suggested hiding it on a ________ far from the earth.
   두 번째 신이 그것을 지구에서 멀리 떨어진 행성에 숨기자고 제안했다.

7. Schubert spent his whole life in _________.
   슈베르트는 그의 전 생애를 빈곤 속에서 보냈다.

8. Mathematics was used to _________ the essential form of objects in perspective, as they appeared to the human eye.
   수학은 원근법에서 사람의 눈에 나타난 대로 사물의 본질적인 형태를 그리기 위해 사용됐다.

9. The number of ________ bears is rapidly decreasing.
   북극곰의 수가 빠른 속도로 감소하고 있다.

10. _________s in Human Understanding
    인간 이해의 선구자들

11. I need to ___________ the handouts.
    나는 인쇄물의 사진 복사를 해야 해요.

petal [pétl]	명 꽃잎, 화판(花瓣) petal-like 형 꽃잎의, 꽃잎 모양의
persistence [pəːrsístəns]	명 고집, 집요함; 지속; 영속 persistent 형 고집하는, 끈질긴; 지속하는 persist 동 (반대에도 불구하고 계속) 고집[주장]하다; 지속[존속]하다
perfume [pə́ːrfjuːm]	명 향수; (좋은) 냄새 동 향기롭게 하다
peninsula [pinínʃələ]	명 반도
pendulum [péndʒələm]	명 진자, 흔들이 pendulum clock 추시계
pave [peiv]	동 (길을) 포장하다 명 포장 도로, 포도, 보석을 빽빽이 박음 pavement 명 포장 도로(= roadway), 포장 pave the way for …에의 길을 열다
pause [pɔːz]	동 잠시 멈추다 명 일시 중지
pastime [pǽstàim]	명 소일거리, 오락
paralyze [pǽrəlàiz]	동 마비시키다; 무력하게 하다 paralysis 명 마비, 활동 불능 상태
paper [péipər]	명 종이, 서류, 신문 형 종이의 paperwork 명 서류 사무, 문서 업무 paper-making 형 종이를 만드는 papermaking 명 제지

기출단어로 기출문장을 완성해보세요.

1. When there is a long ________ in the conversation, people feel an overwhelming need to fill it.
   대화 중간에 긴 시간 동안 멈추게 되면, 사람들은 그것을 채워야 한다는 압박감을 느끼게 된다.

2. ________ activities
   여가 활동

3. Activities like these also enhance the value of hard work and ________.
   이러한 활동들은 또한 힘들여 일하는 것과 지속성의 가치를 강화한다.

4. Goldfish bowls look stunning filled with flower heads or ________s.
   꽃과 꽃잎으로 가득한 금붕어를 키우던 어항은 아주 멋지게 보인다.

5. I think it's time to take care of the ________.
   이제 서류 업무를 해야 될 때인 것 같아.

6. Dutch astronomer Christian Huygens constructed the first ________ clock.
   네덜란드의 천문학자 크리스티안 하위헌스가 가장 먼저 추시계를 만들었다.

7. Those explorers have ________d the way for us to follow.
   그 탐험가들은 우리가 따라갈 길을 열었다.

8. His legs were ________d.
   그의 다리는 마비되었다.

9. The ________ of wild flowers fills the air as the grass dances upon a gentle breeze.
   야생화의 향기는 잔디가 부드러운 바람에 춤출 때 대기를 가득 채운다.

10. People speaking Korean have long been limited mostly to those from the ________.
    한국어를 말하는 사람들은 오랫동안 주로 한반도 출신에 한정되었다.

panel [pǽnl]	ⓜ 패널, 벽판
palm [pɑːm]	ⓜ 손바닥; 야자수, 종려나무 palm-sized ⓗ 손바닥 크기의
pair [pɛə*r*]	ⓜ 한 쌍, 한 벌, 한 쌍의 남녀 ⓓ (물건 · 사람을) 둘씩 조로 나누다; 한 쌍으로 만들다
pace [peis]	ⓜ 보조, 속도; 한 걸음
oxygen [ɑ́ksidʒən]	ⓜ 산소
overwhelming [òuvə*rh*wélmiŋ]	ⓗ 압도적인, 너무도 강력한 overwhelm ⓓ 압도하다 overwhelmed ⓗ 압도된
overtake [òuvə*r*téik]	ⓓ (overtook-overtaken) 따라잡다, 따라붙다; …의 마음을 현혹시키다
overseas [óuvə*r*síːz]	ⓗ 해외(로부터)의, 외국의 ⓑ 해외로, 외국으로

기출단어로 기출문장을 완성해보세요.

1. In order to generate enough electricity from solar electric __________s on the tops of its wings, the craft will need a wingspan of 80 meters.

   날개 꼭대기에 있는 태양 전기판으로부터 충분히 전기를 만들기 위해, 그 비행기는 80미터의 날개판이 필요할 것이다.

2. Get the negative of an old photograph that shows a front view of your face and have it developed into a __________ of pictures.

   당신의 얼굴을 정면으로 보여주는 옛날 사진의 원판을 가지고 두 개의 사진으로 현상하라.

3. Every element in an ecosystem depends on every other element, even the so-called nonliving elements such as minerals, __________, and sunlight.

   생태계의 모든 요소들은 모든 다른 요소들에게 의존하는데, 심지어 미네랄, 산소 또는 햇빛과 같은 흔히 말하는 무생물 요소에게도 의존한다.

4. Some music is capable of __________ing the mind until it forgets all else.

   어떤 음악은 마음을 사로잡아 마음이 음악 외에 모든 것을 잊어버리게 하는 힘이 있다.

5. The success of Korean firms __________ and growing interest in Korean culture

   한국 기업의 해외에서의 성공과 한국 문화에 대한 커지는 관심

6. The habit of scratching can be replaced with rubbing in some lotion or patting with the __________ of the hand.

   긁는 습관은 로션을 문지르거나 손바닥으로 두드리는 습관으로 대체될 수 있다.

7. Most of us try to adjust our attitudes and behaviors to a rapid __________ of living and working.

   우리들 대부분은 우리의 태도와 행동을 빠른 속도의 생활과 일에 적응시키려고 한다.

8. This can be done while standing and yelling to show __________ support.

   이것은 압도적인 지지를 나타내기 위해서 일어서서 소리를 지르면서 행해질 수도 있다.

overflow [òuvərflóu]	동 넘쳐흐르다, 범람하다 overflowing 형 넘쳐흐르는, 넘칠 정도의
overconfident [òuvərkάnfədənt]	형 너무 믿는; 자부심이 강한 overconfidence 명 지나친 자신[자부], 과신
overcome [òuvərkʌ́m]	동 (overcame–overcome) 극복하다
overbearing [òuvərbέəriŋ]	형 건방진; 압도적인 overbear 동 (overbore–overborne) 위압하다, 제압하다
overenthusiastic [óuvərenθú:ziæ̀stik]	형 과도하게 열중하는 overenthusiasm 명 과도한 열중[감격, 열의]
oval [óuvəl]	명 타원형 형 타원형의
output [áutpùt]	명 생산(고), 산출; 생산품
outlet [áutlet]	명 (가스, 액체, 감정 등의) 배출구; (전기) 콘센트; 대리점, 할인점
orphanage [ɔ́:rfənidʒ]	명 [집합적] 고아; 고아원 orphan 명 고아
orbit [ɔ́:rbit]	명 궤도 동 궤도를 돌다

기출단어로 기출문장을 완성해보세요.

1. Work, too, is an effective means of working off anger and using ____________ing energy.
   일 또한 분노를 삭혀주고 넘쳐흐르는 에너지를 이용하는 효과적인 방법이다.

2. "Oh, I'm the eldest of three sisters, so I can't help that I'm so ______________."
   "오, 나는 세 자매 중 첫째라서 건방진 건 어쩔 수 없어."

3. The breadfruit is a round or ________ fruit that grows on the tropical islands in the Pacific Ocean.
   빵나무 열매는 남태평양의 열대섬에서 자라는 둥글거나 타원형의 과일이다.

4. The graph above shows the growth rate of total __________ in the U.S. from 1960 to 1999.
   위의 그래프는 미국의 1960년~1999년까지의 총 생산품의 성장률을 보여준다.

5. This is similar to people getting wiser and more disciplined by ____________ing the difficulties and hardships they encounter day after day.
   이것은 사람들이 일상생활에서 겪게 되는 고난과 역경을 극복하면서 더 현명해지고 수양되는 것과 유사하다.

6. ________________ of my skill, I didn't work hard.
   나의 기술에 대해 너무 자만하여, 나는 열심히 일하지 않았다.

7. Smooth sailing after the storm, the aircar arrived at the ________ of the Island of Paradise.
   폭풍 후의 순항으로 에어카는 파라다이스 섬의 궤도에 도달하였다.

8. Clark's __________
   클라크의 할인점

9. She asked him to pay a visit to an _____________.
   그녀는 그에게 고아원 방문을 위해 돈을 내 달라고 부탁했다.

10. Some sports coaches in the camps occasionally become ___________________ in their desire to help the children excel.
    캠프의 운동 코치들은 때때로 아이들이 뛰어나게 도와주고 싶다는 욕망에 과도하게 열정적으로 된다.

opponent
[əpóunənt]

명 상대, 반대자

occupy
[ɑ́kjəpài]

동 (occupied–occupied) (공간, 시간 등을) 차지하다; (방, 집 등을) 사용하다
occupation 명 직업; 점유

obligate
[ɑ́bləgèit]

동 …을 (계약 따위로) 속박하다; (…할) 의무를 지우다; 은혜를 베풀다
형 의무를 진, 구속된
obligation 명 의무(= duty), 책임; 은혜

notion
[nóuʃən]

명 관념, 생각; 의견; 이해, 인식

neurochemical
[njùəroukémikəl]

형 신경 화학의
명 신경 화학 물질
neurochemistry 명 신경 화학

navigator
[nǽvəgèitər]

명 항공사, 항해자
navigate 동 항해[비행]하다, (항공기, 배 등을) 운항하다
navigation 명 항해, 비행

mouthful
[máuθfùl]

명 한 입 가득, 한 입(의 양)

motivate
[móutəvèit]

동 동기를[자극을] 주다

기출단어로 기출문장을 완성해보세요.

1. Englishman John Harrison perfected a clock that worked at sea and put accurate time in a ____________'s pocket.
   영국인 존 해리슨은 바다에서도 작동하며 항해사의 주머니에서도 정확한 시계를 완성했다.

2. It can be played with or without a net by defining the court and scoring against mistakes, such as dropping the tire in-court or throwing it out of bounds on the ____________s' side.
   이것은 네트를 두거나 네트 없이 진행할 수 있는데, 코트의 경계를 정해서 타이어를 자기 코트 안에 떨어뜨리거나 그것을 상대방 코트에서 벗어나게 던지는 것과 같은 실수에 대해 득점을 매긴다.

3. If the habit involves your hands, as when pulling out hair, then try to __________ them in some other way.
   만약 습관이 머리를 잡아당길 때처럼 당신의 손과 관련이 있다면, 손을 다른 방식으로 사용하도록 해보세요.

4. Do take a manageable ___________ of what you are having.
   당신이 먹는 음식을 적당한 양만큼만 드세요.

5. This draws on a well-established __________.
   이것은 잘 확립된 개념을 도출한다.

6. However, we must realize that no one is ____________d to change just to meet our expectations of how we feel they should act.
   그러나 우리는 어느 누구도 단지 우리가 그들이 행동해야 한다고 생각하는 방식의 기대를 충족시키기 위해서 (가치관을) 바꿀 의무는 없다는 것을 깨달아야 한다.

7. They are fascinated by the beauty of these plants and have been ___________d to conserve them.
   그들은 이 식물들의 아름다움에 매혹 당했고 그들을 보호하도록 자극받았다.

8. When they enter the eye of an observer, they set off a chain of _____________________ events, the end product of which is an internal mental image that we call color.
   그것(빛의 파장)은 관찰자의 눈에 들어올 때 연쇄적인 신경 화학적 현상을 유발하며, 그 현상의 결과물은 우리가 색깔이라 부르는 내부의 정신적 이미지이다.

mop [mɑp]	㊅ 자루걸레 ㊂ 자루걸레로 닦다, 청소하다
monotonous [mənɑ́tənəs]	㊉ 단조로운, 변화 없는; 지루한(= boring) monotony ㊅ 단조로움, 변화가 없음
misleading [mislí:diŋ]	㊉ 잘못 믿게 하는, 속이는 mislead ㊂ 잘못 믿게 하다, 속이다
midterm [mídtə̀:rm]	㊉ 중간의 ㊅ 중간, 중간고사(= midterm exam)
messy [mési]	㊉ 지저분한 mess ㊅ 혼란, 뒤죽박죽(= chaos) ㊂ 엉망진창을 만들다
merit [mérit]	㊅ 장점, 가치 ㊂ 받을 만하다(= deserve)
melt [melt]	㊅ 용해 ㊂ 녹다, 차차 없어지다
mediate [mí:dièit]	㊂ (분쟁 등을) 중재[조정]하다, 화해시키다 mediation ㊅ 중재, 조정, 화해 (공작)
mechanical [məkǽnikəl]	㊉ 기계의[에 관한]; 기계[자동]적인 mechanic ㊅ 기계공, 수리공; (~s) 기계학
meat [mi:t]	㊅ 고기, 식육
meantime [mí:ntàim]	㊏ 그동안

기출단어로 기출문장을 완성해보세요.

1. After feeding my brother and me breakfast, she would ____.
   오빠와 나에게 아침을 먹인 후, 그녀는 대걸레질을 했다.

2. The claim that we have recently entered the information age is ____________.
   우리가 최근에 정보시대로 들어섰다는 주장은 잘못된 것이다.

3. Corn and beans form a balanced diet in the absence of _____.
   고기가 없는 상황에서 콩과 옥수수는 균형 잡힌 식단이 된다.

4. What are you going to do in the __________?
   그동안에는 뭐 할 거니?

5. This infrasound, as a means of communication, has special _______.
   이 초저주파음은 의사소통의 수단으로서 특별한 장점이 있다.

6. So they are surprised to see blankets used keep ice cold and to prevent it from ______ing.
   그래서 사람들은 담요가 얼음을 차갑게 하고 녹지 않도록 하는 데 사용되는 것을 보고 놀란다.

7. Her _________ exam is only a couple of days away.
   그녀의 중간고사가 이삼일 밖에 안 남았어.

8. Before, it was so _______ up here.
   그 전에는 이곳이 굉장히 지저분했었다.

9. ____________ clocks started appearing on towers in Italy in the 14th century.
   자동 시계는 14세기에 이탈리아의 탑에서 나타나기 시작했다.

10. What a person thinks on his own is at best insignificant and ___________.
    사람이 혼자서 생각하는 것은 기껏해야 하찮거나 단조롭다.

11. It has succeeded in registering hundreds of thousands of voters, __________d labor disputes.
    이것은 노동 분쟁을 중재하며 수십만 명의 투표자들을 등록시키는 데 성공했다.

mate [meit]	명 동료, 배우자 동 짝을 짓다
marine [mərí:n]	형 해양의 명 해병
marble [má:rbəl]	명 대리석, 구슬 형 대리석의
manual [mǽnjuəl]	형 수동의, 손의; 노동력을 사용하는 명 소형책자, 안내서
majestic [mədʒéstik]	형 위엄 있는, 당당한, 장엄한 majesty 명 위엄, 존엄, 장대함; 폐하
magnify [mǽgnəfài]	동 확대하다, 크게 보이게 하다; 과장하다 magnificent 형 장엄한, 웅장한; 굉장한
log [lɔ(:)g]	명 통나무 동 기록하다; 항해하다
load [loud]	명 짐, 화물; 적재량 동 …에 짐을 싣다; 탄알을 재다
line [lain]	동 선을 긋다; 일렬로 세우다 명 선, 줄 linear 형 선의, 직선의
limestone [láimstòun]	명 석회암, 석회석

기출단어로 기출문장을 완성해보세요.

1. He gathered ______s.
   그는 통나무들을 모았다.

2. A powerful flashlight will easily light your way and the creatures around you, revealing ________ life in its true colors.
   강한 불빛이 당신의 길을 쉽게 비춰줄 것이고 당신 주위의 생명체들이 해양 생활을 실제의 모습으로 보여줄 것이다.

3. He always has the newest model _______ed with the latest features and services.
   그는 늘 최신 기능과 서비스를 갖추고 있는 신형 모델을 가지고 있다.

4. Goldfish bowls look stunning, _________ing their contents.
   금붕어를 키우던 어항은 내용물을 확대하며 아주 멋지게 보인다.

5. So Simmons became convinced that this competition for _______s was what drove the evolution of the neck.
   그래서 시몬스는 짝을 얻기 위한 이러한 경쟁이 목의 진화를 촉진한 것이라고 확신하게 되었다.

6. Processing a TV message is much more like the all-at-once processing of the ear than the ________ processing of the eye reading a printed page.
   TV 메시지 처리 과정은 인쇄물을 눈으로 읽는 선적인 처리보다 청각으로 단번에 처리하는 것과 훨씬 더 비슷하다.

7. Corn in Latin America is traditionally ground or soaked with __________.
   라틴 아메리카에서 옥수수는 전통적으로 석회암으로 빻거나 옥수수에 석회암(의 성분)이 스며들도록 한다.

8. Michelangelo looked at a block of _______ and saw a man.
   미켈란젤로는 대리석 덩어리를 보면서, 한 사람을 보았다.

9. Did you follow the instructions in the ________ carefully?
   사용설명서에 나오는 대로 잘 따라했니?

10. All the grace and beauty had gone out of the _________ river.
    모든 우아함과 아름다움이 그 당당한 강에서 사라지고 없었다.

lifelong [láiflɔ̀(:)ŋ]	ⓗ 일생의, 필생의 lifetime ⓜ 일생, 생애 lifestyle ⓜ 사는 방식, 생활양식
lid [lid]	ⓜ 뚜껑
lick [lik]	ⓓ 핥다
legend [lédʒənd]	ⓜ 전설, 구전
leap [liːp]	ⓓ 뛰어오르다, 뛰어넘다 ⓜ 도약
lawsuit [lɔ́ːsùːt]	ⓜ 소송, 고소
law [lɔː]	ⓜ 법률, 법 lawyer ⓜ 법률가, 변호사
launder [lɔ́ːndər]	ⓓ 세탁하다, 빨아 다리미질하다 launderer ⓜ 세탁소; 세탁자 laundry ⓜ 세탁물, 세탁장, 세탁소
launch [lɔːntʃ]	ⓓ 시작[착수]하다(= begin, start); 진수[발사]하다; 출시하다 ⓜ 출시; 발사; 개시

기출단어로 기출문장을 완성해보세요.

1. My mother was the house accountant, the __________er, and, of course, the cook.
   나의 어머니는 집안의 회계사였고, 빨래하는 사람이었으며, 물론, 요리사였다.

2. I can see it hurts. He's _______ing his paw.
   (강아지가) 아픈가 봐. 지금 앞발을 핥고 있어.

3. According to _________, a storm hit a large tree in north-western England in the mid-1500s, and a mysterious black substance was discovered among its roots.
   전설에 따르면 1500년대 중반 영국 북서부에서 폭풍이 큰 나무 한 그루를 강타했는데 나무뿌리에서 신비로운 검정색 물체가 발견되었다고 한다.

4. In this way, the company will be able to deal with _______s.
   이러한 방식으로 이 회사는 소송을 처리할 수 있을 것이다.

5. This, in the simplest definition, is a promise enforceable by ______.
   이것은, 가장 단순한 정의로, 법에 의해 강제할 수 있는 약속이다.

6. Fueled by a ___________ love of literature, Gonzales has devoted himself to providing people with more access to literature.
   평생에 걸친 문학에 대한 사랑에 의해 자극을 받아, 곤잘레스는 사람들이 문학에 더 접근할 수 있도록 헌신하였다.

7. They have taught the public to value plant species and _________ed efforts to preserve wild plants for generations to come.
   그들은 대중들에게 식물종류의 가치와 다음 세대를 위해 야생식물을 보호하려는 노력을 시작하도록 가르쳐왔다.

8. An old teapot which has lost its _____ becomes an ideal container for a bunch of roses picked from the garden.
   뚜껑을 잃어버린 오래된 주전자는 정원에서 딴 장미 꽃다발을 담기에 이상적인 용기가 된다.

9. Look before you ______.
   뛰어넘기 전에 살펴라.(돌다리도 두드려보고 건너라.)

landlord [lǽndlɔ̀ːrd]	⑲ 주인, 집주인, 지주
journal [dʒə́ːrnəl]	⑲ 전문 잡지; 일기, 일지(= diary) journalism ⑲ 언론 journalist ⑲ 언론인
jewel [dʒúːəl]	⑲ 보석(= gem); (보석을 박은) 장신구 jewelry ⑲ 보석류(= jewels)
jealous [dʒéləs]	⑱ 질투[시기]하는 jealousy ⑲ 질투, 시기
jar [dʒɑːr]	⑲ 병, 단지; 잡음 ⑤ 삐걱거리다
irritable [írətəbəl]	⑱ 화를 잘 내는
irrigation [ìrəgéiʃən]	⑲ 관개, 물을 끌어들임 irrigate ⑤ (땅에) 물을 대다, 관개하다
intersection [ìntərsékʃən]	⑲ 교차(점[로])
interrelate [ìntərriléit]	⑤ 상호 관계를 갖게 하다; 상호 관계를 가지다

기출단어로 기출문장을 완성해보세요.

1. I am afraid they are not yet appropriate for publishing in any of our current poetry ___________s.
   나는 그들이 우리의 현대 시 잡지를 출판하기에 아직 적절하지 않을까봐 걱정된다.

2. Is it any wonder that we're tired, overweight, ___________, and low?
   우리가 피곤하고, 과체중이 되고, 화내고, 기분이 우울해지는 게 어디 놀랄 만한 일인가?

3. There needs to be enough rain, or in some cases, ___________.
   충분한 비가 필요하거나 어떤 경우에는 관개를 할 필요가 있다.

4. Most people recognize it as a _______.
   대부분의 사람들은 그것을 보석으로 인정한다.

5. He is _________ of their success.
   그는 그들의 성공을 시기한다.

6. The first preserved example of Greek alphabetic writing was scratched onto an Athenian wine _____ of about 740 B.C.
   그리스 알파벳 쓰기의 최초로 보존된 예는 기원전 740년경의 아테네 술병에 새겨졌다.

7. She will contact the _________.
   그녀는 집주인에게 연락할 것이다.

8. As we approached an ____________, we stopped at a red light.
   우리가 교차로에 이르렀을 때, 우리는 빨간 불 앞에서 멈추었다.

9. While design and styling are ____________d, they are completely distinct fields.
   디자인과 스타일링이 서로 연관되어 있는 반면에, 그들은 완전히 다른 분야이다.

internal [intə́ːrnl]	ⓗ 내부의(↔ external)
intern [íntəːrn]	ⓜ 인턴, 교육 실습생, 교생 ⓓ [intə́ːrn] 구금하다
intensive [inténsiv]	ⓗ 집중적인, 철저한 intensity ⓜ 강렬함; 열렬함 intense ⓗ 강렬한, 맹렬한; 열렬한, 열심인 intensify ⓓ 세게 하다, 강렬하게 만들다
intellectual [ìntəléktʃuəl]	ⓗ 지적인, 지성의, 지력의 ⓜ 지식인, 인텔리 intellect ⓜ (감정에 대하여) 지성, 지력, 사고력(思考力)
intake [íntèik]	ⓜ (물 · 공기 등을) 받아들이는 곳; (탄갱 등의) 통풍 구멍; 흡입[섭취]량
insight [ínsàit]	ⓜ 통찰(력)
inquire [inkwáiər]	ⓓ 묻다; 조사하다 inquiry ⓜ 문의, 질문; 조사
inhabit [inhǽbit]	ⓓ (어떤 장소에) 살다, 거주하다 inhabitant ⓜ 거주자
itch [itʃ]	ⓜ 가려움 ⓓ 가려워지다; 가려움증을 일으키다 itchy ⓗ 가려운, 옴이 오른

기출단어로 기출문장을 완성해보세요.

1. Over forty years ago, controlled studies showed that fits of anger are more likely to ____________ anger.

   지난 40여 년 전에, 통제된 여러 연구들은 화를 표출하는 것은 노여움을 도리어 더 증폭시킬 가능성이 높다는 사실을 보여주었다.

2. Other people listen for its message, or take an ____________ approach to its form and construction.

   다른 사람들은 그것(음악)의 주제나 지적인 접근으로 그것(음악)의 형식과 구조를 듣는다.

3. Fiber also helps to lessen calorie __________.

   식이섬유는 또한 칼로리 섭취를 줄이는 데 도움을 준다.

4. When they enter the eye of an observer, they set off a chain of neurochemical events, the end product of which is an ____________ mental image that we call color.

   그것(빛의 파장)은 관찰자의 눈에 들어올 때 연쇄적인 신경 화학적 현상을 유발하며, 그 현상의 결과물은 우리가 색깔이라 부르는 내부의 정신적 이미지이다.

5. You must be Mr. Smith, one of the new __________s, right?

   네가 새로운 실습생 중 한 명인 스미스 맞지?

6. Our ancestors __________ed an innocent world.

   우리의 조상들은 순수한 세상에서 살았다.

7. "How much is a dish of plain ice cream?" he __________d.

   "플레인 아이스크림은 얼마인가요?" 하고 그가 물었다.

8. The information from both check-ups and tests provides important ____________ into the patient's overall physical condition.

   건강검진과 테스트의 정보는 환자의 전체적인 신체 상황에 대한 중요한 통찰력을 제공한다.

9. If the ______es, however, do not disappear, stop scratching and take the medicine.

   그러나 가려움이 없어지지 않으면 긁지 말고 약을 먹어라.

ingredient [ingríːdiənt]	ⓜ 성분, (구성) 요소; (요리 등의) 재료
infinity [infínəti]	ⓜ 무한 infinite ⓗ 무한한(↔ finite 한정된)
infect [infékt]	ⓓ 감염[전염]시키다 infection ⓜ 감염증, 전염병, 간염, 전염 infectious ⓗ 전염성의
inefficient [ìnifíʃənt]	ⓗ 무능한, 효력이 없는, 비능률적인 inefficiency ⓜ 비능률, 무능
indivisible [ìndivízəbəl]	ⓗ 분할할 수 없는, 불가분(不可分)의
index [índeks]	ⓜ (권말의) 색인, 목록; 지표, 지수; 집게손가락(= index finger) ⓓ 색인을 만들다
incidental [ìnsədéntl]	ⓗ 부수적으로 일어나는, 우연의 incidentally ⓑ 부수적으로, 우연히; 말하자면, 그런데 incident ⓜ 사건, 부수적인 사건
incentive [inséntiv]	ⓜ 격려, 자극 ⓗ 자극적인
inaudible [inɔ́ːdəbəl]	ⓗ 알아들을 수 없는, 들리지 않는

기출단어로 기출문장을 완성해보세요.

1. Just go up to your neighbor's door and ask her if you can borrow a cup of sugar or some equally non-threatening ____________s.

   그냥 이웃집에 가서 당신이 설탕 한 컵이나 똑같이 무해한 재료를 얻을 수 있는지 물어봐라.

2. They consider bilingual speech communities ____________.

   그들은 2개 국어를 사용하는 사회를 비효율적이라고 생각한다.

3. It is only when they are gone and we never see them that we find that they and we are ____________.

   우리가 그들과 우리가 불가분의 관계라는 것을 알게 되었을 때는 그들은 이미 사라지고 결코 그들을 볼 수 없을 때이다.

4. Whether their grandchildren have special needs or not, grandparents shouldn't overlook the value of ____________ learning experiences.

   그들의 손주들이 특별한 필요가 있든지 없든지 간에, 할머니 할아버지들은 우연한 배움의 기회의 가치를 간과해서는 안 된다.

5. Poor distribution combined with minimal offerings provided little ____________ to purchase the new product.

   방송망은 빈약하고 프로그램은 보잘 것 없다 보니 새로운 제품을 구입할 동기부여를 거의 하지 못하게 되었다.

6. They help us narrow the ____________ of possible futures down to one or, at least, a few.

   그들은 우리의 무한한 미래의 가능성을 한 개 또는 적어도 몇 개로 줄일 수 있도록 도와준다.

7. Page numbers became a possibility, as did __________es.

   쪽 수도 권말색인이 그런 것처럼 가능성이 되었다.

8. The picture was visible but the sound was ____________.

   사진은 볼 수 있지만 소리는 들을 수 없다.

9. I'm afraid some computers in our office were __________ed with a virus.

   죄송하지만 우리 사무실 컴퓨터 몇 대가 바이러스에 감염되었어요.

inactive [inǽktiv]	ⓗ 활동하지 않는, 활발하지 않은
impure [impjúər]	ⓗ 더러운, 순수하지 않은
improvise [ímprəvàiz]	ⓓ 즉석에서 만들다[하다], 즉흥 연주를 하다 improvisation ⓜ 즉흥 연주
imprison [imprízən]	ⓓ 투옥하다, 감금하다
impose [impóuz]	ⓓ (세금, 의무 등을) 부과하다; 강요하다
import [ímpɔːrt]	ⓜ 수입(품) ⓓ [impɔ́ːrt] 수입하다(↔ export)
impolite [ìmpəláit]	ⓗ 버릇없는, 무례한
ideological [àidiəlɑ́dʒikəl]	ⓗ 이념적인 ideology ⓜ 이데올로기, 관념[의식] 형태
hydrogen [háidrədʒən]	ⓜ 수소

기출단어로 기출문장을 완성해보세요.

1. ______________ influences also factored in.
   이념적인 영향도 한 요소가 되었다.

2. To some it is mainly an __________ sound.
   몇몇 사람에게는 이것은 주로 활발하지 않은 소리다.

3. They are steamed, boiled, and then washed many times to remove any ________ materials.
   그것(나뭇가지)들은 모든 불순한 물질들을 제거하기 위해 몇 번이고 삶아지고, 끓여지고, 씻겼다.

4. Disharmony enters our relationships when we try to ________ our values on others.
   우리가 다른 사람들에게 우리의 가치관을 강요하려고 할 때 우리의 관계에 불화가 싹튼다.

5. Some are concerned with the ________ or export of goods or services between one country and another.
   몇몇은 한 나라와 다른 나라 간의 물건이나 서비스의 수입이나 수출과 관련이 있다.

6. It's __________ to the speaker and annoying to the people who are trying to listen.
   그것은 연설자에게 무례한 일이며, 경청하려고 애쓰는 사람들을 불편하게 하는 일이다.

7. Developing new technologies for __________ engines
   새로운 수소 엔진 기술을 개발하기

8. In jazz, on the contrary, the performers often ___________ their own melodies.
   재즈에서는, 반대로, 연주자들이 종종 그들의 멜로디를 즉흥 연주한다.

9. You can no longer see a life beyond the invisible walls that __________ you.
   당신은 더 이상 당신을 가둬둔 보이지 않는 벽 저편의 생명들을 볼 수 없게 될 것이다.

humble [hʌ́mbəl]	동 겸손하게 만들다, 자존심 상하게 하다 형 겸손한, 비천한 humbling 형 창피하게 하는, 비참하게 만드는
houseboat [háusbòut]	명 집배, 숙박 시설 있는 요트
homeland [hóumlæ̀nd]	명 본국, 조국
headquarter [hédkwɔ̀ːrtər]	동 …에 본부를 두다[설치하다] headquarters 명 본부
hay [hei]	명 건초
hateful [héitfəl]	형 미운, 가증스러운 hate 동 미워하다, (몹시) 싫어하다
harness [hɑ́ːrnis]	명 마구(馬具), 안전벨트 동 (자연력을) 이용하다
hardness [hɑ́ːrdnis]	명 견고함; 굳기, 경도(硬度)
handshake [hǽndʃèik]	명 악수
handout [hǽndàut]	명 상품 안내, 광고 전단, 유인물

기출단어로 기출문장을 완성해보세요.

1. If others see how angry, hurt, or ________ you become when they tell you the truth, they will avoid telling it to you at all costs.
   만약 다른 사람이 그들이 진실을 말했을 때 당신이 얼마나 화가 났고 상처받았고 혹은 멉게 되었는지 보게 된다면, 그들은 어떤 일이 있어도 당신에게 진실을 말하지 않을 것이다.

2. I need to photocopy the ________s.
   나는 유인물의 사진 복사가 필요하다.

3. A keyboard will never be able to replace the warmth of a ________.
   키보드는 절대로 악수의 따뜻함을 대신할 수 없을 것이다.

4. Learning to ski is one of the most ________ing experiences an adult can undergo.
   스키를 배우는 것은 어른이 겪을 수 있는 가장 자존심 상하는 경험 중의 하나이다.

5. He turned his back on the Island of Paradise and directed it toward the ________.
   그는 파라다이스 섬에서 등을 돌려 곧장 그의 조국으로 향했다.

6. In Egypt I am aboard a ________ on the Nile.
   이집트에서 나는 나일강의 집배에 탔다.

7. It has its ________s in Chicago.
   그것은 시카고에 본부가 있다.

8. They were later made of pieces of animal skin sewn together and stuffed with feathers or ________.
   그것들은 후에는 동물 가죽을 꿰매고 깃털과 건초로 채워 만들어졌다.

9. How to climb trees safely using a rope and a ________
   밧줄과 안전벨트를 이용하여 안전하게 나무에 오르는 방법

10. The great ________ of a diamond makes it one of the most important industrial materials known.
    다이아몬드의 엄청난 단단함이 그것을 알려진 가장 중요한 산업재료로 만들었다.

greed [gri:d]	ⓜ 탐욕 greedy ⓗ 탐욕스러운
greasy [grí:si]	ⓗ 기름이 묻은, 기름기 있는 grease ⓜ 그리스; 유지(油脂)
gratitude [grǽtətjù:d]	ⓜ 감사(의 마음)
geometry [dʒi:ámətri]	ⓜ 기하학 geometric ⓗ 기하학(상)의; 기하학적 도형의
geology [dʒì:álədʒi]	ⓜ 지질학; (어떤 지역의) 지질학적 특성, 지질 geologist ⓜ 지질학자
genetically [dʒinétikəli]	ⓑ 유전적으로 genetic ⓗ 유전의 gene ⓜ 유전자
generous [dʒénərəs]	ⓗ 관대한, 인색하지 않은 generosity ⓜ 후한 인심, 관대
garbage [gá:rbidʒ]	ⓜ 쓰레기
garage [gərá:ʒ]	ⓜ 차고
gambling [gǽmbəliŋ]	ⓜ 도박 gamble ⓓ 도박하다 ⓜ 도박 gambler ⓜ 도박꾼

기출단어로 기출문장을 완성해보세요.

1. It's too ________.
   그것은 너무 기름이 많다.

2. We could clean up the ________ down by the river.
   우리는 강가에 있는 쓰레기를 치울 수 있다.

3. Before you have a ________ sale, call an antique dealer to help you separate the valuable from the worthless junk.
   차고 세일을 하기 전에 귀중품과 쓸모없는 폐물을 구별하는 것을 도와달라고 골동품 판매상에게 전화를 하라.

4. Today they are used in ________ and other games of chance.
   오늘날 그것들은 도박이나 다른 확률 게임에 사용된다.

5. Differences between geography and ________
   지리학과 지질학의 차이점

6. We shall solve our food problems with ________ modified crops.
   우리는 우리의 식량문제를 유전적으로 조작된 곡물들로 해결할 것이다.

7. Please show your support by sending a ________ contribution to the Flood Relief Fund.
   수재구호기금에 관대한 기부금을 보냄으로써 여러분의 지원의 뜻을 보여주시기 바랍니다.

8. The purpose of your letter is very simple: to express love and ________.
   당신의 편지의 목적은 아주 간단하다: 사랑과 감사를 표현하는 것이다.

9. Renaissance artists achieved perspective using ________.
   르네상스 화가들은 기하학을 이용해서 원근법을 터득했다.

10. In many countries around the world, narrow-mindedness, religious impatience, ________, and fear have turned into crises that have taken the lives of millions.
    전 세계의 많은 곳에서, 소심함, 종교적 성급함, 욕심 그리고 두려움이 수백만의 목숨을 앗아간 위기로 바뀌었다.

galaxy [gǽləksi]	ⓜ 은하계 the Galaxy 태양계가 속한 은하계
fuzzy [fʌ́zi]	ⓗ 보풀 같은, 잔털 모양의; 흐린
fur [fəːr]	ⓜ 부드러운 털, 모피 ⓗ 모피(제)의
fulfill [fulfíl]	ⓓ 이[수]행하다, 실현하다, 충족시키다 (= carry out, satisfy) fulfillment ⓜ 이행, 실현, 충족
frost [frɔːst]	ⓜ 서리 frosty ⓗ 서리가 내리는
foul [faul]	ⓗ 더러운; 부정한 ⓜ 반칙, 파울
fossil [fɑ́sl]	ⓜ 화석
forgiveness [fərgívnis]	ⓜ 용서 forgive ⓓ (forgave-forgiven) 용서하다
forehead [fɔ́(ː)rid]	ⓜ 이마, 앞부분
forearm [fɔ́ːrɑ̀ːrm]	ⓜ 아래팔, 팔뚝 ⓓ 미리 무장하다; (난관 등에) 미리 대비하다

기출단어로 기출문장을 완성해보세요.

1. The hat protects the head and ___________ from freezing winds.
   모자는 머리와 이마를 찬바람으로부터 보호한다.

2. The star is merely one of the closest of the ________'s 200 billion stars.
   그 별은 단지 은하계의 2천억 개의 별들 중 가장 가까운 것 가운데 하나이다.

3. I used to think that the North Pole was the seat of _______ and snow.
   나는 북극이 서리와 눈의 본고장이라고 생각했었다.

4. My mother had been watching us from the ______ line.
   어머니가 파울 라인에서 우리를 지켜보고 계셨다.

5. Next, make bigger circles with your _________s.
   다음에 팔뚝을 가지고 좀 더 큰 원을 그려라.

6. As a result, we are often confused by _______ edges.
   그 결과로, 우리는 흐릿한 경계선들에 의해 혼동되는 일이 자주 있다.

7. The bottom of the Nambawi is bordered with _____.
   남바위의 밑은 털로 마무리되어 있다.

8. Thus, the ability to decide what to do in what order is an essential skill to _________ multiple social roles.
   그러므로 어떤 순서로 무엇을 할지 결정하는 능력은 다양한 사회적 역할을 수행하는 중요한 기술이다.

9. We shall solve our dependence on _________ fuels by developing new technologies for hydrogen engines.
   우리는 화석 연료에 대한 의존 문제를 새로운 수소 엔진을 개발함으로써 해결할 것이다.

10. If so, get in touch with the person you wronged, and ask for ____________ in all sincerity.
    만약 그렇다면, 당신이 잘못을 저지른 사람과 연락해서, 진심으로 용서를 구하여라.

forbid [fərbíd]	⑧ (forbade-forbidden) 금하다, 허락하지 않다 forbidden ⑱ 금지된 forbidding ⑱ 가까이하기 어려운 forbid A to B A가 B하는 것을 금하다 forbid A from ~ing A가 …하는 것을 금하다
flu [fluː]	⑲ 인플루엔자(= influenza), 유행성 감기, 독감
flow [flou]	⑧ 흐르다, 흐르듯 움직이다 ⑲ 흐름
florist [flɔ́(ː)rist]	⑲ 꽃가게 주인; 화초 재배자[연구가] floral ⑱ 꽃의; 식물(군)의 florist shop 꽃가게
flip [flip]	⑧ (flipped-flipped) 튀기다, 스위치를 찰칵 누르다 ⑲ 손가락으로 튀김; 가볍게 침
flavor [fléivər]	⑲ 맛 ⑧ 맛을 내다
filament [fíləmənt]	⑲ (전구 · 진공관의) 필라멘트
fiction [fíkʃən]	⑲ 소설; 꾸며낸 이야기
fertile [fə́ːrtl]	⑱ (땅이) 기름진, 비옥한; 많이 낳는[맺는] fertilize ⑧ 기름지게[비옥하게] 하다 fertilizer ⑲ (화학) 비료

기출단어로 기출문장을 완성해보세요.

1. Imagine that you have the ______ and go to the doctor's office.
   여러분이 독감에 걸리셔서 병원에 간다고 상상해 보세요.

2. In the past, a __________ shop was most likely a local, independently owned business.
   과거에, 꽃가게는 보통 지역에서 독립적으로 운영되는 사업이었다.

3. She effortlessly ______ped the ball up in the air.
   그녀는 손쉽게 공을 공중으로 던졌다.

4. One may wonder if literary ________ is destined to become an old-fashioned genre to be preserved in a museum like an extinct species.
   누군가는 만약 말 그대로 소설이 멸종된 종처럼 박물관에 보관되어야 할 구시대적 장르가 될 운명인지 궁금해 할지도 모른다.

5. To start with, you need well drained, not necessarily over __________ soil in order to make the vine's roots dig deep into the soil.
   우선, 포도나무의 뿌리가 땅 속으로 깊이 파고 들어가게 하기 위해 반드시 비옥한 땅은 아니더라도 배수시설이 잘 된 땅이 필요하다.

6. Teas will be judged according to color, smell, and ________.
   차는 색, 냄새, 그리고 맛에 따라 평가될 것이다.

7. Electric bulbs transmit light but keep out the oxygen that would cause their hot ___________s to burn up.
   전구는 빛을 전송하지만 산소는 밖으로 나가게 하여 필라멘트가 타지 않게 한다.

8. Playing with food was _________den.
   음식을 가지고 노는 것은 금지되었었다.

9. That was to write down the beautiful musical thoughts which seemed to _______ from his brain in an endless rush of melody.
   그것은 멜로디의 끝없는 돌진에 그의 두뇌로부터 흐른 것처럼 보였던 아름다운 음악적인 생각을 써두는 것이었다.

fee [fiː]	명 요금, 수수료
federal [fédərəl]	형 연방의, 연방 정부의
feather [féðə*r*]	명 깃털
faucet [fɔ́ːsit]	명 수도꼭지(= tap)
fat [fæt]	형 살찐, 지방이 많은 명 지방
fascinate [fǽsənèit]	동 매혹하다 fascination 명 매혹 fascinated 형 매혹된 fascinating 형 매혹적인
fake [feik]	명 모조품, 가짜; 사기꾼 형 위조의 동 날조[위조]하다
facility [fəsíləti]	명 능력, 솜씨; 쉬움, 용이함; (-ies) 시설[설비]
extracurricu-lar [èkstrəkəríkjələ*r*]	형 (클럽 활동 등) 과외의; 정규 교과 과정 이외의

보고 또 보고, 단어랑 정들었어요

기출단어로 기출문장을 완성해보세요.

1. You happen to know about the celebrity's "__________" interest.
   당신은 그 유명인사의 과외의 흥미에 대해 우연히 알게 된다.

2. The new craft's basic design emerged from computer models built with help from the Swiss __________ Institute of Technology in Lausanne.
   새로운 비행기의 기본적인 디자인은 로잔에 있는 스위스 연방 과학 기술 협회의 도움으로 만들어진 컴퓨터 모델에서 나왔다.

3. They were stuffed with __________s or hay.
   그것들은 깃털과 건초로 채운 것이었다.

4. The company reduced its water use by installing automatic __________s and water-saving toilets.
   회사는 자동 수도꼭지와 물 절약 화장실을 설치함으로써 물 사용을 줄였다.

5. Walking fast helps burn the ______.
   빨리 걷는 것이 지방을 소비하는 데 도움이 돼.

6. They are __________d by the beauty of these plants.
   그들은 이 식물들의 아름다움에 매혹 당했다.

7. Distinguishing the original from the ______
   진짜와 가짜를 구별하기

8. A new __________ is now available to make your visit to our concert hall more pleasant.
   당신의 콘서트 홀 방문을 더 즐겁게 만드는 새로운 시설은 지금 사용 가능하다.

9. The registration ______ is $150.
   등록비용은 150달러이다.

extinct [ikstíŋkt]	형 (종족, 생물 등이) 멸종한, 사멸한; 꺼진 extinguish 동 (불 등을) 끄다, 소멸시키다; 멸종시키다
expressway [ikspréswèi]	명 고속도로
expanse [ikspǽns]	명 광활한 공간, 넓게 툭 트인 지역 expand 동 펴다, 넓히다; 펴지다
exhausted [igzɔ́:stid]	형 탈진한 exhaust 동 탈진시키다; 다 써버리다, 고갈시키다 exhaustion 명 고갈, 탈진
exceed [iksí:d]	동 초과하다; 능가하다 excess 명 초과(량); 과잉 excessive 형 지나친, 과도한
exaggerate [igzǽdʒərèit]	동 과장하다 exaggeration 명 과장
evolution [èvəlú:ʃən]	명 진화; 발전
evil [í:vəl]	형 악한, 나쁜 명 악
evidence [évidəns]	명 증거; 징후 evident 형 분명한, 명백한
ethnic [éθnik]	형 민족의, 인종의 ethnicity 명 민족성

기출단어로 기출문장을 완성해보세요.

1. One summer night a man stood on a low hill overlooking a wide __________ of forest and field.

   어느 여름 날 밤 한 남자가 숲과 들판이 넓게 툭 트인 지역을 내려다보면서 낮은 언덕 위에 서 있었다.

2. In other cases, this will __________ such differences.

   또 다른 경우에는 이것이 그 차이점들을 과장하기도 할 것이다.

3. This competition for mates was what drove the __________ of the neck.

   짝을 얻기 위한 이러한 경쟁이 목의 진화를 촉진한 것이었다.

4. She played one of Cinderella's ________ sisters.

   그녀는 신데렐라의 나쁜 언니들 중 한 명의 역을 맡았다.

5. Literary fiction is destined to become an old-fashioned genre to be preserved in a museum like an __________ species.

   문학 소설은 멸종된 종처럼 박물관에 보관되어야 할 구시대적 장르가 될 운명이다.

6. You can often find these on the streets, __________, and country roads.

   여러분은 이것들을 일반도로에서나 고속도로에서, 그리고 시골길에서 종종 볼 수 있다.

7. Lack of __________ is not likely to change before 2005.

   증거 부족은 2005년 이전에 바뀔 것 같지 않다.

8. Meanwhile, the United States seeks to eliminate these same skills among __________ minorities by reducing existing bilingual programs.

   한편 미국정부는 기존의 복수언어 프로그램을 줄임으로써 소수인종 집단에서 마저도 이와 같은 기술을 제거하고자 한다.

9. They all reached the beach two hours later, __________ but safe.

   그들은 두 시간 뒤에 모두 해변에 도착했으며, 지쳤지만 무사했다.

10. Its weight cannot __________ 2,000 kilograms.

    그것의 무게는 2,000 킬로그램을 넘을 수가 없다.

eternally [itə́:rnəli]	㉮ 영원[영구]히 eternal ⓗ 영원한 eternity ⓜ 영원
errand [érənd]	ⓜ 심부름
episode [épəsòud]	ⓜ 삽화, 에피소드; (TV나 라디오의) 연속물의 1회분
enthusiastic [enθú:ziǽstik]	ⓗ 열광적인, 열정적인 enthusiasm ⓜ 열광, 열정, 열중
ensure [enʃúər]	ⓜ 안전하게 하다; 보증하다
enormous [inɔ́:rməs]	ⓗ 거대한, 엄청나게 큰, 막대한
enlighten [enláitn]	ⓓ 계몽하다, 교화하다 enlightenment ⓜ 계발, 교화
enlargement [enlá:rdʒmənt]	ⓜ 확대 enlarge ⓓ 크게 하다, 확장하다
elite [ilí:t]	ⓜ 엘리트; 정예 ⓗ 엘리트의[에게 적합한]; 정선된

기출단어로 기출문장을 완성해보세요.

1. This may be one of the things that enable us to seek through literature an ______________ of our experience.
이는 우리로 하여금 문학을 통해 경험의 확대를 추구하는 것을 가능하게 하는 것들 중 하나가 될 수 있다.

2. All travellers should ________ they have adequate travel insurance before they depart.
모든 여행객들은 출발 전에 그들이 적절한 여행자 보험에 들었다는 것을 확인해야 한다.

3. There is so much to be won and lost for fans on both sides that one can sense an ___________ tension.
양쪽의 팬들에게는 이기고 진다는 것이 몹시 중요한 것이라서 엄청난 긴장감이 있음을 느낄 수 있다.

4. This is the latest __________ of the popular soap opera, Forever Love.
이것이 그 유명한 드라마 Forever Love의 마지막 회이다.

5. Provide some ______________ technical support
약간의 열정적인 기술적 지원을 제공하기

6. There are only a few ____________ed people with a clear mind and with good taste within a century.
한 세기 내에 명확한 생각을 갖고 있거나 훌륭한 심미안을 갖고 있는 개화된 사람들은 아주 극소수이다.

7. ________s in particular were skeptical of television.
특정한 분야의 엘리트들은 텔레비전에 대해서 회의적이었다.

8. They are the masters, the great, the ____________ shining.
그들은 명인이고, 위대한 사람들이며, 영원히 빛나는 사람들이다.

9. Opportunities exist in the form of _________s, meal preparation, and chores.
기회는 심부름, 식사 준비, 그리고 집안일의 형태로 존재한다.

elegant [éləgənt]	ⓗ 우아[고상]한, 세련된; 멋진 elegance ⓜ 우아함, 단정함, 기품
electromag-netic [ilèktroumægnétik]	ⓗ 전자석의; 전자기(電磁氣)의
elect [ilékt]	ⓓ 선출[선거]하다; 결정[채택]하다 election ⓜ 선거, 투표, 표결
edible [édəbəl]	ⓗ 식용의
ecologist [iːkálədʒist]	ⓜ 생태학자(生態學者); 사회 생태학자 ecology ⓜ 생태학, 사회 생태학
dynamic [dainǽmik]	ⓗ (역)동적인 ⓜ (~s) 역학 (관계), 동력
duty [djúːti]	ⓜ (공적인) 의무; 세금 duty-free ⓗⓑ 면세의[로]
duration [djuəréiʃən]	ⓜ (시간의) 계속, 지속, 내구; 지속 기간
drug [drʌg]	ⓜ 약, 약품; 마약, 마취제 ⓓ (drugged-drugged) 약을 먹이다; 마취[중독]시키다 drugstore ⓜ 약국

오늘도 모질게 전진

기출단어로 기출문장을 완성해보세요.

1. It has succeeded in registering hundreds of thousands of voters, helped ________ many officials.
   그것은 수십만 명의 유권자들을 등록하게 했으며, 많은 공무원을 선출하도록 도왔다.

2. With his ________ produce sculptures, Elffers hopes to share that joy.
   엘퍼스는 그가 만든 먹을 수 있는 농산물 조각품들로 그 즐거움을 나누기를 바란다.

3. It is probably wrong, says Robert Simmons, a behavioral ________.
   그것은 아마 틀린 것일지도 모른다고 행동 생태학자인 로버트 시몬스는 말한다.

4. The goal of medicine as it is currently practiced is to develop procedures and ________s that work equally well on all patients.
   현재 행해지는 대로 의학의 목표는 모든 환자가 성별, 나이, 유전자에 관계없이 동등하게 효과 있는 약과 시술을 개발하는 것이다.

5. This is an exciting and ________ place to work.
   이곳은 신나고 역동적인 직장이다.

6. Peter doubts if he can do his ________ies, and tries to find the right person who can take them over.
   피터는 그가 그의 일을 해 낼 수 있을지 의문이어서, 자신의 일을 이어받을 적임자를 찾으려고 한다.

7. They were constantly trying to make dolls more ________ and beautiful.
   그들은 계속해서 인형을 더 우아하고 예쁘게 만들려고 했다.

8. Be sure to plan days away from its ________ fields.
   그 자기장의 영역에서 떨어져 지내는 날들의 계획을 세워라.

9. He replaced the missing piece with a burst of static of the same ________.
   그는 그 빈자리에 똑같은 길이의 잡음을 삽입했다.

drill [dril]	ⓜ 연습, 훈련; 송곳, 드릴 ⓢ 연습[훈련]시키다
drift [drift]	ⓢ 떠돌다, 표류하다 ⓜ 표류 drifting ⓗ 표류하는; (눈, 모래 따위가) 날려서 쌓이는; (사람이) 불안정한
dragon [drǽgən]	ⓜ 용
drag [dræg]	ⓢ (dragged-dragged) 끌다
downhill [dáunhìl]	ⓜ 내리받이; 악화, 쇠퇴; 내리막 ⓑ 내리받이에, 아래쪽으로 ⓗ 내리막의; 문제[장애]가 없는, 편안한; 나빠지는
doubt [daut]	ⓢ (사실이 아닐 거라고) 의심하다 ⓜ 의심 doubtful ⓗ 의심스러운
doom [du:m]	ⓢ 실패할[죽을] 운명이 되게 하다 ⓜ 나쁜 운명, 악운
divide [diváid]	ⓢ 나누다, 분할[분열]하다; 나누어지다, 분할[분열]되다 division ⓜ 분할, 분배; 부(部), 부분 divisible ⓗ 나눌 수 있는, 가분의
distribution [dìstrəbjú:ʃən]	ⓜ 분배, 배포 distribute ⓢ 분배[배포]하다
distract [distrǽkt]	ⓢ (주의 등을) 딴 곳으로 돌리다, 산만하게 하다 distraction ⓜ 기분 전환; 주의 산만

기출단어로 기출문장을 완성해보세요.

1. If you see things through your camera lens that ________ from what you are trying to say, get rid of them.
만일 카메라의 렌즈를 통하여 표현하고자 하는 것에서 주의를 딴 곳으로 돌리려는 것들을 본다면, 그것들을 제거하라.

2. Sometimes they discover parts that seem to ______.
그들은 때때로 질질 끄는 것처럼 보이는 부분들을 발견한다.

3. It's the nature of water to run ________.
물이 아래쪽으로 흐르는 것이 순리다.

4. The back was ________d to contain room enough for a message, an address, and a stamp.
뒷면은 전달 내용과 주소 그리고 우표를 위한 충분한 공간이 있을 만큼 나누어졌다.

5. Poor ____________ combined with minimal offerings provided little incentive to purchase the new product.
최소의 제공과 결합한 부족한 분배는 새로운 상품을 구입하는 데 거의 자극을 주지 못한다.

6. Not only does the 'leaf fish' look like a leaf, but it also imitates the movement of a _______ing leaf underwater.
'leaf fish'는 생긴 것만 낙엽과 닮은 것이 아니라 물 아래를 떠다니는 낙엽의 움직임도 흉내 낸다.

7. I like the _______ kite, too.
나는 용 그림 연도 좋다.

8. Peter ______s if he can do his duties.
피터는 그가 그의 의무를 다할 수 있는지 의심스럽다.

9. Print-oriented novelists seem ______ed to disappear.
인쇄 책을 쓰는 소설가들은 사라질 운명인 것처럼 보인다.

10. Their use ranges from the ______ in a dentist's office to saws for cutting rocks, and to glass cutters.
그것(다이아몬드)들의 사용 범위는 치과의 드릴에서부터 바위나 유리를 자르는 톱까지 다양하다.

distort [distɔ́:rt]	동 왜곡하다, 일그러뜨리다 distortion 명 왜곡, 일그러뜨림
disregard [dìsrigɑ́:rd]	동 …을 무시[경시]하다; 등한히 하다 명 무시, 경시; 무관심
dispute [dispjú:t]	동 논쟁[논의]하다; 싸우다 명 논쟁, 논의; 분쟁
dismiss [dismís]	동 해산시키다, 해산하다; …을 해고하다, 추방하다; 기각[각하]하다; (토의 중인 문제 따위를) 간단히 처리하다, 결말을 내다 dismissible 형 해고할 수 있는, 해고를 면할 수 없는
disharmony [dishɑ́:rməni]	명 부조화, 불화; 불협화음(= discord); 조화되지 않는 것 disharmonize 동 …을 조화되지 않게 하다; 조화가 깨지다
discourage [diskə́:ridʒ]	동 낙담[실망]시키다; 그만두게 하다
discontinue [dìskəntínju:]	동 그만두다, (계속하던 것을) 중지[정지]하다; 취소되다 discontinuous 형 불연속의, 일관성 없는, 중단된; 끊어진
discipline [dísəplin]	명 훈련, 훈육; 규율, 자제; 학과 동 훈련[훈육]하다, 징계하다
disassemble [dìsəsémbəl]	동 …을 분해하다, 해체하다; 해산하다
disagree [dìsəgrí:]	동 (의견이) 일치하지 않다, 다르다 disagreeable 형 싫은, 불쾌한 disagreement 명 불일치; 불화
diaper [dáiəpər]	명 기저귀 동 (아기에게) 기저귀를 채우다

기출단어로 기출문장을 완성해보세요.

1. A friend is actually ____________ing you.
   한 친구가 정말로 당신을 무시하고 있다.

2. A year later the newspaper was ____________d for a while due to a fire.
   1년 뒤에, 신문은 화재 때문에 잠시 동안 중단됐었다.

3. This is similar to people getting wiser and more ____________d by overcoming the difficulties and hardships they encounter day after day.
   이것은 사람들이 매일매일 어려움과 고난을 극복하면서 더 현명해지고 훈련되는 것과 비슷하다.

4. They will ____________ the truth.
   그들은 진실을 왜곡할 것이다.

5. Workers ____________d the bridge in 1968, numbering the bricks, and sent them to Los Angeles.
   일꾼들은 1968년에 다리를 분해해서 벽돌에 숫자를 매기고 LA로 보냈다.

6. On the contrary, other star players ____________.
   반면에, 다른 스타 선수들은 동의하지 않는다.

7. It has meditated labor ____________s.
   그것은 노동 분쟁을 중재했다.

8. Though we cannot ____________ Mr. Smith's opinion completely, his argument is not persuasive.
   우리가 스미스 씨의 의견을 완전히 기각시킬 수는 없어도, 그의 주장은 설득력이 없다.

9. But don't be ____________d because there are some things you can try.
   그러나 여러분이 시도해 볼 수 있는 일들은 몇 가지가 있으니 낙담하지 마라.

10. ____________ enters our relationships.
    우리의 관계에 불화가 싹튼다.

11. We noticed our friend talking on the phone while changing her baby's ____________.
    우리는 우리 친구가 아기의 기저귀를 갈면서 통화하고 있는 걸 알아차렸다.

disadvantage [dìsədvǽntidʒ]	명 불리, 장해; 손실, 손해 동 …를 불리한 처지에 놓이게 하다, …의 이익을 해치다
disability [dìsəbíləti]	명 (심신) 장애 disabled 형 장애가 있는(= challenged)
dim [dim]	형 어둑한, 흐릿한 동 어두워지다
diligently [dílədʒəntli]	부 근면하게, 부지런하게 diligent 형 근면한, 부지런한 diligence 명 근면, 부지런함
detect [ditékt]	동 발견하다, 찾아내다 detective 명 탐정, 형사
destined [déstind]	형 …할 운명인, …하기로 되어 있는; …행인, …에 가기로 되어 있는 destiny 명 운명; 운명의 힘
desert [dizə́ːrt]	동 (사람, 지위, 의무 등을) 버리다, 포기하다 명 [dézərt] 사막
deposit [dipázit]	동 놓다; 퇴적시키다; (은행에) 맡기다 명 예금(액); 부착물; 침전[퇴적]물; 저장소
depict [dipíkt]	동 묘사하다(= describe) depiction 명 묘사(= description)

까먹었다구, mp3로 다시 한번

기출단어로 기출문장을 완성해보세요.

1. Any bump or line will be sufficient to ________ a feature.
   어떠한 혹이나 선도 특징을 묘사하는 데 충분할 것이다.

2. Instead of focusing on immigrants' ____________ies in English, why not encourage them to maintain their abilities in their mother tongues while they learn English?
   이민자들이 영어를 하지 못하는 것에 초점을 맞추는 대신에 그들이 영어를 배우는 동안에 그들의 모국어에 대한 능력을 유지하도록 왜 장려하지 않는가?

3. One may wonder if literary fiction is ________ to become an old-fashioned genre.
   누군가는 말 그대로 소설이 구시대적 장르가 될 운명인지 궁금할지도 모른다.

4. They were reassembled by workers in the Arizona ________.
   그들은 애리조나 사막의 일꾼들에 의해 재조립되었다.

5. Egyptian civilization was built on the banks of the Nile River, which flooded each year, ________ing soil on its banks.
   이집트 문명은 나일 강의 둑 위에 세워졌는데, 나일 강은 매년 홍수가 나서 둑 위에 흙이 쌓이게 되었다.

6. The doctor also carries out some special tests to ________ such dangerous diseases as cancer and diabetes, if necessary.
   의사들은 필요할 경우 암이나 당뇨 같은 위험한 질병들을 찾아내는 몇몇 특별한 테스트를 수행했다.

7. Suddenly, the lights in the room _____med twice and then went out.
   갑자기, 방안에 불이 두 번 침침해지더니 꺼져버렸다.

8. One may work ____________ without even realizing it.
   어떤 사람은 깨닫지도 못하고 근면하게 일할 것이다.

9. They will be greatly ______________d in their dealings with Asia and Asians.
   그들은 아시아의 나라들, 동양인들과 거래하는 데에 큰 손해를 볼 것이다.

demonstrate [démənstrèit]	⑤ 증명하다, 시범을 보이다; 시위운동을 하다 demonstration ⑲ 시위운동, 시범
deluxe [dəlúks]	⑱ 특등의, 사치스러운, 호화로운 ⑭ 사치스럽게, 호화롭게
deliberately [dilíbəritli]	⑭ 계획적으로; 신중하게 deliberate ⑱ [dilíbərit] 계획적인; 신중한 ⑤ [dilíbərèit] 숙고하다
defeat [difíːt]	⑤ 쳐부수다, 패배시키다 ⑲ 패배, 짐
deed [diːd]	⑲ 행위(= act); 증서; 공적
deck [dek]	⑲ 갑판; (객차의) 지붕; (전차 따위의) 바닥; (건물의) 층, 수평 지붕; 카드의 한 벌(= pack)
deaf [def]	⑱ 귀먹은, 귀머거리의; 귀를 기울이지 않는 ⑲ (the ~) 귀가 먼 사람들, 청각 장애자
cuisine [kwizíːn]	⑲ (독특한) 요리; 요리법; 주방, 조리실
cube [kjuːb]	⑲ 정육면체; 세제곱 cubic ⑱ 세제곱의

기출단어로 기출문장을 완성해보세요.

1. The specific combinations of foods in a _________ constitute a deep reservoir of accumulated wisdom.
   요리에서의 특정한 음식의 조합은 축적된 지혜의 거대한 저장소를 구축한다.

2. They are small _______s and each side has a different number of spots on it, ranging from one to six.
   그것들은 1~6까지의 숫자가 각 면의 위에 적혀있는 작은 정육면체이다.

3. Constructed in the 12th century, now a _________ hotel, Palazzo Sasso is all about the view.
   12세기에 건축되어 지금은 호화 호텔이 된 파라초사소는 경치가 뛰어나다.

4. TV as Efficient Equipment for the ______
   청각 장애인을 위한 효과적인 장비로서의 TV

5. They ______________ positioned themselves between frustration on the one hand and boredom on the other.
   그들은 한편으로는 좌절감과 다른 한편으로는 무료함 사이의 경계에 자신들을 의도적으로 위치시켰다.

6. A psychologist named Richard Warren _____________d this particularly well.
   리처드 워렌이라는 이름의 심리학자는 이것을 특히 잘 증명하였다.

7. Some heroes shine in the face of great adversity, performing amazing ______s in difficult situations.
   어떤 영웅은 큰 역경과 맞닥뜨릴 때 빛을 발하며, 어려운 상황에서 놀라운 공적을 이루어낸다.

8. The thought appealed to him as he powered up the aircar and it lifted a half-meter or so off the ______ of the hangar.
   그 생각은 에어카의 파워를 넣고 그것이 절반 이상 떠오를 때까지 또는 격납고의 갑판이 내려질 때까지 지워지지 않았다.

9. The trip had completely ________ed the father's purpose.
   그 여행은 아버지의 목적을 완전히 좌절시켰던 것이다.

crush [krʌʃ]	ⓢ 눌러 찌부러뜨리다, 으깨다, 빻다 ⓜ 군중의 붐빔
crude [kru:d]	ⓗ 천연 그대로의, 자연의, 날것의; 가공하지 않은 ⓜ 미정제품, 미가공품, 원료
crime [kraim]	ⓜ 범죄 criminal ⓜ 범죄자, 범인 ⓗ 범죄의, 형사상의
coworker [kóuwə̀:rkər]	ⓜ 동료(= colleague)
cooperation [kouápərèiʃən]	ⓜ 협력, 협동 cooperate ⓢ 협력[협동]하다 cooperative ⓗ 협력[협동]의
convert [kənvə́:rt]	ⓢ 변화시키다[되다], 개조하다[되다]; (다른 종교, 이념 등으로) 전향시키다[하다] ⓜ [kánvə:rt] 개종자, 전향자 conversion ⓜ 변화, 전환; 전향, 개심
contractor [kəntræ̀ktər]	ⓜ 계약자 contract ⓜ [kántrækt] 계약 ⓢ [kəntræ̀kt] 계약을 맺다; 줄(이)다 contraction ⓜ 수축, 축소
consistency [kənsístənsi]	ⓜ (언행, 의견 등의) 일관성; 양립성 consistent ⓗ (언행, 사상 등이) 시종 일관된; 일치하는, 모순이 없는 consist ⓢ (…으로) 되다, 이루어져 있다; 일치하다
considerate [kənsídərit]	ⓗ 이해심[동정심] 많은; 사려 깊은 consideration ⓜ 숙고, 고려
confront [kənfrʌ́nt]	ⓢ …에 직면하다; …에 맞서게 하다 confrontation ⓜ 직면; 대면, 대결

기출단어로 기출문장을 완성해보세요.

1. I really appreciate your ______________.
   당신의 협조에 정말 감사드립니다.

2. To __________ inaccurate drawings into accurate ones
   부정확한 그림을 정확하게 바꾸기 위해서

3. When the roof leaks, only the parent worries about what ______________ to employ or about how he will repair it himself.
   지붕이 셀 때, 오직 부모님만이 어떤 계약자를 고용할지 또는 어떻게 직접 고칠지를 고민한다.

4. It's very ______________ of you to say so.
   그렇게 말씀하시다니 사려가 깊으시군요.

5. Some wild plants __________ an uncertain future.
   몇몇의 야생 식물들은 불확실한 미래에 직면해 있다.

6. Industrial diamonds are ________ed and powdered, and then used in many grinding and polishing operations.
   산업용 다이아몬드는 으깨지고 갈아지고 나서 빻기나 광내기 과정에서 많이 사용된다.

7. Each day nearly a billion gallons of ________ oil are refined and used in the United States.
   매일 거의 10억 갤런의 천연 그대로의 원유가 정제되고 미국에서 사용된다.

8. Violence and property ________s were nearly twice as high in sections of the buildings where vegetation was low.
   폭력과 재산 관련 범죄는 초목이 적은 빌딩에서 거의 두 배 더 많다.

9. There were several reasons for this ______________.
   이 일관성에는 여러 가지 이유가 있다.

10. Most foreign workers are being taught by Korean ___________s or volunteers who have no or little teaching experience.
    많은 외국인 노동자들은 교육 경험이 거의 없는 한국인 직장 동료나 자원 봉사자들에게 배우고 있다.

confine [kənfáin]	⑤ 한정[제한]하다; 가두다, 감금하다
composition [kàmpəzíʃən]	⑲ 작문, 작곡; 조립, 구성
component [kəmpóunənt]	⑲ 구성 요소, 성분 ⑱ 구성하는
compensate [kámpənsèit]	⑤ 보상[배상]하다, 보충하다 compensation ⑲ 보상, 배상, 보충; 보수
compel [kəmpél]	⑤ (compelled-compelled) 억지로 …하게 하다, 강요하다 compulsory ⑱ 강제적인; 의무적인
compact [kəmpǽkt]	⑱ 꽉 들어찬, 빽빽한; 조촐한, 아담한 ⑲ 콤팩트; 소형차 ⑤ [kámpækt] …을 빽빽하게 하다, 꽉 채우다
commute [kəmjúːt]	⑤ (정기적으로) 통근하다 commuter ⑲ (정기적인) 통근자
command [kəmǽnd]	⑤ 명령하다, 지휘하다; (말을) 자유자재로 구사하다; 내려다보이다 ⑲ 명령; 통제; 지배력; 구사력 commander ⑲ 지휘자[관], 명령자, 사령관
comb [koum]	⑲ 빗, 머리빗 ⑤ 빗다, 빗질하다

기출단어로 기출문장을 완성해보세요.

1. Our understanding of context ____________s for lack of detail in the feature identification process.
   우리의 문맥에 대한 이해는 특징 확인 과정에서의 구체적인 부분의 부족을 보상한다.

2. '__________ing' is the least considered factor for both among the top five, but still it is a more favored factor for women than for men.
   통근은 5가지 요인 중에서 남녀 모두에게 가장 덜 중요한 요인이었지만 남성보다는 여전히 여성에게 더 중요한 요인이다.

3. The center hole also allows the kite to respond quickly to the flyer's _________s.
   또한 중앙의 구멍은 연이 연을 날리는 사람의 통제에 빨리 반응하게 해 준다.

4. They usually feel this way because their behavior ________s others to lie to them.
   그들의 행동이 다른 이들로 하여금 거짓말을 하게 강요하기 때문에 그들은 보통 이런 식으로 생각을 한다.

5. Other policies have produced relatively _________ cities.
   다른 정책들은 비교적 소형 도시를 만들었다.

6. Knowledge of writing was _________d to professionals.
   쓰는 것을 아는 것은 전문가들에게 한정되었다.

7. At night she attended classes in _____________ and developed her writing skills.
   밤에 그녀는 작문 수업을 듣고 그녀의 작문 실력을 키웠다.

8. Meeting these conditions requires pushing the limits of materials and design, and making highly efficient electrical ___________s, batteries and power management systems.
   이러한 제한을 충족시킨다는 것은 재료와 디자인의 한계를 극복하고, 고효율의 전기 구성 분자, 전지, 전력 통제 체계를 만드는 것이 필요하다.

9. Next to the doll was a small box, also made of ivory, containing tiny ______s and a silver mirror.
   인형 옆에는 상아로 만들어진 작은 머리빗과 은거울이 담긴 조그만 상자가 있었다.

combat [kάmbæt]	ⓢ …와 싸우다, …에 반항하다 ⓜ 전투, 실전; 투쟁
colleague [kάliːg]	ⓜ (직장의) 동료
coherent [kouhíərənt]	ⓗ 조리 있는(↔ incoherent) coherence ⓜ 통일성, 응집력
clipping [klípiŋ]	ⓜ 깎기, 베어내기, 오려내기 ⓗ 베어내는, 깎아내는, 가위질하는 clip ⓢ (가위로) 자르다, 가지런히 깎다; 잘라내다 ⓜ 깎기, 깎아내기, 깎아 다듬기
clinic [klínik]	ⓜ (의대, 부속 병원의) 진료소(의 의사), 진찰실; 전문 상담소
clay [klei]	ⓜ 점토, 찰흙
clatter [klǽtər]	ⓜ 덜커덕거리는 소리 ⓢ 덜걱덜걱 소리 나다 clattering ⓗ 덜걱덜걱 울리는
claim [kleim]	ⓜ 요구; 주장 ⓢ 요구하다; 주장하다
circumstance [sə́ːrkəmstæ̀ns]	ⓜ 주위의 사정, 상황, 처지

기출단어로 기출문장을 완성해보세요.

1. The ________ that we have recently entered the information age is misleading.
   우리가 최근에 정보시대로 들어섰다는 주장은 잘못된 것이다.

2. Ekman and his ____________s in an Asian country studied the facial reactions of students.
   에크만과 아시아 국가에 있는 그의 동료들은 학생들의 얼굴 반응을 연구했다.

3. Our goal is to respect the artist's intent, but at the same time to make it a visually ____________ work of art.
   우리의 목표는 화가의 의도를 존중하는 것이나 동시에 그것을 시각적으로 일관성 있는 예술품으로 만드는 것이다.

4. We need to see that it is ______________s that are different and that our increased workloads put too much pressure upon us.
   우리는 환경이 다르고 작업량이 증가하면서 우리를 너무 많이 압박하고 있음을 볼 필요가 있다.

5. It did not feel like stone, _______, or dirt.
   그것은 돌, 진흙 또는 흙과 감촉이 달랐다.

6. The banging and __________ing getting worse with every moment.
   매 순간 심해지는 부딪치는 소리와 덜커덕거리는 소리.

7. For years I kept it in my room with magazine ___________s of great players.
   여러 해 동안 나는 그것을 위대한 선수들에 관한 잡지를 오려놓은 것과 함께 내 방에 보관했다.

8. Animal _________
   동물 진료소

9. Simmons was studying eagles in Africa when he came across a pair of male giraffes locked in _________.
   시몬스는 아프리카에서 독수리를 연구하다가 우연히 싸움에 몰두하고 있는 한 쌍의 수컷 기린을 보게 되었다.

charming [tʃɑ́ːrmiŋ]	형 매혹적인 charm 동 매혹하다 명 매력
champ [tʃæmp]	명 챔피언; 우적우적 씹기; 이 가는 소리 동 소리 내어[우적우적] 씹다; 이 가는 소리를 내다
chairperson [tʃέərpə̀ːrsn]	명 의장, 위원장; 사회자
caution [kɔ́ːʃən]	명 조심, 주의, 경고 동 경고하다, 주의를 주다(= warn) cautious 형 조심[주의]하는
cattle [kǽtl]	명 가축; 들소, 물소
carve [kɑːrv]	동 새기다, 조각하다, 썰다
carefree [kέərfrìː]	형 근심[걱정]이 없는, 태평한; 무책임한
bunch [bʌntʃ]	명 다발, 묶음 동 단단해지다
bump [bʌmp]	동 부딪치다 명 충돌; 혹 bumpy 형 울퉁불퉁한; 덜컥거리는

기출단어로 기출문장을 완성해보세요.

1. Parents first teach us essential ways of living by _________ing.

   부모님들은 우선 우리에게 주의를 줌으로써 살아가면서 필수적인 것들을 알려줍니다.

2. Comparing the remembered _________ past with his immediate problems, the mature man thinks that troubles belong only to the present.

   기억에 있는 걱정 없는 과거와 현재의 문제들을 비교하면서 성인은 문제는 오직 현재에만 있다고 생각한다.

3. You can catch a _________.

   너는 한 묶음을 잡을 수 있다.

4. Her response to the death of her lover was undeniably _________.

   애인의 죽음에 대한 그녀의 반응은 부인할 수 없게 매력적이었다.

5. Some players, such as hard hitting, six-time Wimbledon _________ Pete Sampras, call the change "simply ridiculous."

   윔블던 대회에서 6번 우승자였던, 강타를 구사하는 피트 샘프라스와 같은 선수들은 그러한 변화를 "그저 우스운" 일이라고 말한다.

6. Notice that when seen as part of a face presented in Figure A, any _________ or line will be sufficient to depict a feature.

   그림 A에서 보이는 것과 같이 얼굴의 일부분만 보여도 어떠한 혹이나 선도 특징을 묘사하는 데 충분할 것이라는 데 주목하라.

7. I have an announcement from the _________ of the Better Life Digital Camera Club.

   베터 라이프 디지털 카메라의 회장님으로부터 말씀이 있겠습니다.

8. So the leopard began to attack dogs and _________ in the village.

   그래서 표범은 마을에 있는 개들과 소떼를 공격하기 시작했다.

9. Americans _________ pumpkins but they never use the stem.

   미국인들은 호박을 조각하지만 절대 줄기를 사용하지는 않는다.

bull [bul]	명 황소; (코끼리 따위 큰 짐승의) 수컷 형 수컷의; 황소 같은
broomstick [brú(:)mstìk]	명 빗자루; 말라깽이; 키다리
broad [brɔ:d]	형 넓은 broaden 동 넓히다, 넓어지다
brick [brik]	명 벽돌 동 …에 벽돌을 깔다 형 벽돌의, 벽돌로 지은
breeze [bri:z]	명 산들바람, 미풍
bowl [boul]	명 주발, 사발, 공기; (볼링 따위의) 공
bounce [bauns]	동 튀(기)다 명 튐
booth [bu:θ]	명 부스, (특정 용도의) 작은 방; 오두막; 포장마차, 노점
boom [bu:m]	명 (대포, 우레 따위의) 꽝[쿵, 우르르] 울리는 소리, 굉음; 벼락 경기, 붐 동 (대포, 우레 따위가) 울리다; 갑자기 인기가 높아지다 형 인기가 갑자기 높아진, 벼락 경기의

기출단어로 기출문장을 완성해보세요.

1. Goldfish ______s look stunning filled with flower heads or petals, magnifying their contents.
   꽃과 잎사귀로 가득한 금붕어를 키우던 어항 그릇은 내용물을 확대하며 아주 멋지게 보인다.

2. The players use a __________ to throw an old bicycle tire.
   선수들은 오래된 자전거 바퀴를 던지기 위해 빗자루를 이용한다.

3. You'd better go to the phone _______ .
   공중전화 부스로 가는 것이 좋을 것이다.

4. The storm ______ed and roared outside the long-range aircar as it fought for altitude.
   폭풍우는 고도와 싸우듯이 쾅 소리를 내며 에어카의 긴 선체의 벽을 때리고 으르렁거렸다.

5. The only thing students should be required to do is to study a _______ range of subjects throughout middle and high school.
   학생들이 요구받아야 할 유일한 일은 중고등학교 재학 동안 내내 폭넓은 범위의 교과를 공부하는 것이다.

6. Workers disassembled the bridge in 1968, numbering the _______s, and sent them to Los Angeles.
   일꾼들은 1968년에 다리를 분해해서 벽돌에 숫자를 매기고 LA로 보냈다.

7. In Pamplona is held in the first two weeks of July each year the World' Series of ______ fighting.
   팜플로나에서는 매년 7월 첫 두 주에 세계 황소 싸움 대회가 열린다.

8. When the light from an object hits a person, only some of it ________s off.
   물체로부터의 빛이 사람에게 닿을 때, 오직 몇몇만이 튀어나온다.

9. The perfume of wild flowers fills the air as the grass dances upon a gentle ________.
   야생화의 향기는 잔디가 부드러운 바람에 춤출 때 대기를 가득 채운다.

bone [boun]	명 (종종 ~s) (인간관계의) 유대, 결속; 의무; 계약서; 접착제 동 물품을 담보로 하다; (채권을 발행하여) …의 지불을 보증하다; 이어지다; 친밀한 관계를 맺다
boil [bɔil]	동 끓다; 파도가 일다; …에 (피가) 들끓다 명 끓음, 비등(沸騰)
bless [bles]	동 축복하다 blessing 명 축복
bitter [bítər]	명 쓴, 쓰라린, 지독한 bitterness 명 쓴맛, 쓰라림
beloved [bilʌ́vid]	형 매우 사랑하는, 귀여운
beep [biːp]	명 (신호, 경고 따위의) 경적; 발신음, 신호음 동 삑 하는 소리를 내다; 호출하다
beam [biːm]	명 광선 동 빛나다; 빛을 발하다; 비추다, 방송하다; 환히 미소 짓다
basin [béisən]	명 대야, 물대접(= bowl), 세면대; 작은 연못, 물웅덩이; 분지
basement [béismənt]	명 지하실, 지하층
barren [bǽrən]	형 (땅이) 불모인; (초목이) 열매를 맺지 못하는; (여성이) 아이를 낳지 못하는, 불임의(= sterile); 매력이 없는, 시시한 명 (~s) (관목, 모래 땅 뿐인) 불모지
barrel [bǽrəl]	명 (가운데 배가 부른) 통; (양의 단위) 배럴

기출단어로 기출문장을 완성해보세요.

1. They are usually made of several materials such as ______, plastic, or wood.
   그것들은 보통 뼈, 플라스틱, 나무와 같은 여러 가지 재료들로 만들어진다.

2. Just hold down the 'alarm set' button for three seconds until you hear a ______.
   신호음을 들을 때까지 '알람 설정' 버튼을 3초 정도 누르고 있어라.

3. Tonight, the girl across from him was wearing it, ______ing.
   오늘 밤, 그의 건너편에 있는 소녀가 그것을 입고 있었고, 빛이 났다.

4. Patients and staff can get away from ______.
   환자와 스텝들은 (정원을 가꿈으로써) 불모지에서 벗어날 수 있다.

5. Around them were lots of wooden ______s and boards.
   그들 주변에는 많은 나무통과 판자들이 있었다.

6. I am truly ______ed.
   난 정말 축복받았다.

7. I don't like the ______ taste and roughness of fruit peel.
   나는 과일 껍질의 쓴 맛과 거칠음을 좋아하지 않는다.

8. He had an irresistible urge to go to see his ______ wife and his two sons.
   그는 그의 사랑하는 아내와 두 아들을 보고 싶은 저항할 수 없는 충동이 일었다.

9. Kathmandu sits almost in the middle of a ______.
   카트만두는 거의 분지의 중앙에 자리 잡고 있다.

10. She had kept her in her ______ for five hours.
    그녀는 5시간 동안 자기 집 지하실에 있었다.

11. They are steamed, ______ed, and then washed many times to remove any impure materials.
    그것(나뭇가지)들은 모든 불순물들을 제거하기 위해 몇 번이고 쉶아지고 끓여지고 씻겼다.

banner [bǽnər]	명 현수막, 깃발
bang [bæŋ]	동 …을 쾅[탕] 하고 닫다; …을 세게 치다; 쿵쿵 소리 내다 명 (대포 따위의) 굉음, 발포(하는 소리)
awful [ɔ́:fəl]	형 끔찍한, 지독한(= terrible), 굉장한
awesome [ɔ́:səm]	형 두려움[경외심]을 일으키게 하는; 무시무시한; 아주 인상적인, 멋있는; 최고의
autograph [ɔ́:təgræ̀f]	명 사인, 자필 서명 동 사인을 해주다
attach [ətǽtʃ]	동 붙이다; 소속시키다; 애착을 가지게 하다 attachment 명 부착(물); 부속품; 애착
astonished [əstɑ́niʃt]	형 놀라는 astonish 동 크게 놀라게 하다(= amaze, shock) astonishment 명 경악
assure [əʃúər]	동 보증하다, 장담하다; 확신시키다
associate [əsóuʃièit]	동 관련시키다; 연합시키다; 교제하다; 제휴하다 명 [əsóuʃiət] 동료, 제휴자 association 명 연합, 관련, 제휴; 교제, 친밀; 협회, 조합
assimilation [əsìməléiʃən]	명 동화, 융합; 동화 상태

기출단어로 기출문장을 완성해보세요.

1. ____________ing the objects with their names

   물체와 그들의 이름을 연결 짓기

2. The United States seeks to eliminate these same skills among ethnic minorities by reducing existing bilingual programs, out of misplaced fears of diversity or haste to force their ____________.

   미국정부는 다양성에 대한 근거 없는 두려움과 혹은 성급하게 그들을 동화시키려는 차원에서 기존의 복수언어 프로그램을 줄여 소수 인종 집단에서마저도 이와 같은 기술을 제거하고자 한다.

3. Among the ____________s and signs, one would normally expect a lot of singing, chanting and cheering.

   현수막들과 표지들 사이에, 노랫소리와 찬가 그리고 응원하는 소리가 많이 있으리라고 예측하는 것이 정상이다.

4. I said "Merry Christmas!" and handed some ____________ child a beautifully wrapped gift.

   나는 "메리 크리스마스!" 라고 말하고 놀란 어린아이에게 예쁘게 포장된 선물을 주었다.

5. We can ____________ you.

   너에게 보증한다.

6. I still remember the ____________ feeling.

   나는 아직도 그 멋진 기분을 기억한다.

7. Could I please have your ____________?

   사인 좀 받아도 될까요?

8. Silk sashes are ____________ed to the ear flaps.

   비단 끈은 귀 덮개에 붙어 있다.

9. The ____________ing and clattering getting worse with every moment

   매 순간 더 심해지는 부딪히는 소리와 덜컥거리는 소리

10. It's ____________.

    그것은 끔찍하다.

aspiration [æspəréiʃən]	ⓜ 열망, 갈망 aspire ⓢ 열망[갈망]하다, 바라다
armrest [á:rmrèst]	ⓜ (의자, 소파 따위의) 팔걸이
architecture [á:rkətèktʃər]	ⓜ 건축 architect ⓜ 건축가
archaeologist [à:rkiálədʒist]	ⓜ 고고학자 archaeology ⓜ 고고학
arcade [ɑ:rkéid]	ⓜ (건축) 아케이드; 지붕 있는 상가(商街); 게임 센터
approximation [əpràksəméiʃən]	ⓜ (공간, 위치, 정도 따위의) 접근, 근사; 비슷한[유사한] 것[일] approximate ⓗ [əprá:ksimət] 대략의 ⓢ [əprá:ksimeit] 근사치를 내다; 계산하다 approximately ⓑ 대략
appointment [əpɔ́intmənt]	ⓜ 임명, 선임; (만남 등의) 약속 appoint ⓢ 임명[지명]하다; (시간, 장소를) 지정하다
applause [əplɔ́:z]	ⓜ 박수갈채, 칭찬 applaud ⓢ (사람, 행위 등에) 박수갈채하다, 칭찬하다
apparently [əpǽrəntli]	ⓑ 외관상; 명백히 apparent ⓗ 명백한; (사실 여부는 제쳐놓고) 외관상 …같은

기출단어로 기출문장을 완성해보세요.

1. In addition, beautiful modern ______________ plays a big role in the comeback of Chattanooga.
   게다가, 아름다운 현대 건축물들은 채터누가의 회복에 큰 역할을 했다.

2. According to ______________s, early man used them for fortunetelling.
   고고학자들에 따르면, 옛날 선조들은 그것들을 예언하는 데 사용했다.

3. The cafés under the wide ________s that run around the Plaza de la Constitucion have every table crowded.
   콘스티투시온 광장 주변의 넓은 상가 밑의 카페들의 테이블은 모두 꽉 차 있었다.

4. Coins reflect both a country's history and its ____________s.
   동전은 한 나라의 역사와 그 열망을 반영한다.

5. Finally, at the end of the presentation, show your appreciation by giving the speaker a big round of __________.
   마지막으로, 프레젠테이션이 끝나면 연설하신 분께 큰 박수갈채를 보냄으로써 감사를 표합시다.

6. ____________, assuming you will recognize her voice, she does not provide any verbal content which would help you identify her.
   분명히 당신이 그녀의 목소리를 인지할 것이라고 가정하고, 그녀는 당신이 그녀를 식별하는 데 도움을 줄 말의 내용을 전혀 제공하지 않는다.

7. The digitized image of the face is rough because the computer thinks in terms of ones and zeros and makes all-or-nothing ______________s.
   수치화된 얼굴의 이미지는 거친데, 왜냐하면 컴퓨터가 1과 0의 숫자들에 의해서 생각을 하고 양자택일식의 접근을 하기 때문이다.

8. Please put my name in the ______________ book.
   나의 이름을 약속 (적어 놓는) 책에 적어주세요.

9. He wondered as he gripped the __________s.
   그는 의자의 팔걸이를 잡으며 궁금해했다.

anthropology
[æ̀nθrəpɑ́lədʒi]

명 인류학; 문화 인류학; 인간학
anthropological 형 인류학(상)의
anthropologist 명 인류학자; 문화 인류학자

annual
[ǽnjuəl]

형 1년(간)의; 해마다의
annually 부 매년, 해마다; 1년에 한 번씩

ancestor
[ǽnsestər]

명 조상, 선조

amino
[əmíːnou]

형 (화학) 아미노기(基)를 갖는
명 아미노산(~ acid)

adversity
[ædvə́ːrsəti]

명 불운, 불행, 역경; 불행한 사건[경험], 재난

admire
[ædmáiər]

동 감탄[탄복]하다; 찬양하다
admirable 형 칭찬할 만한; 훌륭한

adequate
[ǽdikwit]

형 적절한; 충분한

addictive
[ədíktiv]

형 중독성의, 중독성이 있는
addict 명 [ǽdikt] 중독자
동 [ədíkt] …에 빠지게 하다; 몰두시키다

adapt
[ədǽpt]

동 적합하게 하다, 적응시키다; 적응하다
adaptation 명 개작(물); 적합, 적응

acknowledge
[əknɑ́lidʒ]

동 (과실, 실패 등을) 인정하다, 승인하다
acknowledgment 명 승인, 사례

acid
[ǽsid]

명 (화학) 산(酸); 신맛이 나는 것, 산성물
형 (화학) 산(酸)의, 산성의; 신, 신맛이 있는; (기질, 생김새 따위가) 꽤 까다로운; 통렬한, 신랄한

기출단어로 기출문장을 완성해보세요.

1. We incorrectly imagine that our ___________s inhabited a
innocent world.
우리는 우리의 조상들이 순수한 세상에서 살았다고 잘못 상상하고 있다.

2. _________ the beauty of a swan
백조의 아름다움 찬양

3. All travellers should ensure they have ___________ trave
insurance before they depart.
모든 여행객들은 출발 전에 적절한 여행자 보험에 들었다는 것을 확인해야 한다.

4. And welcome to the 10th _________ "Hand-in-Hand Show."
핸드인핸드 쇼의 10주년 연례 행사에 어서 오십시오.

5. Each plant is deficient in an essential amino _______.
각각의 식물들은 필수 아미노산이 부족하다.

6. Some heroes shine in the face of great ____________.
몇몇의 영웅들은 굉장한 역경 속에서 얼굴이 빛난다.

7. _______________ the high cost of night diving
밤 다이빙의 높은 가격을 인정하기

8. Modern technology is ____________.
현대 기술은 중독성이 있다.

9. Like all other industries, the rose business must ________
to changing conditions in the marketplace.
다른 모든 산업들과 같이, 장미 산업도 반드시 시장의 상태 변화에 적응해야
한다.

10. With the rise of the social sciences, and especially the
________________ of the 1930s and thereafter
사회 과학, 특히, 1930년대와 그 이후의 인문학 부상과 더불어

11. Each plant is deficient in an essential ________ acid that
happens to be abundant in the other.
각각의 식물들은 필수 아미노산이 부족한데 그것들은 우연히도 다른 것들 한
테는 많이 있다.

ache [eik]	ⓢ 아프다 ⓜ 아픔, 통증
accustomed [əkʌ́stəmd]	ⓗ 익숙한 accustom ⓢ 익히다, 익숙해지다
accumulate [əkjú:mjəlèit]	ⓢ (돈, 재산, 물건 등을) 축적하다, 쌓다 ; 쌓이다, 모이다 accumulation ⓜ 축적, 쌓아올림
accompany [əkʌ́mpəni]	ⓢ 동행[동반]하다; 반주하다 accompaniment ⓜ 반주
accentuate [əksént∫uèit]	ⓢ 강조하다; 역설하다; (음악, 그림 등을) 눈에 띄게 하다
abuse [əbjú:z]	ⓢ 남용하다; 오용하다; 학대하다 ⓜ [əbjú:s] 남용; 오용; 학대
abundant [əbʌ́ndənt]	ⓗ 풍부한, 많은 abundance ⓜ 풍부, 다량, 다수 an abundance of 다수(의), 다량(의)
abandon [əbǽndən]	ⓢ (사람, 고향 등을) 버리다, 떠나다; 포기하다 ⓜ 방종; 자유분방

기출단어로 기출문장을 완성해보세요.

1. People are ________________ to using blankets to make themselves warm.

   사람들은 보온을 위해 담요를 사용하는 것에 익숙하다.

2. If you are ____________ied by a single companion you are half yourself.

   만일 네가 누군가와 함께 있으면 너는 너 자신의 반쪽만 갖추게 된다.

3. This means that the city has an ___________ce of cultural activities, such as restaurants, theater, ballet, music, sport, and scenery.

   이것은 도시가 식당가와 극장, 발레, 음악, 스포츠, 경치와 같은 풍부한 문화 활동이 이루어지고 있음을 의미한다.

4. Interestingly, art in tribal societies is frequently ________ed after it has served its purpose.

   흥미롭게도, 부족 사회에서의 예술은 자주 그 목적을 다하면 버려졌다.

5. The specific combinations of foods in a cuisine constitute a deep reservoir of _____________d wisdom about diet and health and place.

   요리에서의 특정한 음식의 조합은 식이요법과 건강, 적재적소에 관한 축적된 지혜의 거대한 저장소를 구축한다.

6. If you suffer from long-lasting _______s and pains in your lower back, it may be small comfort to know you are not alone.

   여러분이 오랫동안 허리 부분에 통증과 고통을 겪고 있다면, 여러분은 혼자만 그런 것이 아니라는 것을 알면 조금 위안이 될 수도 있을 것이다.

7. Nowhere, indeed, was any sign or suggestion of life except the barking of a distant dog, which served to _____________ the solitary scene.

   멀리 개 짖는 소리를 제외하고는 실제로 어느 곳에도 생명의 표시나 암시는 없었는데, 그 소리도 외로운 장면을 두드러지게 하는 데 기여했다.

8. ________ing technology

   기술 남용

altitude [ǽltətjùːd]	명 높이, 고도
chant [tʃænt]	동 (노래, 성가 등을) 부르다; 칭송하다 명 노래
creep [kriːp]	동 (crept-crept) 기다, 살금살금 움직이다 creeping 형 기어 돌아다니는; 느린 명 기기, 포복
crisis [kráisis]	명 위기 critical 형 비판적인; 중대한; 위기의
crook [kruk]	명 굽은 것; 갈고리 동 구부리다; 구부러지다 crooked 형 꼬부라진, 비뚤어진; 부정직한
cuneiform [kjúːniːəfɔ̀ːrm]	명 쐐기문자 형 쐐기 모양의; 쐐기문자의
defect [difékt]	명 결함, 결점 defective 형 결함이 있는
dew [djuː]	명 이슬 동 이슬로 적시다
digitize [dídʒitàiz]	동 수치화하다; 디지털화하다 digitized 형 수치화된; 디지털화된 digital 형 숫자로 표시하는, 디지털 방식의

기출단어로 기출문장을 완성해보세요.

1. The unattractive produce such as ________ed carrots and odd-looking tomatoes was not valuable.

   꼬부라진 당근이나 이상하게 생긴 토마토 같은 매력 없는 상품들은 가치가 없었다.

2. In Figure B, when the mirror temperature is at ____ point, ____ drops cover the surface of the mirror.

   그림 B에서, 거울의 온도가 이슬점과 같을 때 이슬방울이 거울의 표면을 덮는다.

3. A computer company lost its reputation in company surveys just after major news coverage about a ________ in its products.

   어떤 컴퓨터 회사 생산품의 결함에 관한 주요 뉴스가 발표된 직후, 그 회사는 명성을 잃었다.

4. The old Sumerian ________ could not be used to write normal prose but was a mere telegraphic shorthand.

   고대 수메리아의 쐐기문자는 보통의 산문을 쓰는 데 사용될 수가 없었고, 단순한 전보를 보내기 위한 속기였다.

5. The ________d image of the face is rough.

   수치화된 얼굴의 이미지는 거칠다.

6. The storm boomed and roared outside the long-range air-car as it fought for ________.

   장거리 비행선이 고도를 유지하기 위해 몸부림치는 동안 (비행선) 밖에서는 폭풍우가 사납게 불고 있었다.

7. ______ing a request, such as "Time to come to breakfast," may be more effective than simply saying the request.

   "아침 먹을 시간이다" 같은 요청을 노래로 하는 것은 그 요청을 그냥 말로 하는 것보다 더 효과적일 수 있다.

8. ______ing plants cover the polished silver gate.

   기어 다니는(넝쿨) 식물들이 윤이 나는 은빛 대문을 덮고 있다.

9. In many countries around the world, narrow-mindedness, religious impatience, greed, and fear have turned into ________ that have taken the lives of millions.

   세계 여러 나라들에서 편협함, 종교적인 성급함, 욕심, 그리고 공포가 수백만 명의 목숨을 앗아간 위기로 발전했다.

ecosystem [í:kousìstəm]	ⓜ 생태계
elaborate [ilǽbərèit]	ⓓ 상세히 설명하다; 정성들여 만들다 ⓗ 공들인, 정교한
eliminate [ilímənèit]	ⓓ 제거하다, 없애다 elimination ⓜ 제거
encyclopedia [ensàikloupí:diə]	ⓜ 백과사전, 전문 사전
epic [épik]	ⓗ 서사시의; 장중한 ⓜ 서사시
flatter [flǽtər]	ⓓ 아첨하다, 빌붙다 flattering ⓗ 아첨하는, 아부하는 flattery ⓜ 아첨, 빌붙음
grind [graind]	ⓓ (ground-ground) 빻다, 갈다 ⓜ 빻기, 갈기
grip [grip]	ⓓ (gripped-gripped) 꽉 쥐다, 매달리다 ⓜ 꽉 쥠; 자루; 이해력
hygrometer [haigrámitər]	ⓜ 습도계

기출단어로 기출문장을 완성해보세요.

1. Figures A and B demonstrate how dew point is measured by a dew point ___________.
   그림 A와 B는 이슬점이 어떻게 이슬점 습도계에 의해 측정되는지 보여준다.

2. "What's happening?" he wondered as he ______ped the armrests.
   "무슨 일이지?" 그는 의자의 팔걸이를 꽉 쥐면서 의아해했다.

3. Industrial diamonds are crushed and powdered, and then used in many ________ing and polishing operations.
   산업용 다이아몬드는 뭉개지고 가루로 내진 후에, 갈거나 윤택을 내는 작업에 쓰인다.

4. They might be mere _________y.
   그것들(모든 칭찬)은 단지 아첨일지도 모른다.

5. This idea was developed by Bertolt Brecht with his '______ theater.'
   이 생각은 베르톨트 브레히트라는 사람과 그의 서사 희곡에 의해 발전되었다.

6. Rob grabbed the ____________.
   롭은 백과사전을 집었다.

7. Meanwhile, the United States seeks to ___________ these same skills among ethnic minorities by reducing existing bilingual programs.
   한편 미국은 기존의 2개 국어 프로그램을 줄임으로써 소수 민족들 사이의 이러한 능력을 제거하려 한다.

8. That person will automatically start to __________.
   그 사람은 자동적으로 상세하게 설명하기 시작할 것이다.

9. Every element in an ___________ depends on every other element.
   생태계의 모든 요소들은 모든 다른 요소들에 의존하고 있다.

ligament [lígəmənt]	명 인대; 줄, 끈, 띠
mankind [mæ̀nkáind]	명 인류, 인간, 사람
medium [míːdiəm]	명 매체 형 중간의
mindful [máindfəl]	형 주의 깊은; 마음에 두는 mind 동 주의를 기울이다; 걱정하다 명 마음, 정신
misplace [mispléis]	동 잘못 두다 misplaced 형 부적절한, 잘못된; 잘못된 대상을 향한
mole [moul]	명 사마귀, 점; 두더지
monolingual [mɑ̀nəlíŋgwəl]	형 단일어를 사용하는, 1개 국어를 사용하는 명 단일어를 사용하는 사람
mutual [mjúːtʃuəl]	형 서로의, 상호의; 공동의
nectar [néktə*r*]	명 화밀; 감미로운 음료; 과즙

기출단어로 기출문장을 완성해보세요.

1. It is important to be __________ about every single aspect of purchasing food.
   식품 구입에 있어서 하나하나 모든 면에 주의를 기울이는 것이 중요하다.

2. According to McLuhan, television is fundamentally an acoustic __________.
   맥루언에 따르면, 텔레비전은 근본적으로 청각적인 매체이다.

3. There is some concern that players may suffer arm and __________ injuries.
   선수들이 팔과 인대에 부상을 입게 될지도 모른다는 걱정이 대두되고 있다.

4. What has been preserved of their work belongs among the most precious possessions of __________.
   그들의 작품으로부터 보존되어 왔던 것은 인류의 가장 귀중한 소유물에 속한다.

5. The making of this requires the __________ agreement of two or more persons or parties.
   이것을 만드는 것은 둘 또는 그 이상의 사람이나 집단 간에 서로의 동의를 요구한다.

6. Yet the vast majority of Americans remain stubbornly __________.
   아직도 대다수의 미국인들은 고집스럽게 단일어를 사용하고 있다.

7. Meanwhile, the United States seeks to eliminate these same skills among ethnic minorities by reducing existing bilingual programs, out of __________ fears of diversity.
   한편 미국은 다양성에 대한 잘못된 두려움 때문에 기존의 2개 국어 프로그램을 줄임으로써 소수 민족들 사이의 이러한 능력을 제거하려 한다.

8. Having a ______ over one's right eyebrow means he or she will be lucky with money and have a successful career.
   오른쪽 눈썹 위의 점은 그 또는 그녀가 금전 운이 있을 것이고 성공적인 직업을 가질 것임을 의미한다.

9. The heat releases an aroma that attracts certain insects, which fly into the flower to feed on __________ and pollen.
   이 열은 향을 내뿜어 특정 곤충들을 유인하며, 이 곤충들은 화밀과 화분을 먹기 위해서 꽃 속으로 날아든다.

note [nout]	명 메모; 편지; 주석; 음, 음표 동 …에 주목하다; 언급하다; 적어두다
nuclear [njú:kliər]	형 원자력의; 핵(무기)의
numerical [nju:mérikəl]	형 수의, 수와 관련된 numeral 명 숫자; 수사 numerous 형 다수의, 많은
onstage [ánstéidʒ]	형 무대 위에서의, 관객 앞에서의
openness [óupənnis]	명 개방 상태, 개방성; 솔직함 openly 부 공개적으로, 드러내놓고 unopened 형 열리지 않은, 개봉되지 않은
otherness [ʌðərnis]	명 다름, 상이함; 별남
overhear [òuvərhíər]	동 (overheard-overheard) 우연히 듣다; 엿듣다
photon [fóutɑn]	명 광자, 광양자
playmate [pléimèit]	명 놀이친구

기출단어로 기출문장을 완성해보세요.

1. Some people have felt that only the lonely play with imaginary __________s.
   어떤 사람들은 외로운 이들만 상상속의 놀이친구들과 논다고 생각한다.

2. Westerners had to accept that the behavior found in native cultures was not the distinctive feature of savage '__________'.
   서양인들은 토착문화에서 발견되는 행동이 야만인의 상이함의 독특한 특징이 아니라는 점을 인정하지 않을 수 없었다.

3. A woman approached them and __________d my friend's wife say, "I can't believe how beautiful this is."
   한 여인이 지나가다 "믿을 수 없을 만큼 아름다워요"라고 내 친구의 부인이 하는 말을 우연히 들었다.

4. Thus, they repeatedly attempted to make it clear to their public that visiting the theater was not merely for the purpose of entertainment, but rather to draw lessons from the play offered __________.
   그래서 그들은 극장을 방문한 청중들에게 단지 오락의 목적만이 아니라, 무대위에서 제공되는 연극으로부터 교훈을 얻어내기 위함임을 분명히 하려고 반복적으로 시도했다.

5. Un__________ed cans of coffee may be kept in the cupboard and used within a year.
   개봉하지 않은 커피 캔은 찬장에 보관한 채 일 년 동안 사용할 수 있다.

6. __________ the best price and the worst price and budget in between the two.
   최고의 가격과 최악의 가격을 적고 그 둘 사이에서 예산을 짜라.

7. Albert Einstein remarked, "There is no chance that __________ energy will ever be obtainable."
   알버트 아인슈타인은 "핵에너지를 얻게 될 가능성은 전혀 없다."라고 말했다.

8. Until recently, __________ grading has been applied only to American coins.
   최근까지, 숫자로 등급을 매기는 것은 단지 미국 동전에만 적용되었다.

9. Most of the __________s are absorbed into the person.
   대부분의 광자들은 사람에게 흡수된다.

previously [príːviəsli]	⑮ 전에; 미리 previous ⑱ 앞의, 이전의 ⑮ …보다 전에
psychologist [saikάlədʒist]	⑲ 심리학자 psychology ⑲ 심리(학) psychological ⑱ 심리의 psycho-social ⑱ 심리사회적인
quotation [kwoutéiʃən]	인용(문, 구); 견적 quote ⑤ 인용하다 ⑲ 인용; 견적
reconciliation [rèkənsìliéiʃən]	⑲ 화해; 조화 reconcile ⑤ 조화시키다; 화해시키다
relevance [réləvəns]	⑲ 관련(성); 적절(성) relevant ⑱ 관련된; 적절한 irrelevant ⑱ 부적절한; 관계없는
saw [sɔː]	⑲ 톱 ⑤ (sawed-sawn) 톱질하다
stare [stɛər]	⑤ 빤히 보다, 응시하다
static [stǽtik]	⑲ 잡음; 정전기 ⑱ 고정된
suck [sʌk]	⑤ 빨다, 빨아들이다 ⑲ 한 번 빨기

기출단어로 기출문장을 완성해보세요.

1. Environmental ____________s have long known about the harmful effects of unpredictable, high-volume noise.
환경심리학자들은 예측할 수 없는 높은 음량의 소음의 해로운 영향에 대해 오랫동안 알아왔다.

2. This is because one is looking at the past with fresh eyes and can isolate and, as it were, notice facts which ____________ existed undifferentiated among a mass of others.
이것은 왜냐하면 사람은 과거를 새롭게 보고 있고, 이전에 다른 많은 것들 사이에서 분리되지 않은 채로 존재했던 사실들을, 말하자면 분리하여 알 수 있게 되기 때문이다.

3. We must work to resolve conflicts in a spirit of ____________ and always keep in mind the interests of others.
우리는 반드시 화해의 정신으로 충돌을 해결하기 위해 일해야 하고 항상 다른 사람의 이익을 마음에 두고 있어야 한다.

4. Suddenly, I saw a connection between those bumpy vegetables on our table and the ____________ on the wall.
갑자기 나는 우리 식탁 위의 울퉁불퉁한 야채들과 식당 벽에 있는 인용구와의 연관성을 보았다.

5. Are you ____ing this board exactly as we planned?
그 판자 우리가 계획한 대로 정확하게 톱질하고 있는 거야?

6. There was a ____________ to violence and war.
폭력과 전쟁은 관련이 있었다.

7. A majority of people could not tell where the ________ was!
그러나 대부분의 사람들은 그 잡음이 어디서 들렸는지 말할 수 없었다!

8. At close range the rapid opening of the leaf fish's large jaws enables it to ________ in the unfortunate individual very easily.
근거리에서 리프피쉬는 큰 턱을 빠르게 벌려 그 불행한 먹이를 아주 쉽게 빨아들일 수 있다.

9. The only brightness in the room was in her dark old eyes that ______d at me.
방 안에서 유일하게 반짝인 것은 나를 쳐다보던 그녀의 짙은 나이 든 눈이었다.

tongue [tʌŋ]	명 혀; 말, 언어
toss [tɔːs]	동 가볍게 던지다, (공을) 토스하다 명 던지기; 던지는 동작
tribal [tráibəl]	형 부족의, 종족의 tribe 명 부족, 종족
help [help]	동 돕다, 거들다 명 도움 helpful 형 도움이 되는; 기꺼이 돕는 unhelpful 형 도움이 안 되는, 쓸모가 없는 helpless 형 스스로 돌볼 수 없는, 난감한
upright [ʌ́pràit]	형 똑바른; 수직으로 세워 둔 명 수직 기둥
vine [vain]	명 포도나무; 덩굴 식물 vineyard 명 포도밭, 포도원
virtue [vəːrtʃuː]	명 선행; 덕목; 장점
witness [wítnis]	동 목격하다 명 목격자, 증인
worthwhile [wə́ːrθhwáil]	형 가치 있는, 보람 있는 worth 명 가치 worthy 형 가치 있는, 훌륭한 worthless 형 가치 없는, 무익한, 시시한

기출단어로 기출문장을 완성해보세요.

1. What happens in the ______yard is crucial.
   포도밭에서 일어나는 일이 극히 중요하다.

2. Many years ago, psychologists performed an experiment in which they put a number of people in a room, alone except for a ring ______ set.
   수년 전, 심리학자들은 고리 던지기 세트밖에 없는 방에 많은 사람들을 놓아두는 실험을 실행했다.

3. In fact, what often appears to be a piece of ______ old junk may very well be quite valuable.
   사실, 가치 없는 낡은 쓰레기 조각이 아주 귀중한 것일 수 있는 경우가 종종 있다.

4. She effortlessly flipped the ball up in the air, its flight truer and higher than I'd ______ed from any boy or man.
   그녀(어머니)는 힘들이지 않고 공중으로 공을 가볍게 던졌는데, 그 공의 궤적은 내가 목격한 어떤 소년이나 성인 남자로부터의 것보다 더 높고 정확했다.

5. Patience is clearly an important ______.
   인내는 명백히 중요한 덕목이다.

6. Immigrants are importing their mother ______s at record rates.
   이민자들이 기록적인 속도로 그들의 모국어를 들여오고 있다.

7. Interestingly, art in ______ societies is frequently abandoned after it has served its purpose.
   재미있게도, 부족 사회에서의 그림은 자주 그것이 그것의 목적을 달성하고 나면 버려진다.

8. Some people find it ______ to work gently at driving themselves back into the world.
   어떤 이들은 천천히 스스로를 세상 속으로 다시 내몰아 가는 것이 도움이 된다는 걸 알게 된다.

9. It was one of those children's toys with a short wooden post held ______ on the floor and a bunch of round rings.
   그것은 바닥에 똑바로 세우는 짧은 나무 기둥과 둥근 고리 묶음으로 만들어진 아이들의 장난감 중 하나였다.

yell [jel]	ⓢ 고함치다, 소리 지르다
yield [ji:ld]	ⓢ 생기게 하다, 생산하다; 양보하다 ⓜ 수확량
anniversary [ænəvə́:rsəri]	ⓜ (해마다 있는) 기념일
piece [pi:s]	ⓜ 한 부분, 조각 apiece ⓑ 하나에 대하여, 각각
ballpark [bɔ́:lpɑ́:rk]	ⓜ 넓은 공터; 야구장 ⓗ 개략적인
bar [bɑ:r]	ⓜ 막대; 장애물; 주점 ⓢ (barred-barred) 막다; (…하는 것을) 금(지)하다
bean [bi:n]	ⓜ 콩; 콩이 열리는 식물
beverage [bévəridʒ]	ⓜ 마실 것, 음료
breadfruit [brédfrù:t]	ⓜ 빵나무; 빵나무 열매

기출단어로 기출문장을 완성해보세요.

1. Today is Susan's 70th birthday and 30th wedding ________ ____ as well.

   오늘은 수잔의 70번째 생일이자, 30번째 결혼기념일이기도 하다.

2. Yeah, those were expensive—nine hundred dollars a______.

   그래요, 그것들은 비쌌어요. 각각 900달러였지요.

3. With anger, you can get mad at someone and ______.

   화가 나면, 누군가에게 화를 내고 소리를 지를 수 있다.

4. Words can ________ a variety of interpretations in terms of the kind of behaviors people think they mean.

   말이란 그것이 의미한다고 사람들이 생각하는 행동의 종류의 관점에서는 다양한 해석을 낳을 수 있다.

5. Usually, ______________ is gathered before it ripens and is cooked on hot stones.

   보통 빵나무 열매는 익기 전에 따서 뜨거운 돌 위에서 요리가 된다.

6. On the positive side, surveys by a __________ company about its image showed very favorable public attitudes just after its massive investment in the Olympics.

   긍정적 측면으로는, 어떤 음료회사가 회사의 이미지에 관해 행한 설문조사는 올림픽에 엄청난 투자를 한 직후에 매우 호의적인 대중의 태도를 보여주었다.

7. In the water process, however, no solvent touches the _______s.

   그러나 물 처리 과정에서는, 어떤 용매도 콩과 닿지 않는다.

8. Then, how about one of the _____ graphs?

   그러면 막대그래프는 어때?

9. And then he walked out of the ___________ into the night.

   그리고 그 후 그는 야구장을 걸어 나가 어둠 속으로 사라졌다.

chokecherry [tʃóuktʃèri]	⑱ 산벚나무
clap [klæp]	⑤ (clapped-clapped) 손뼉을 치다; 박수갈채하다 ⑱ 찰싹 때리기; 박수 clapping ⑱ 손바닥으로 치기; 박수
cliff [klif]	⑱ 벼랑, 절벽
cocoon [kəkúːn]	⑱ 고치 ⑤ 고치를 만들다
computerize [kəmpjúːtəràiz]	⑤ 컴퓨터로 처리하다, 컴퓨터를 도입하다 computerized ⑱ 컴퓨터화된, 전산화된; 자동화된
contaminate [kəntǽmənèit]	⑤ 오염시키다 contamination ⑱ 오염
cover [kʌ́vər]	⑤ 덮다; 다루다; 포함시키다 coverage ⑱ 보도; (보험의) 보상; 적용 범위
dare [dɛər]	⑤ 감히 …하다 daring ⑱ 대담한; 위험한
dawn [dɔːn]	⑱ 새벽, 동틀녘

기출단어로 기출문장을 완성해보세요.

1. A suitable insurance policy should provide __________ for medical expenses.
   적합한 보험증권은 의료비용의 보상을 제공할 수 있어야 한다.

2. By the full moon hanging low in the west he knew that it was near the hour of ______.
   서쪽에 낮게 걸려 있는 보름달로 그는 새벽 시간이 가까웠다는 것을 알았다.

3. Every advance in human understanding since then has been made by brave individuals ______ing to step into the unknown darkness.
   그 뒤 줄곧 인간의 이해의 모든 발달은 알려지지 않은 어둠 속으로 대담하게 발을 내딛는 용감한 사람들에 의해 이루어졌다.

4. Wherever you are, seafood can be ____________d.
   당신이 어디를 가든지, 해산물은 오염될 수 있다.

5. As you've already learned, it's operated by the _________d system.
   당신도 이미 배우셨다시피, 그것은 전산화된 시스템에 의해 작동되고 있어요.

6. The great loneliness—like the loneliness a caterpillar endures when she wraps herself in a silky _________ and begins the long transformation to butterfly.
   그 엄청난 고독은 애벌레가 누에고치 속에서 자신을 감싸고 나비로의 기나긴 변형을 시작할 때 참아내는 고독한 상황과 같은 것이다.

7. Old Hawk pointed at the ____________ trees in a dry river bed not far away.
   늙은 매는 멀지 않은 곳의 마른 강바닥에 있는 산벚나무를 가리켰다.

8. People began flooding into Chattanooga, a former factory town, to explore its caves, rivers, and _______s.
   사람들은 동굴과, 강과, 절벽들을 탐험하기 위해 이전에 공장 도시였던 채터누가로 몰려들기 시작했다.

9. _______ping is a simple action which indicates agreement by striking one's palms together repeatedly.
   박수는 손바닥을 반복적으로 치면서 동의를 나타내는 단순한 행동이다.

deadline [dédlàin]	⑱ 마감 시간; 최종 기한
democracy [dimákrəsi]	⑱ 민주주의 democratic ⑲ 민주주의의
digest [dàidʒést]	⑤ 소화하다; 요약하다 ⑱ 요약; 개요 digestion ⑱ 소화; 이해
dominate [dámənèit]	⑤ 지배하다 domination ⑱ 지배 dominant ⑲ 지배적인
fold [fould]	⑱ 주름 ⑤ 접다 folder ⑱ 폴더, 서류철
form [fɔːrm]	⑱ 형태; 양식 ⑤ 형성하다 formal ⑲ 정식의, 격식을 차린 formation ⑱ 형성, 구성; 구조
gourd [guərd]	⑱ (조롱)박
grandstand [grǽndstæ̀nd]	⑱ 특별 관람석
greenery [gríːnəri]	⑱ 녹색 나뭇잎; 초록; 녹지 greenhouse ⑱ 온실, 건조실

기출단어로 기출문장을 완성해보세요.

1. But what does ______________ mean to us if we don't have the freedom to tell the truth?
그러나 만약 우리가 진실을 말할 수 있는 자유가 없다면, 민주주의가 우리에게 무슨 의미가 있겠는가?

2. The __________ for registration is July 15th, 2009.
등록 마감 시한은 2009년 7월 15일입니다.

3. _________ creates a natural gathering space for neighbors and, ultimately, stronger bonds in the community.
녹지는 이웃들이 모이는 자연적인 공간을 만들어주고, 궁극적으로는 지역사회에 더 강한 유대감을 만들어준다.

4. Next to the well, I found a _________, the traditional Korean dipper.
우물 옆에서 나는 조롱박을 발견했는데, 그것은 전통적인 한국의 국자였다.

5. It is not something that we can apply in _____al institutions governed by hard-and-fast rules.
그것은 우리가 엄격한 법률에 의해 지배받는 공식적인 제도로 적용할 수 있는 것은 아니다.

6. He will buy her more _______ers.
그는 그녀에게 서류철을 더 사줄 것이다.

7. The pro game has become a contest of strength, where powerful hitters with their high-tech rackets __________.
프로 경기는 힘의 경연장이 되어 최첨단 라켓으로 강력한 타법을 구사하는 선수들이 지배한다.

8. I still remember the awesome feeling I had on that day in May when my little feet were carried me up the stairs into the _____________s at the car racing stadium.
나는 5월의 그날 나의 작은 발을 자동차 경주장의 특별 관람석으로 가는 계단 위에 올려놓았을 때 가졌던 그 멋진 느낌을 아직도 기억한다.

9. Some fruits such as apples, pears, and grapes have a tough skin, which can be harder to chew and to _________.
사과, 배, 그리고 포도와 같은 몇몇 과일들은 거친 표면을 가지고 있어서 씹고 소화하는데 훨씬 힘들 수 있다.

guard [gɑːrd]	동 지키다; 감시하다 명 경계; 경호인 guardian 명 보호자, 후견인
guilty [gílti]	형 죄책감을 느끼는; 유죄의 guilt 명 죄책감; 유죄
halfway [hǽfwéi]	형 중간의 부 중간에
handbook [hǽndbùk]	명 안내서, 입문서
handicap [hǽndikæ̀p]	명 장애 동 불리한 입장에 세우다, 불리하게 만들다
headline [hédlàin]	명 큰 표제, (방송 뉴스의) 주요 제목
in-court [ínkɔ́ːrt]	형 법정의 부 코트 안에
liberal [líbərəl]	형 자유주의의; 자유로운; 아끼지 않는
limp [limp]	동 절뚝거리다 형 흐느적거리는

기출단어로 기출문장을 완성해보세요.

1. The woman of the house tells me that she hopes to learn to read so that she can study a __________ on raising children.

   그 집 여자는 육아에 관한 안내서를 공부할 수 있도록 읽기를 배우고 싶다고 내게 말한다.

2. Ignorance of other languages and cultures __________s the United States in dealing with the rest of the world.

   다른 언어와 문화에 대한 무지는 세계의 다른 국가들을 다룰 때 미국을 불리하게 만든다.

3. This is Tommy Jones with the Morning News. Here are today's __________s:

   모닝 뉴스의 토미 존스입니다. 오늘의 주요 뉴스를 말씀 드리겠습니다:

4. "This tree," he said, "has stood ________ over our family all its life."

   "이 나무는," 그가 말했다, "평생 우리 가족을 지켜주며 서있어."

5. There is no evidence that he is ________.

   그가 유죄라는 증거는 없다.

6. The right, front one. He's been ______ing for two days.

   오른쪽 앞발이요. 이틀 동안이나 계속 절뚝거리고 있어요.

7. The community takes a __________ attitude toward this behavior.

   그 사회는 이런 행동에 대해 자유로운 자세를 가지고 있다.

8. It can be played with or without a net by defining the court and scoring against mistakes, such as dropping the tire ______ or throwing it out of bounds on the opponents' side.

   이것은 네트를 두거나 네트 없이 진행할 수 있는 데, 코트의 경계를 정해서 타이어를 자기 코트 안에 떨어뜨리거나 그것을 상대방 코트에서 벗어나게 던지는 것과 같은 실수에 대해 득점을 매긴다.

9. The air was bright and cold against his face, and the snow in the driveway was already _________ to his knees.

   맑고 차가운 공기가 그의 얼굴을 스쳤고, 도로의 눈이 이미 그의 무릎 중간까지 쌓였다.

link [liŋk]	ⓢ 연결하다, 관련시키다 ⓜ 연결(고리)
loaf [louf]	ⓜ 빵 한 덩어리 ⓢ 빈둥거리다
loose [luːs]	ⓗ 풀린, 헐거운 loosen ⓢ 풀다, 느슨하게 하다
lotus [lóutəs]	ⓜ 연(蓮)(꽃)
loyal [lɔ́iəl]	ⓗ 충성스러운; 성실한 loyalty ⓜ 충성심; 성실
luxury [lʌ́kʃəri]	ⓜ 사치(품), 호화로움 luxurious ⓗ 사치스러운
mission [míʃən]	ⓜ 임무, 사명 missionary ⓜ 선교사 ⓗ 전도의
money-making [mʌ́niméikiŋ]	ⓗ 돈을 잘 버는 ⓜ 돈벌이
moccasin [mákəsin]	ⓜ 노루 가죽신

기출단어로 기출문장을 완성해보세요.

1. Every process of decaffeination starts with steaming the green beans to ________n the bonds of caffeine.

   카페인을 제거하는 모든 방식은 푸른 원두에 스팀을 가해서 카페인의 결합을 느슨하게 하는 것으로 시작된다.

2. I realized that the gourd was not just a tool for drinking but also a ______ between myself and other people who were also traveling through life.

   그때, 나는 그 조롱박이 단지 물을 마시기 위한 도구일 뿐만 아니라 나 자신과 한평생 여행을 하고 있는 다른 사람들 사이의 연결고리라는 것을 깨달았다.

3. One _____ contained the usual amount, one ______ 10% less, and one 20% less.

   한 개의 빵 덩어리는 흔히 들어가는 양만큼(의 소금)이 함유된 것이고, 한 덩어리는 10% 적은 것, 그리고 하나는 20% 적은 것이었다.

4. The modern __________ derives from the original shoes adopted in cold climates by races such as Eskimos.

   현대의 노루 가죽신은 에스키모 같은 인종들에 의해 추운 지역에서 채택된 독창적인 신발로부터 나왔다.

5. Alice in Love was one of the top ten ___________ movies last year.

   "사랑에 빠진 엘리스"는 작년에 가장 많이 돈을 번 10개의 영화들 중 하나였다.

6. While manned space _________s are more costly than unmanned ones, they are more successful.

   사람들의 우주에서의 임무는 사람이 아닌 것들의 임무보다 희생이 크고 더 성공적이다.

7. Modest living standards did not allow the acquisition of ________ goods.

   평범한 생활수준은 사치품의 구입을 허락하지 않았다.

8. Their passion assures that these fan remain ______.

   그들의 열정은 이 팬들이 충성스럽게 남아있다는 것을 보여준다.

9. A water plant called the sacred ____ regulates its temperature in order to benefit insects that it needs to reproduce.

   신성한 연꽃이라고 불리는 한 수중식물은 번식을 위해 필요로 하는 곤충들을 이롭게 하기 위해 자신의 온도를 조절한다.

nap [næp]	ⓜ 낮잠 ⓢ (napped-napped) 잠깐 졸다
needle [ní:dl]	ⓜ 바늘, 침 ⓢ 바늘로 꿰매다
nest-building [nestbíldiŋ]	ⓜ 둥지 치기
noble [nóubəl]	ⓗ 고상한, 귀족의 ⓜ 귀족
nonetheless [nʌ̀nðəlés]	ⓑ 그럼에도 불구하고
non-living [nànlíviŋ]	ⓜ 무생물 non-swimmer ⓜ 수영을 하지 못하는 사람
papyrus [pəpáiərəs]	ⓜ 파피루스, 파피루스 종이
pedal [pédl]	ⓢ 페달을 밟다 ⓜ 페달, 발판
pitch [pitʃ]	ⓢ 던지다; 단단히 고정시키다 pitching ⓜ 투구법, 피칭

기출단어로 기출문장을 완성해보세요.

1. Schubert spent his whole life in poverty. But he had one ________ purpose in life.

   슈베르트는 가난 속에서 평생을 보냈다. 그렇지만, 그는 인생에 단 하나의 고상한 목적을 갖고 있었다.

2. When people began to bind books with pages that could be turned rather than unrolled like ________, the process of locating information changed.

   사람들이 파피루스처럼 둘둘 말린 것을 펼쳐서 보는 방식보다는 넘길 수 있는 페이지들로 된 책을 묶기 시작했을 때 정보를 찾는 과정이 바뀌었다.

3. In ancient Egypt, ________ing stones was children's favorite game, but a badly thrown rock could hurt a child.

   고대 이집트에서, 돌 던지기는 아이들이 가장 좋아하는 놀이였다, 그러나 잘못 던져진 돌은 아이들을 다치게 할 수 있었다.

4. I usually take a ______ in the afternoon.

   나는 보통 오후에 낮잠을 잔다.

5. Can I borrow a ________?

   바늘 좀 빌려 주실래요?

6. Keep ________ing. You'll soon be able to ride by yourself.

   계속 페달을 밟아. 곧 혼자 탈 수 있을 거야.

7. There are things in the world that cannot clearly be called either living or ________.

   이 세상에는 생물인지 무생물인지 분명하게 부를 수 없는 존재들이 있다.

8. ____________, they usually throw away a very nutritious part of the fruit the peel.

   그럼에도 불구하고, 그들은 대개 과일에서 영양분이 풍부한 부분인 껍질을 버린다.

9. Why are some activities, such as eating and reproducing, common to all organisms, whereas other activities, such as ____________, are limited to certain species?

   왜 먹거나 번식하는 것과 같은 활동은 모든 유기체에 있어 동일한 반면, 둥지치기와 같은 활동은 특정한 종(種)에만 한정되는 것일까?

pity [píti]	명 불쌍히 여김; 유감스러운 일 동 불쌍히 여기다 pitiful 형 가엾은, 비참한
pose [pouz]	동 제기하다; 자세를 취하다 명 자세
post-cold [póustkould]	형 냉전 이후의
prefix [prí:fiks]	명 접두사 동 접두사를 붙이다
pure [pjuər]	형 순수한, 깨끗한 purely 부 섞인 것 없이, 순수하게 purity 명 순수성 purify 동 정화하다, 순화하다
recreation [rèkriéiʃən]	명 레크리에이션, 오락 recreational 형 레크리에이션의, 오락의, 놀이로서의
redo [ri:dú:]	동 (redid-redone) 다시 하다; 고쳐 쓰다
rehear [ri:híər]	동 (reheard-reheard) 다시 듣다; 재심하다 rehearing 명 재심
resell [ri:sél]	동 (resold-resold) 전매(轉賣)하다, 다시 팔다

보고 또 보고, 단어랑 정들었어요

기출단어로 기출문장을 완성해보세요.

1. What a ______! I won't back it up next time.
   유감스러운 일이네요! 다음번에는 복사본을 만들지 않을 거예요.
2. Shoes have not always served such a ________ly functional purpose.
   신발은 순수하게 기능적인 목적으로만 쓰이진 않았다.
3. ____________al tree climbing is an evolving sport.
   놀이로서의 나무 타기는 진화하는 스포츠이다.
4. For instance, people often sell old record albums, bottles and books for pennies only to see them _________ for tens or hundreds of dollars as parts of larger collections.
   예를 들어 사람들은 종종 오래된 레코드판, 병, 책을 값싸게 팔고 그것들이 나중에 더 큰 수집품의 일부로 수십, 수백만 달러에 다시 팔리는 것을 본다.
5. Everywhere in the world, the issue of how to manage urban growth ________s the highest stakes, complex policy decisions, and strongly heated conflicts in the public area.
   전 세계 어디에서나 도시성장 관리 방법의 문제는 공공분야에서 아주 높은 위험 부담과 복잡한 정책 결정과 심하게 과열된 논쟁의 문제를 제기한다.
6. The ___________ war world is a very different place.
   냉전 이후의 세계는 매우 다른 곳이다.
7. With each _________ing, you refine what you know.
   매번 다시 들으면서 당신은 당신이 아는 것을 다듬는다.
8. Hi, Jane. You ________ your office. I like your new desk.
   안녕하세요, 제인. 사무실을 다시 꾸미셨군요. 새 책상이 좋네요.
9. What is the most prevalent and perhaps most important ________ of our times?
   우리 시대에 가장 널리 퍼져 있으며 아마도 가장 중요한 접두사는 무엇일까?

seldom [séldəm]	⊕ 좀처럼 …않는, 드물게
severe [sivíər]	⊕ 심한, 엄한
shepherd [ʃépərd]	⊕ 양치기, 목동 ⊕ 지키다, 돌보다
shut-off [ʃʌ́tɔ̀(:)f]	⊕ 마개, 꼭지; 정지, 차단
sled [sled]	⊕ 썰매 ⊕ 썰매를 타다
sow [sou]	⊕ (sowed-sown) 씨를 뿌리다
stake [steik]	⊕ 도박, 모험; 위험 부담 ⊕ 위험에 내맡기다
strive [straiv]	⊕ (strove-striven) 노력하다, 애쓰다
structure [strʌ́ktʃər]	⊕ 구조, 체계; 건축물 ⊕ 조직하다

기출단어로 기출문장을 완성해보세요.

1. In short, you occupy several different positions in the complex ____________ of society.
   간단히 말해서, 당신은 복잡한 사회구조에서 여러 가지 다른 위치를 차지하고 있다.

2. Given this situation, these people have _________n to conserve the wild plants growing in Korea.
   이런 상황이 되자 이 사람들은 한국에서 자라고 있는 야생 식물들을 보존하기 위해 애썼다.

3. Everywhere in the world, the issue of how to manage urban growth poses the highest ______s in the public area.
   전 세계 어디에서나 도시성장 관리 방법의 문제는 공공분야에서 가장 높은 위험 부담의 문제를 제기한다.

4. The farmer _____ed seeds and reaped what he _____ed.
   농부는 씨를 뿌리고 그가 씨 뿌린 것을 수확했다.

5. Next day, Fredrick watched regretfully as Marshall's ______ disappeared slowly in the distance.
   다음날 프레드릭은 마샬의 썰매가 멀리서 천천히 사라지는 것을 유감스럽게 지켜보았다.

6. Timed ___________s of electricity came second in savings.
   일정한 시간에 전기를 차단하는 것이 절약에 있어 두 번째가 되었다.

7. The ____________s who found the substance were curious about its softness.
   그 물질을 발견한 목동들은 그것의 부드러움에 대하여 호기심이 생겨났다.

8. Recently, a ___________ disease hit Asian nations hard, causing several hundred deaths.
   최근에 심각한 질병이 아시아 국가들을 강타하면서 수백 명이 사망하게 되었다.

9. Happiness is too __________ found in the present; it is remembered as a thing of the past or looked forward to as a part of the future.
   행복을 현재에서 찾는 일은 드물다. 그것은 과거의 것으로 기억되거나 미래의 한 부분으로서 기대되어진다.

sundae [sʌ́ndei]	명 선디(과일이나 과즙 등을 얹은 아이스크림)
tag [tæg]	명 꼬리표
telescope [téləskòup]	명 망원경
threedimen-sional [θríːdiménʃənəl]	형 3차원의, 3차원적인; 입체의
tone [toun]	명 음색; 어조; 색조
track [træk]	명 흔적; 통로, 궤도 동 자취를 따라가다
trail [treil]	명 끌고 간 자국 동 끌다, 추적하다 trailing 형 질질 끌리는, 따라오는
trunk [trʌŋk]	줄기; 여행용 큰 가방
twofold [túːfòuld]	형 두 배의, 2중의 부 2중으로

기출단어로 기출문장을 완성해보세요.

1. We became so interested in the mummies that we lost ________ of the time.
   우리는 미라에 몹시 흥미를 느껴서, 시간의 흔적을 잃었다(시간이 가는 줄도 몰랐다).

2. I looked upon the dark, gray walls and upon a few white ________s of some dead trees.
   나는 어두운 회색의 벽과 몇몇 죽은 나무들의 하얀 줄기들을 바라보았다.

3. On special days like Valentine s Day, the cost of a dozen roses rose ________ or more as a result of high demand.
   발렌타인데이같은 특별한 날에는 12송이 장미의 가격이 높은 수요로 인해 두 배 또는 그 이상 오른다.

4. He sat at a table and asked me how much an ice cream ________ was.
   그는 테이블에 앉아 아이스크림선디가 얼마냐고 물었다.

5. Shoes usually have a price ______ on the bottom.
   신발은 보통 바닥에 가격표가 있다.

6. Because of this, we explore the universe by observing it with all kinds of ________.
   이러한 이유로 우리는 여러 가지 망원경으로 우주를 관찰하고 있다.

7. You will cause plankton to release tiny pulses of light, leaving beautiful glowing wakes ________ing behind you.
   여러분은 플랑크톤으로 하여금 아름답게 빛나는 흔적을 여러분의 뒤에 질질 끌리게 하는 작은 빛의 진동을 발생시키게 할 것이다.

8. Paint the background ______s lighter.
   배경 색조를 더 연하게 칠해라.

9. Renaissance artists achieved perspective using geometry, which resulted in a naturalistic, precise, ________ representation of the real world.
   르네상스 시대의 예술가들은 기하학을 사용하여 원근법을 터득했는데, 그것은 실제 세계를 사실적이고 정확하고 3차원적으로 묘사하게 했다.

user-friendly [jú:zərfréndli]	ⓗ 사용하기 쉬운
veil [veil]	ⓜ 베일, 면사포 ⓓ 베일로 가리다[감추다] veiled ⓗ 베일로 덮인, 숨겨진 veiling ⓜ 베일로 덮기; 베일용 천
worshiper [wə́:rʃiper]	ⓜ 숭배자 worship ⓓ 숭배하다 ⓜ 숭배
wound [wu:nd]	ⓜ 상처, 부상 ⓓ 상처를 입히다

기출단어로 기출문장을 완성해보세요.

1. In a society that cherishes honor or bravery, a battle _____ would be more of a status symbol.

   명예와 용기를 중시하는 사회에서는 전투에서 입은 부상이 오히려 신분 상징이 될 것이다.

2. Gods and Their __________s

   신들과 그들의 숭배자들

3. A light mist lay along the earth, partly ______ing the lower features of the landscape.

   가벼운 안개가 보다 낮은 곳에 있는 풍경의 지형을 부분적으로 감추면서 대지를 따라 깔려 있었다.

4. In the near future, I believe that most people will wear __________ computer equipment making their daily lives even more convenient.

   얼마 안 있으면 대부분의 사람들이 일상생활을 더욱 편리하게 만들어줄 사용하기 쉬운 컴퓨터 장비를 (옷처럼) 입을 것이라고 나는 믿는다.

answer

Part 1

p.8
1. different
2. art
3. own
4. important
5. produce
6. act
7. try
8. sure

p.10
1. information
2. fact
3. present
4. perform
5. country
6. last
7. easy
8. mean
9. believe

p.12
1. experience
2. order
3. develop
4. behav
5. succeed
6. societ
7. keep
8. value

p.14
1. decide
2. result
3. care
4. pay
5. object
6. choice
7. plant
8. trust

p.16
1. popular
2. lose
3. office
4. Finally
5. enjoy
6. Culture
7. area
8. Imagine
9. happen
10. company

p.18
1. effect
2. difficult
3. practice
4. possible
5. historic
6. physical
7. tradition
8. expect
9. reason
10. equal

p.20
1. consider
2. cause
3. allow
4. situat
5. process
6. increase
7. remain
8. relax
9. follow
10. cost

p.22
1. support
2. noise
3. offer
4. economic
5. compete
6. appear
7. various
8. draw
9. cloth

p.24
1. Figure
2. event
3. create
4. relate
5. individual
6. hurt
7. expensive
8. subject
9. improve

p.26
1. respond
2. origin
3. organ
4. limit
5. real
6. provide
7. patient
8. realize

p.28
1. Recent
2. policy
3. notice
4. lead
5. direct
6. achieve
7. suggest
8. consume
9. attract

p.30
1. force
2. carry
3. bored
4. introduce
5. favor
6. essential
7. character

p.32
1. recognize
2. quality
3. grade

4. suffer
5. satisf
6. research
7. average
8. actual
9. tense
10. unsuitable

p.34

1. express
2. excit
3. environment
4. dead
5. field
6. fear
7. fail
8. depend

p.36

1. calm
2. appreciate
3. suppose
4. several
5. climb
6. clear
7. contribut
8. complete

p.38

1. period
2. pack
3. knowledge
4. involve
5. front
6. return
7. relieve
8. receive
9. Medical
10. major

p.40

1. encourage
2. emotion
3. advice
4. similar
5. remove
6. div
7. avoid
8. available
9. comfort
10. effort

p.42

1. polite
2. particular
3. observe
4. industry
5. guess
6. publish
7. peace
8. joy
9. influence
10. politics

p.44

1. anger
2. deal
3. contact
4. constant
5. bake
6. bill
7. background
8. audience
9. approach
10. feature

p.46

1. amount
2. affect
3. storm
4. status
5. require
6. accept
7. wonder
8. throw
9. string

p.48

1. nerve
2. Include
3. rare
4. Personal
5. peel
6. opportunity
7. foreign
8. focus
9. goal
10. frequency

p.50

1. determine
2. demand
3. define
4. sensible
5. educate
6. disease
7. fix
8. famous
9. Electric

p.52

1. construct
2. Borrow
3. benefit
4. According
5. solv
6. seek
7. reproduce
8. concentrate
9. charge
10. serious
11. contain

p.54

1. material
2. instance
3. impress
4. ignore
5. identif
6. raise
7. meal
8. main
9. lonely
10. lack

p.56

1. especially
2. discover
3. disappoint
4. delight
5. compare
6. continue
7. concern
8. fit
9. exist

p.58

1. certain
2. basic
3. ancient
4. challeng
5. tickle
6. Cheer
7. afraid
8. addition
9. youth
10. transport

p.60

1. occur
2. solution
3. separate
4. protect
5. profession
6. prefer
7. register
8. reduce
9. rate
10. range

p.62

1. exactly
2. elementary
3. distance
4. deliver
5. extreme
6. export
7. invest
8. insurance
9. instinct
10. manage

p.64

1. crowd
2. career
3. volunteer
4. visible
5. content
6. compose
7. collect
8. civilization
9. complex

p.66

1. remind
2. regular
3. regret
4. spread
5. Shadow
6. replace
7. threat
8. swing
9. Strength

p.68

1. prepare
2. plain
3. race
4. purpose
5. locat
6. isolat
7. perceiv
8. participate

p.70

1. festiv
2. Expert
3. experiment
4. install
5. hang
6. drop
7. disappear
8. global
9. flight

p.72

1. Detail
2. destroy
3. classical
4. chemical
5. biologist
6. describe
7. contrast
8. confus
9. conflict
10. common

p.74

1. attend
2. advance
3. tiny
4. tend
5. supply
6. beat
7. unfortunate
8. treat
9. univers
10. unique

p.76

1. session
2. reveal
3. relatively
4. proper
5. stress
6. soil
7. rest
8. respect
9. reserv
10. simply

p.78

1. progress
2. local
3. lie
4. insect
5. mass
6. male
7. positive
8. operat

9. occasion

p.80
1. govern
2. geography
3. flood
4. equipment
5. entire
6. entertain
7. exhibit
8. firm
9. infrasound
10. humanity

p.82
1. Donate
2. distinct
3. enrollment
4. empty
5. current
6. criticism
7. employ
8. emphasize
9. devote
10. decrease

p.84
1. anxiet
2. annoy
3. announcement
4. contrary
5. committee
6. combin
7. bright
8. attitude
9. assist
10. broadcast

p.86
1. analy
2. accuracy
3. account
4. urban
5. theory
6. stick
7. advertis
8. add
9. wander
10. victim

p.88
1. steam
2. senior
3. secure
4. sail
5. sorrow
6. slip
7. signal
8. rough
9. request
10. renew
11. steel

p.90
1. reflect
2. qualif
3. potential
4. perspective
5. owe
6. rapid
7. purchas
8. pleasure
9. pain
10. opposite

p.92
1. mere
2. magical
3. mad
4. length
5. lake
6. junk
7. nursery
8. negative
9. measure
10. maintain

p.94
1. custom
2. film
3. full-scale
4. hop
5. ideal
6. hit
7. general
8. farm
9. adult

p.96
1. mountain
2. long
3. likely
4. light
5. message
6. math
7. most
8. move
9. kid

p.98
1. Nation
2. nature
3. right
4. poetry
5. short
6. school
7. tree
8. Teen
9. technique

Part 2

p.102
1. forecast
2. folk
3. judg
4. journey
5. irritat
6. hardly
7. grace
8. forest
9. indicate
10. flash
11. immediate

p.104
1. pressure
2. enable
3. emission
4. emerg
5. dirt
6. desire
7. Despite
8. depart
9. explore

p.106
1. context
2. conserve
3. connect
4. curious
5. crop
6. darken
7. curve
8. convenient

p.108
1. confident
2. charity
3. championship
4. board
5. chat
6. confirm
7. complain
8. climate
9. aware
10. barn

p.110
1. appl
2. admit
3. wooden
4. weigh
5. wealth
6. athlet
7. assum
8. assignment
9. arrange
10. address

p.112
1. strategy
2. stem
3. verbal
4. survey
5. surround
6. stretch
7. steady
8. urge
9. unusual

p.114
1. species
2. sink
3. silence
4. rub
5. ripen
6. reside
7. represent
8. slight
9. select
10. solvent

p.116
1. preserve
2. predict
3. post
4. quantity
5. promote
6. repl
7. remark
8. release
9. primitive
10. prevent

p.118
1. outward
2. plenty
3. path
4. position
5. multiple
6. outdoor
7. normal
8. Nearly
9. myth
10. paradise

p.120
1. interact
2. intent
3. motion
4. method
5. match
6. manufacture
7. invent
8. interpret
9. level
10. labor

p.122
1. independent
2. incorrect
3. imitate
4. huge
5. instruction
6. injur
7. indeed
8. incredible
9. guarantee
10. genre

p.124
1. feed
2. familiar
3. gather
4. gardening
5. fuel
6. frightened
7. financ
8. fiber
9. fortunate
10. flat

p.126
1. fair
2. Eventually
3. enhance
4. engage
5. embarrass
6. extra

7. extend
8. expense
9. except
10. excel
11. Electronic

p.128

1. edge
2. disturb
3. display
4. earn
5. due
6. Diffusion
7. device
8. destination
9. elderly
10. disast

p.130

1. decaf
2. creature
3. craze
4. conscious
5. centralize
6. degree
7. decorate
8. depression
9. desperate
10. clue

p.132

1. bark
2. cancel
3. budget
4. capable
5. celebrate
6. balance
7. block
8. bind
9. caterpillar
10. Captain

p.134

1. access
2. aspect
3. article
4. amuse
5. amaz
6. academic
7. awake
8. authority
9. aptitude
10. application
11. explain

p.136

1. utilit
2. unnecessary
3. yearbook
4. vibrat
5. unknown
6. uncomfortable
7. vegetarian
8. vast
9. absolute
10. absence

p.138

1. ultimate
2. trade
3. term
4. tax
5. sympathize
6. survive
7. surface
8. sum
9. starv
10. spot
11. trend
12. tight

p.140

1. resource
2. significance
3. shave
4. savage
5. shout
6. shoot
7. sake
8. rush
9. rude
10. specific
11. rid
12. reward

p.142

1. quit
2. repeat
3. repair
4. refine
5. properly
6. private
7. rent
8. religious
9. Prior
10. primarily
11. prove
12. regard

p.144

1. pot
2. passion
3. passenger
4. prey
5. pleasant
6. plate
7. pesticide
8. pollution
9. polish
10. pole
11. pour

p.146

1. outlook
2. obvious
3. novel
4. neglect
5. neat
6. nutritious
7. nevertheless
8. opinion
9. old-fashioned
10. ordinary
11. panic

p.148
1. loan
2. mist
3. mention
4. nearby
5. narrow
6. mysterious
7. moral
8. mental
9. mature
10. lock
11. modify

p.150
1. intend
2. literature
3. justice
4. invaluable
5. interrupt
6. literary
7. label
8. lift
9. leopard
10. lean

p.152
1. honor
2. instrument
3. homeless
4. impact
5. horrific
6. horizon
7. Institute
8. insignificant

p.154
1. gain
2. hide
3. healing
4. harmful
5. habitat
6. generate
7. giant
8. gym
9. fun
10. hast

p.156
1. float
2. faith
3. expose
4. evolve
5. flap
6. function
7. Footwear
8. exchange
9. floppy

p.158
1. discuss
2. encounter
3. estimate
4. establish
5. erase
6. draft
7. diverse
8. distinguish
9. efficient
10. drain
11. envy

p.160
1. craft
2. court
3. cottonwood
4. dentist
5. dig
6. definite
7. decentralize
8. delay
9. daily
10. damage
11. cure
12. despair

p.162
1. contemporary
2. conduct
3. commercial
4. Cheap
5. comment
6. correspond
7. Consequently
8. chop
9. comprehend
10. convince
11. chew

p.164
1. blow
2. cast
3. cancer
4. breathe
5. bound
6. battle
7. bother
8. border
9. bubbl
10. brief

p.166
1. backward
2. award
3. automatically
4. artifact
5. ashamed
6. band
7. aris
8. atmosphere
9. assembly
10. arrow
11. attempt

p.168
1. appropriate
2. apologize
3. adopt
4. aggressive
5. angle
6. alternative
7. argument
8. workload
9. acquire
10. aim
11. alive

p.170

1. violence
2. wallpaper
3. wire
4. vend
5. versus
6. workforce
7. wet
8. well-known
9. wipe
10. visual

p.172

1. unfair
2. unexpected
3. tune
4. treasure
5. vehicle
6. unchanged
7. typical
8. upper
9. unwanted
10. unlock
11. valid

p.174

1. sweep
2. timekeeping
3. tempt
4. swan
5. swallow
6. sustainability
7. transmit
8. transform
9. tornado
10. target
11. surgeon
12. trap

p.176

1. struggle
2. stripe
3. souvenir
4. solid
5. sufficient
6. surf
7. steep
8. stamp
9. substance
10. stuff
11. superstition

p.178

1. soak
2. sincere
3. slid
4. solar
5. recommend
6. priceless
7. countless

p.180

1. found
2. fishing
3. eye-catching
4. crosser
5. examination
6. energ
7. Congratulat
8. arm
9. specialize

p.182

1. honest
2. housing
3. hungry
4. makeup
5. marketer
6. matter
7. multi-lives
8. gloomy
9. graduation

p.184

1. straightforward
2. spite
3. speechless
4. second-hand
5. rock-climbing
6. print-oriented
7. perfect
8. penniless
9. pen
10. parental

p.186

1. sweet-smelling
2. whole
3. wine
4. warm
5. thereafter
6. warn
7. terrific
8. thirst
9. symbol
10. teammate

Part 3

p.190

1. scale
2. shock
3. shield
4. simulate
5. silly
6. shelter
7. seed
8. scholar
9. sash
10. shopkeeper
11. sight

p.192

1. resist
2. restrict
3. restore
4. ridiculous
5. rhyme
6. revolution
7. ropewalk
8. root
9. revis
10. react

p.194

1. pumpkin
2. pull
3. reputation
4. refund
5. refer
6. prose
7. rainstorm
8. pursue
9. recover
10. recall
11. rectangular

p.196

1. profit
2. principle
3. precise
4. precious
5. prescription
6. prejudice
7. principal
8. prevalent
9. practical
10. propose

p.198

1. paw
2. passive
3. passage
4. pottery
5. possess
6. pharmacy
7. particle
8. pop
9. poisoning
10. permit
11. persuasive

p.200

1. offend
2. odd
3. overweight
4. overnight
5. overlook
6. neutral
7. navy
8. overall
9. outer
10. option
11. obtain
12. nourish

p.202

1. military
2. modest
3. merciful
4. miserable
5. Moreover
6. mumm
7. muscle
8. misconception
9. minimal

p.204

1. mall
2. media
3. meanwhile
4. minorit
5. laboratory
6. landscape
7. masterpiece
8. magnitude
9. loud
10. legal
11. leak

p.206

1. innocent
2. irresistible
3. kettle
4. jaw
5. invisible
6. inner
7. infant
8. intelligent
9. inspiration
10. insist

p.208

1. hire
2. impulse
3. inexpensive
4. indoor
5. Immigrant
6. humid
7. hometown
8. imply
9. inaccurate
10. impatience

p.210

1. gender
2. groundless
3. grateful
4. hesitancy
5. gap
6. hangar
7. grant
8. hardship
9. glow
10. glance
11. genuine

p.212

1. flexible
2. fence
3. fantastic
4. flag
5. fundamentally
6. false
7. female
8. frame
9. foretell
10. freezer

p.214

1. equilibrium
2. exclu
3. evaluate
4. extraordinarily
5. explosion
6. facial
7. ethically
8. escape
9. exit

10. executive

p.216

1. dust
2. dot
3. dissatisfied
4. dip
5. dribble
6. Dozen
7. editorial
8. embassy
9. enemy
10. earthquake

p.218

1. diabetes
2. delicious
3. deficient
4. dictate
5. densely
6. cupboard
7. crucial
8. decade
9. detergent
10. deserve
11. derive

p.220

1. conclusion
2. companion
3. courage
4. conventional
5. conscience
6. credit
7. crash
8. continent
9. constitute

p.222

1. chore
2. cherish
3. chalk
4. cell
5. coast
6. classify
7. chin
8. channel
9. certificate
10. celebrity

p.224

1. cabin
2. bulb
3. capacity
4. candle
5. burst
6. categor
7. capital
8. burden
9. built-up

p.226

1. brave
2. blossom
3. bias
4. bend
5. browse
6. brilliant
7. bilingual
8. bond
9. bride

p.228

1. backyard
2. awkward
3. artificial
4. approval
5. behalf
6. bear
7. barber
8. automobile
9. attack
10. appeal
11. atom

p.230

1. adjust
2. afford
3. adolescence
4. aircraft
5. accommodation
6. acoustic
7. antique
8. anticipate
9. ankle-high

p.232

1. Colonist
2. woody
3. workplace
4. abroad
5. worm
6. abstract
7. wrist
8. yard
9. workable
10. absorb

p.234

1. windshield
2. warlike
3. well-earned
4. widespread
5. whistle
6. wildlife
7. voter
8. vivid
9. welfare
10. whale
11. warranty

p.236

1. unpredictable
2. unrealized
3. vital
4. vertical
5. vague
6. unsuspecting
7. unroll
8. unsuccessful
9. unreal
10. unscientific

p.238

1. unease

2. unforgettable
3. unfocused
4. undifferentiated
5. unimaginable
6. undoubtedly
7. undress
8. unfamiliar
9. unintentional
10. unnoticed
11. undergo

p.240

1. unconsciously
2. unattractive
3. uncertain
4. unclear
5. unavoidable
6. undeveloped
7. unceasing
8. unburdening
9. undeniably
10. uncut

p.242

1. tremendously
2. tuition
3. tray
4. trash
5. twinkl
6. tumble
7. tropical
8. tutor
9. triumph
10. twisted
11. unambiguous

p.244

1. therapy
2. timepiece
3. torso
4. thrill
5. translator
6. tournament
7. terminate
8. trait
9. tragic

p.246

1. telegraphic
2. teas
3. swiftly
4. supreme
5. temperament
6. symphony
7. supervise
8. superior
9. sunset
10. temple

p.248

1. summit
2. summarize
3. suburb
4. sunrise
5. sundial
6. subconscious
7. sun-baked
8. substitute
9. subtle
10. submit

p.250

1. stable
2. stream
3. straw
4. stimulated
5. stiffly
6. stationary
7. stunning
8. stir
9. storage
10. stubbornly

p.252

1. solitary
2. spray
3. spoil
4. sparkl
5. snowstorm
6. spectator
7. sore
8. spectacular
9. spirit
10. spill
11. shrug

p.254

1. sideboard
2. skeptical
3. silk
4. snap
5. sidewalk
6. simultaneously
7. skip
8. scratch

p.256

1. self-confidence
2. shame
3. shade
4. semester
5. selfless
6. shift
7. seize
8. seemingly
9. self-conscious
10. sew

p.258

1. sculpture
2. scrub
3. script
4. satellite
5. seafood
6. saint
7. saddle
8. sacrifice
9. search

p.260

1. runway
2. royal
3. round-trip
4. sacred
5. roar

6. roam
7. rural
8. riverboat
9. rot

p.262

1. retouch
2. reli
3. reluctant
4. ritual
5. remote
6. remodel
7. restful
8. reservoir
9. retirement
10. resemble

p.264

1. rechargeable
2. reconsider
3. regional
4. refueling
5. reform
6. recite
7. recipe
8. refuse
9. reliable
10. reception

p.266

1. realm
2. punish
3. punctually
4. radar
5. rebound
6. reap
7. reassemble
8. rabbit
9. puppy

p.268

1. praise
2. procedure
3. profound
4. protest
5. pump
6. pulse
7. prosper
8. punch
9. pulp

p.270

1. astronom
2. bargain
3. belong
4. check-up
5. circulate
6. consultant
7. pat
8. Alarm
9. aside

p.272

1. section
2. scatter
3. resolve
4. misunderstand
5. low
6. issue
7. frustrat
8. endure
9. chief

p.274

1. weakness
2. sort
3. alike
4. agent
5. blank
6. blame
7. broke
8. bottom
9. code

p.276

1. dining
2. documentary
3. color
4. dietary
5. first-aid
6. firelight
7. endless
8. elevat
9. drama

p.278

1. higher-pitched
2. format
3. former
4. fund
5. Hence
6. heartfelt
7. handl
8. goods
9. genius

p.280

1. risk
2. property
3. otherwise
4. optimistic
5. motor
6. near-sighted
7. mix
8. mail
9. hunt

p.282

1. Smooth
2. take-off
3. tear
4. roof
5. route
6. sleepless
7. underwater
8. thoughtful

p.284

1. whisper
2. wing
3. water-based
4. Unlike

Part 4

p.288

1. porch
2. pollen
3. pill
4. phosphorescence
5. plumber
6. planet
7. poverty
8. portray
9. polar
10. Pioneer
11. photocopy

p.290

1. pause
2. pastime
3. persistence
4. petal
5. paperwork
6. pendulum
7. pave
8. paralyze
9. perfume
10. peninsula

p.292

1. panel
2. pair
3. oxygen
4. overtak
5. overseas
6. palm
7. pace
8. overwhelming

p.294

1. overflow
2. overbearing
3. oval
4. output
5. overcom
6. Overconfident
7. orbit
8. Outlet
9. orphanage
10. over-enthusiastic

p.296

1. navigator
2. opponent
3. occupy
4. mouthful
5. notion
6. obligate
7. motivate
8. neurochemical

p.298

1. mop
2. misleading
3. meat
4. meantime
5. merit
6. melt
7. midterm
8. messy
9. Mechanical
10. monotonous
11. mediate

p.300

1. log
2. marine
3. load
4. magnify
5. mate
6. linear
7. limestone
8. marble
9. manual
10. majestic

p.302

1. launder
2. lick
3. legend
4. lawsuit
5. law
6. lifelong
7. launch
8. lid
9. leap

p.304

1. journal
2. irritable
3. irrigation
4. jewel
5. jealous
6. jar
7. landlord
8. intersection
9. interrelate

p.306

1. intensify
2. intellectual
3. intake
4. internal
5. intern
6. inhabit
7. inquire
8. insight
9. itch

p.308

1. ingredient
2. inefficient
3. indivisible
4. incidental
5. incentive
6. infinity
7. index
8. inaudible
9. infect

p.310

1. Ideological
2. inactive
3. impure
4. impose
5. import
6. impolite

7. hydrogen
8. improvise
9. imprison

p.312

1. hateful
2. handout
3. handshake
4. humbl
5. homeland
6. houseboat
7. headquarter
8. hay
9. harness
10. hardness

p.314

1. greasy
2. garbage
3. garage
4. gambling
5. geology
6. genetically
7. generous
8. gratitude
9. geometry
10. greed

p.316

1. forehead
2. galaxy
3. frost
4. foul
5. forearm
6. fuzzy
7. fur
8. fulfill
9. fossil
10. forgiveness

p.318

1. flu
2. florist
3. flip
4. fiction
5. fertile
6. flavor
7. filament
8. forbid
9. flow

p.320

1. extracurricular
2. federal
3. feather
4. faucet
5. fat
6. fascinate
7. fake
8. facility
9. fee

p.322

1. expanse
2. exaggerate
3. evolution
4. evil
5. extinct
6. expressway
7. evidence
8. ethnic
9. exhausted
10. exceed

p.324

1. enlargement
2. ensure
3. enormous
4. episode
5. enthusiastic
6. enlighten
7. Elite
8. eternally
9. errand

p.326

1. elect
2. edible
3. ecologist
4. drug
5. dynamic
6. dut
7. elegant
8. electromagnetic
9. duration

p.328

1. distract
2. drag
3. downhill
4. divide
5. distribution
6. drift
7. dragon
8. doubt
9. doom
10. drill

p.330

1. disregard
2. discontinue
3. disciplined
4. distort
5. disassemble
6. disagree
7. dispute
8. dismiss
9. discourage
10. Disharmony
11. diaper

p.332

1. depict
2. disabilit
3. destined
4. desert
5. deposit
6. detect
7. dim
8. diligently
9. disadvantage

p.334

1. cuisine
2. cube

3. deluxe
4. deaf
5. deliberately
6. demonstrate
7. deed
8. deck
9. defeat

p.336
1. cooperation
2. convert
3. contractor
4. considerate
5. confront
6. crush
7. crude
8. crime
9. consistency
10. coworker

p.338
1. compensate
2. Commut
3. command
4. compel
5. compact
6. confine
7. composition
8. component
9. comb

p.340
1. claim
2. colleague
3. coherent
4. circumstance
5. clay
6. clatter
7. clipping
8. clinic
9. combat

p.342
1. caution
2. carefree
3. bunch
4. charming
5. champ
6. bump
7. chairperson
8. cattle
9. carve

p.344
1. bowl
2. broomstick
3. booth
4. boom
5. broad
6. brick
7. bull
8. bounce
9. breeze

p.346
1. bone
2. beep
3. beam
4. barren
5. barrel
6. bless
7. bitter
8. beloved
9. basin
10. basement
11. boil

p.348
1. Associat
2. assimilation
3. banner
4. astonished
5. assure
6. awesome
7. autograph
8. attach
9. bang
10. awful

p.350
1. architecture
2. archaeologist
3. arcade
4. aspiration
5. applause
6. Apparently
7. approximation
8. appointment
9. armrest

p.352
1. ancestor
2. Admire
3. adequate
4. annual
5. acid
6. adversity
7. Acknowledge
8. addictive
9. adapt
10. anthropology
11. amino

p.354
1. accustomed
2. accompan
3. abundan
4. abandon
5. accumulate
6. ache
7. accentuate
8. Abus

p.356
1. crook
2. dew
3. defect
4. cuneiform
5. digitize
6. altitude
7. Chant
8. Creep
9. crisis

p.358
1. hygrometer
2. grip
3. grind
4. flatter
5. epic
6. encyclopedia
7. eliminate
8. elaborate
9. ecosystem

p.360
1. mindful
2. medium
3. ligament
4. mankind
5. mutual
6. monolingual
7. misplaced
8. mole
9. nectar

p.362
1. playmate
2. otherness
3. overhear
4. onstage
5. open
6. Note
7. nuclear
8. numerical
9. photon

p.364
1. psychologist
2. previously
3. reconciliation
4. quotation
5. saw
6. relevance
7. static
8. suck
9. stare

p.366
1. vine
2. toss
3. worthless
4. witness
5. virtue
6. tongue
7. tribal
8. helpful
9. upright

p.368
1. anniversary
2. piece
3. yell
4. yield
5. breadfruit
6. beverage
7. bean
8. bar
9. ballpark

p.370
1. coverage
2. dawn
3. dar
4. contaminate
5. computerize
6. cocoon
7. chokecherry
8. cliff
9. Clap

p.372
1. democracy
2. deadline
3. Greenery
4. gourd
5. form
6. fold
7. dominate
8. grandstand
9. digest

p.374
1. handbook
2. handicap
3. headline
4. guard
5. guilty
6. limp
7. liberal
8. in-court
9. halfway

p.376
1. loose
2. link
3. loaf
4. moccasin
5. money-making
6. mission
7. luxury
8. loyal
9. lotus

p.378
1. noble
2. papyrus
3. pitch
4. nap
5. needle
6. pedal
7. non-living
8. Nonetheless
9. nest-building

p.380
1. pity
2. pure
3. Recreation
4. resold
5. pose
6. post-cold
7. rehear
8. redid
9. prefix

p.382

1. structure
2. strive
3. stake
4. sow
5. sled
6. shut-off
7. shepherd
8. severe
9. seldom

p.384

1. track
2. trunk
3. twofold
4. sundae
5. tag
6. telescope
7. trail
8. tone
9. three-dimensional

p.386

1. wound
2. Worshiper
3. veil
4. user-friendly